江苏蓝天环保集团有限公司是国内知名的烟气除尘环保企业，现为中国产业用纺织品行业协会常务理事单位、国家级高新技术企业。公司创办于2000年，注册资本5000万元，占地面积300亩，专业生产除尘滤料及袋式除尘配件，并提供袋式除尘整体解决方案。

公司依据ISO 9001:2008质量管理体系、ISO 14001:2004环境管理体系的要求，生产各系列除尘滤料及配件，现有非织造针刺生产线4条，定型、轧光等后整理生产线3条，自动缝制生产线10条，并引进国际领先的瑞典ETON吊挂缝制系统、德国Dilo非织造生产线等，不断提升产品的品质和性能。

Jiangsu Blue Sky Environmental Protection Group Co., Ltd is a well-know flue gas dust removal environmental protection enterprise in China, it is the standing director of China nonwovens & industrial textiles association member units, national high and new technology enterprise. The company was founded in 2000, registered capital as 50 million RMB, floor space as 200,000 square meters, professionally produce various kinds of the dedusting filter product and its fittings.

Company produced all series dedusting filter product and its fittings, according to the ISO 9001:2008 quality management system and the ISO 14001:2004 environmental management system request. Now we have 4 nonwoven needle production lines, 3 singeing, calendaring, etc finish treatment production lines, 10 automatic sewing production lines, and the world most advanced Sweden ETON product-o-rial system, and the Germany Dilo non-woven fabric production line,to improve the quality and the performance of our products.

英文二维码　　　中文二维码

扫一扫，获取企业更多信息

大连华阳——
中国聚酯纺粘法非织造布领域的领军者
Dalian HuaYang—The leader in PET spunbond nonwoven production field in China

热烈庆祝大连华阳化纤科技有限公司"高强聚酯长丝胎基布产品及其装备开发"项目顺利通过中国纺织工业联合会科学技术成果鉴定，被评价为"国内首创，国际先进"，并荣获中国纺织工业联合会科学技术奖（"纺织之光"）一等奖。

为您提供高性能的聚酯长丝纺粘法非织造布产品及成套设备和服务：
DaLian HuaYang supplies excellent PET filament spunbond nonwovens and sets of equipments with high-level service for customers,including:

◆ 聚酯长丝纺粘针刺油毡胎基生产线
  PET filament spunbond needle punching asphalt felt production line

◆ 聚酯长丝纺粘针刺土工布生产线
  PET filament spunbond needle punching geotextile production line

◆ PET、PLA纺粘热轧非织造布生产线
  PET or PLA spunbond thermo bonding nonwoven production line

◆ PET、PP两用纺粘针刺＋水刺非织造布生产线
  PET and PP dual-use spunbond needle punching plus spunlace nonwoven production line

◆ 双组份纺粘热风固结非织造布（BICO系列）产品
  Bi-component spunbond hot bonding nonwovens (BICO series)

我们的使命
以专业的技术水准为客户提供高品质的产品和一流的服务
在聚酯纺粘法非织造技术上始终保持领先
Our mission
To provide customers with high quality products and first-class service professionally
To keep ahead in the technology of PET spunbond nonwoven filed

更多详情请垂询
For more details, please contact:
大连华阳化纤科技有限公司
Dalian HuaYang Chemical Fiber Technology Co., Ltd
地址：大连市旅顺口区双岛湾路199号
Add: No. 199, Shuangdaowan Road, Lushunkou District, Dalian
邮编/P.C.：116047　　电话/Tel：0411-86247191
传真/Fax：0411-86247285　网址/Website：www.dlhyltd.com

华阳工程
HUAYANG ENGINEERING

2014/2015
中国产业用纺织品
行业发展报告

2014/2015 Economic Development Report of China Industrial Textiles

中国产业用纺织品行业协会　编著

中国纺织出版社

内 容 提 要

本报告收录了2014年以来我国产业用纺织品行业运行的情况、行业内主要领域的发展情况和产业集群的发展状况；产业链上相关产业，如化纤、高性能纤维、玻璃纤维、纺织机械等产业的发展情况；报告还对产业用纺织品的国际贸易、上市公司业绩等进行了专题研究。报告还收录了近年来与行业相关的产业政策。报告内容覆盖了产业用纺织品领域内的主要方面，体现了行业发展的最新成果。报告内容丰富权威、数据翔实、观点清晰明确，是有关机构和研究人员了解行业情况、投资行业的重要参考资料。

图书在版编目（CIP）数据

2014/2015中国产业用纺织品行业发展报告 / 中国产业用纺织品行业协会编著 . －北京：中国纺织出版社，2015.9

ISBN 978-7-5180-1949-6

Ⅰ . ① 2… Ⅱ . ①中… Ⅲ . ①工业用织物－纺织工业－工业发展－研究报告－中国－2014 ～ 2015 Ⅳ . ① F426.81

中国版本图书馆CIP数据核字（2015）第 209293 号

策划编辑：秦丹红   特约编辑：季建兵 刘东明   责任设计：王　宁
责任印制：何　建

国纺织出版社出版发行
地址：北京市朝阳区百子湾东里 A407 号楼 邮政编码：100124
销售电话：010 － 67004422   传真：010 － 87155801
http://www.c-textilep.com
E-mail:faxing@c-textilep.com
中国纺织出版社天猫旗舰店
官方微博 http://weibo.com/2119887771
宏达印刷有限公司印刷   各地新华书店经销
2015 年 9 月第 1 版第 1 次印刷
开本：710×1000 1 / 16   印张：20.75
字数：332 千字   定价：200.00 元
京朝工商 广字第 8172 号

前　言

为了系统反映我国产业用纺织品行业近年来的运行状况和发展成果，为政府部门制定产业政策、行业内企业的经营提供权威的参考依据，中国产业用纺织品行业协会编辑出版了《2014/2015 年中国产业用纺织品行业发展报告》（以下简称报告）。

产业用纺织品在国外也称作技术纺织品，既是新材料产业的重要组成部分，也是新能源、节能环保、高端制造等新兴产业不可或缺的配套材料，其技术含量高，应用范围广，市场潜力大，发展水平是衡量一个国家纺织工业综合竞争力的重要标志之一。

近年来，国家对产业用纺织品行业给予了大量的关注和政策支持，巨大的内需市场支撑和持续的技术进步，使得行业的投资、生产和销售都保持了快速增长，在服务经济社会发展的同时行业自身也健康成长。

随着中国经济增速放缓，我国产业用纺织品行业的发展也面临新的挑战。但是，行业抓住经济结构加速调整的机遇，加大技术创新和设备更新的力度，加快新产品开发和引进先进装备的步伐，转变经济增长方式，使得行业在"新常态"卜依然保持中高速增长。

2014 年，产业用纺织品行业完成纤维加工总量 1230 万吨，增长 8.85%，占纺织纤维加工总量的比例为 24.6%；非织造布的总产量达到 440.1 万吨，同比增长 13.2%；规模以上企业的主营业务收入和利润总额分别同比增长 12.39% 和 13.79%；行业完成固定资产投资 565.5 亿元，同比增长 25.99%；出口各类产业用纺织品 207.4 亿美元，同比增长 7.6%。

2015 年上半年，行业运行总体平稳，稳中有进，规模以上企业营业务收入、利润总额和经济增加值增速分别为 5.89%、13.29% 和 13%，固定资产投资增长 20.29%；特别是行业的经济效益在"十二五"期间，行业的经济效益持续改善，2015 年上半年的利润率 5.83%，同比增加了 0.48 个百分点。

报告内容包括产业用纺织品行业 2014 年全年和 2015 年上半年整体的运行情况，行业内主要领域的发展情况，产业集群的发展情况，化纤、玻纤和纺机等相关领域的发展情况，还包括行业内上市公司业绩、产业用纺织品国际贸易的专题研究，行业相关产业政策研究，基本涵盖了产业用纺织品领域内的主要方面，体现了行业的最新发展成果。报告内容丰富权威、数据翔实、观点清晰明确，是有关机构和研究人员了解行业情况，投资行业的重要参考资料。

报告的编著得到了行业内的专家、产业集群所在地政府、专业分会、兄弟协会的大力支持和无私帮助，他们提供的数据和素材不仅充实、完善了报告内容，而且为我们全方位了解行业情况提供了独特视角。在此向他们的帮助和支持表示诚挚的感谢！

由于时间较紧，水平和经验有限，书中难免会有错误之处，还请读者批评指正。

编委会

二零一五年七月

目录

第三章　相关产业

第四章　专题研究

第五章　产业政策

附录

第一章　行业综合

- 2014 年中国产业用纺织品行业运行分析

- 2015 年上半年产业用纺织行业经济运行分析

- 2014 年中国非织造布行业运行分析

- 2014 年中国纺丝成网非织造布工业生产统计公报

- 2014 年中国水刺非织造布行业发展概况

- 2014 年中国土工用纺织品行业发展报告

- 过滤用纺织品的现状与发展前景

- 2014 年中国衬布行业发展报告

- 2014 年造纸用纺织品行业情况综述

2014 年中国产业用纺织品行业运行分析

中国产业用纺织品行业协会

2014 年中国经济进入了以增速放缓为明显特征的新常态，纺织工业进入了深度调整期，产业用纺织品也面临着复杂的发展环境。由于产业用纺织品的需求多元，部分领域的需求呈现一定刚性，而且国家的相关政策对行业具有较强的刺激作用，同时行业内骨干企业抓住机遇进行产业结构的优化升级，将科技创新作为行业发展的主要动力，较好地适应了行业发展趋势。2014 年行业仍然处在快速发展的成长期，全行业主营业务收入、利润总额、工业增加值增速、纤维加工总量均继续保持两位数以上增长，固定资产投资更是保持 20% 以上的增速。根据对会员企业的直报数据分析，2014 年行业全年的景气指数为 78.8，虽然比 2013 年略有下降，但仍处在很高水平，表明行业内企业对 2014 年的运营情况满意度比较高。

一、2014 年行业整体情况

（一）生产稳步增长

根据统计测算，2014 年产业用纺织品行业完成纤维加工总量 1230 万吨，增长 8.85%，占纺织纤维加工总量的比例为 24.6%；非织造布的总产量达到 440.1 万吨，同比增长 13.2%。2014 年我国出口非织造布 65.6 万吨，进口 15.2 万吨，国内实际消费 389.7 万吨。

表 1　2014 年产业用纺织品纤维加工量

单位：万吨

产品类别	产量	产品类别	产量
医疗与卫生用纺织品	115.7	包装用纺织品	87.3
过滤与分离用纺织品	96.8	文体与休闲用纺织品	34.6
土工用纺织品	75.8	篷帆类纺织品	210.4
建筑用纺织品	56.5	合成革用纺织品	105.4
交通工具用纺织品	61.6	隔离与绝缘用纺织品	38.3
安全与防护用纺织品	31.7	线绳（缆）带类纺织品	61.8
结构增强用纺织品	107.3	工业用毡毯（呢）类纺织品	40.0
农业用纺织品	66.9	其他	40.0

数据来源：中国产业用纺织品行业协会

（二）经济效益良好

2014 年产业用纺织品行业的经济增加值增速为 11.7%，纺织业为 6.7%，规模以上工业增加值 8.3%。

1795 家规模以上产业用纺织品企业的主营业务收入和利润总额分别为 2702.2 亿元和 154.3 亿元，分别增长 12.39% 和 13.79%，比纺织行业高出 5.6 和 7.7 个百分点。行业平均利润率 5.71%，比上年略有增长。亏损企业的亏损额同比下降了近 50%。2014 年行业的经济效益继续向好的方向发展。

分行业看，非织造布的销售收入增长了 13.73%，利润总额增长 6.28%，与上年同期相比分别下降 4.6 和 17.8 个百分点。收入和利润增速下降，一方面是由于产量增速下滑，更重要的是由于原材料价格的大幅降低使得产品价格承受压力；另外随着行业产能的增加导致的竞争加剧也侵蚀了企业的部分利润。从海关数据看，我国出口的非织造布价格微降 0.18%，在原材料价格大幅降低的背景下，由于技术进步和产品结构的调整，我国非织造布产业在国际市场的竞争力已经显著加强。

纺织带和帘子布、篷帆布行业的经济效益提升明显，利润总额分别同比增长了 57.43% 和 14.51%，成为带动整个行业效益提升的主要因素。这两个领域 2013 年的效益较差，经过本次增长，均恢复到行业平均水平，是行业的一次正常调整。

（三）投资快速增长

根据国家统计局数据（表 2），2014 年行业全年完成固定资产投资 565.5 亿元，同比增长 25.99%，在纺织行业中处于前列，与上年相比增速稍有回落，表明企业对行业的发展继续保持较高信心。根据协会的调研，目前企业的投资主要集中在技术改造和新增高端产能两个方面，单项投资的金额较高，为行业的技术进步和参与国际竞争打下了良好基础。

分行业看，非织造布依然是投资最为活跃的领域，投资额的增速达到 44.15%，新开工项目数增速 38.39%，与上年同期相比反弹明显，在未来一段时间还将会保持高速增长。据统计，2014 年前三季度我国销售的针刺非织造布生产线 80 条，水刺生产线 15 条。纺织带和帘子布、篷帆布等领域的投资也保持了高速增长，绳索缆的投资保持中速增长。另外，行业在过滤用纺织品、土工与建筑用纺织品等领域的投资也保持了较高增长。

表 2　2014 年行业投资情况

行业	投资额		施工项目		新开工项目		竣工项目	
	数值（亿元）	增速（%）	数值（个）	增速（%）	数值（个）	增速（%）	数值（个）	增速（%）
产业用纺织品	565.5	25.99	969	13.07	740	14.37	712	21.71
非织造布	254.2	44.15	398	25.95	308	32.19	292	38.39
绳、索、缆	50.9	8.99	114	16.33	88	2.33	87	35.94
纺织带和帘子布	70.7	45.54	95	−10.38	72	−5.26	69	−1.43
篷帆布	53.3	46.11	101	36.49	87	45.00	74	29.82
其他	136.4	−3.09	261	−0.76	185	−3.65	190	3.83

数据来源：国家统计局

（四）进出口稳定增长

1. 出口总量

2014 年，我国出口各类产业用纺织品 207.4 亿美元，同比增长 7.6%。产业用纺织品出口在 2012 年出现过负增长，2013 年出口增速反弹到 8.36%，2014 年的出口形势则继续企稳，但是与 2011 年 26.3% 的增速相比还有较大距离。主要是由于除美国以外的发达经济体的经济复苏依然乏力，外需动力不强。

2. 主要出口产品

产业用塑料涂层织物、医疗卫生用纺织品、非织造布、篷帆类制品、包装袋、产业用玻纤制品是行业出口额最大的六类产品，总额占全部出口的比重已达到 79.2%。医疗卫生用纺织品和非织造布的出口形势比较好，增速分别为 14.46% 和 17.42%；

篷帆类制品和产业用玻纤制品的增速接近 10%；塑料涂层织物是行业最大宗的出口产品，由于出口价格降低，导致其尽管出口数量增长 6.69%，但是出口额与去年基本持平。由于外需增长乏力，加之原材料价格的大幅下跌，数量成为支撑 2014 年出口增长的主要因素。详见表 3。

表 3　2014 年我国出口的主要产业用纺织品情况

产品	金额（亿美元）	金额增长（%）	数量增长（%）	价格增长（%）
塑料涂层织物	52.8	0.64	6.69	－5.67
医疗卫生用纺织品	34.8	14.46	—	—
非织造布	23.1	17.42	17.64	－0.18
篷帆类制品	20.9	8.72	3.09	5.46
包装袋	19.6	5.55	3.66	1.83
产业用玻纤制品	13.0	9.20	9.75	－0.50

数据来源：海关总署

3. 主要出口市场

从地区看（下图），亚洲是我国产业用纺织品最大的出口市场，占全部出口额的 45%，其次是欧盟和北美洲，其份额都在 17% 左右。在这三个主要市场中，对欧盟的出口增速达到 10.9%，对北美的出口增速为 7.8%，对亚洲的出口增长为 7.6%，其中对东盟的出口接近 10%。非洲在我国产业用纺织品的出口中所占份额只有 7%，但是增速可观，达到 10.3%。对欧洲的非欧盟市场的出口则出现 5.6% 的下降。

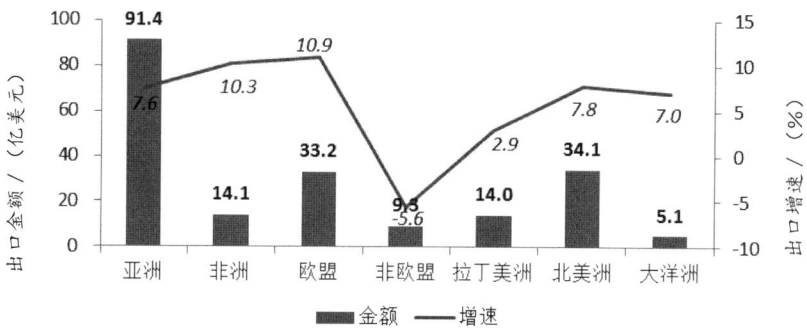

2014　年我国产业用纺织品的主要出口地区

数据来源：海关总署

从国家看（表4），美国、日本、越南、印度和韩国是我国产业用纺织品前5大出口国，出口额占我国出口总额的34.6%，对这些主要国家的出口均保持了较高的增速，特别是对越南的出口增长21.71%。

表4　2014年我国产业用纺织品主要出口国家情况

国家	出口额（亿美元）	份额（%）	出口额增速（%）
美国	30.83	14.87	8.71
日本	13.59	6.56	9.69
越南	9.49	4.57	21.71
印度	9.41	4.54	9.76
韩国	8.51	4.10	11.20

数据来源：海关总署

4. 进口情况

2014年，我国进口产业用纺织品43.8亿美元，同比增长10.89%。塑料涂层织物、非织造布、医疗卫生用纺织品、产业用玻纤制品、过滤用纺织品是我国主要的进口产品，进口额占总额的比重为81.07%，集中度非常高。其中前四类产品同时也是我国出口量大的品种，但是同类产品进口均价明显高于出口均价。替代进口，缩小进出口产品之间的差价是今后我国产业用纺织品行业重要的努力方向。

中国台湾、日本、韩国、美国和德国是我国产业用纺织品主要进口来源地，占全部进口总额的比重为77.5%。自台湾地区的进口产品中，塑料涂层织物和玻纤制品的比重占75%。从日本、美国和德国的进口产品则以非织造布为主。

二、重点领域发展情况

（一）医疗卫生用纺织品

医疗卫生用纺织品属于刚性需求，国内外市场需求都比较稳定。行业内的骨干企业具有规模、成本优势，2014年生产经营状况良好。

我国医用纺织品的出口比重较高，国际市场对行业的发展影响比较大。2014年我国出口医疗卫生用纺织品34.8亿美元，同比增长14.46%。婴儿尿裤、妇女卫生巾等吸收性卫生用品是推动出口增长的主要因素，该类产品出口单价增长 7.5%，数量增长 20.52%，呈现蓬勃发展的态势。吸收性卫生用品出口到亚洲和非洲市场的比重较大，这两个市场的人口数量特别大，卫生用品产业的发展相对滞后，未来我国在这些市场还将继续保持较高的增长。我国在非织造布防护服和药棉、纱布和绷带方面还是以传统产品为主，附加值不高，主要依靠成本优势向欧、美、日等发达国家出口，议价能力不强，同时还受到东南亚等低成本国家的竞争，而且发达国家的市场正在逐步饱和。如果要推动出口增长，我国需要提升产品技术含量，提高功能性敷料和高性能防护服的出口比重，逐步占领发达国家的中高端市场。

（二）交通工具用纺织品

2014 年我国汽车工业发展呈现新的特点，全年的汽车产销量分别同比增长 7.3% 和 6.9%，低于年初预期。受国际市场不振的影响，我国整车出口继续下降，同时自主品牌汽车的市场份额继续降低，加上部分重点城市采取限购政策，这些都对汽车行业的发展产生了一定影响，也传导到了为其配套的交通工具用纺织品领域。

尽管面临种种挑战，但是交通工具用纺织品生产企业通过技术升级和延长产业链条，使得行业保持了 10% 左右的增速。

长期看，我国的汽车工业的增长前景还是比较可观。一方面是由于随着城镇化的深入，将会有更多的家庭购买汽车；另一方面，新能源、轻量化是汽车的未来的发展趋势，纺织材料具有重量轻、强度大和成本低等优势，单辆汽车消耗的纺织量还会增长。同时，汽车整机厂商对配套企业的要求将更加严格，有实力的大企业将会有更多的发展机会，会加大行业的集中化程度。

（三）过滤与分离用纺织品

用于液体过滤的机织过滤布市场相对比较稳定，但是 2014 年也迎来了较好的发展时机，企业订单比较饱满，盈利情况良好。

在高温过滤领域，由于持续的雾霾天气使得公众和国家高度重视大气治理，工业烟尘等污染物的排放标准日益提高，使得以往的静电除尘技术已经不能满足要求。2014 年，国家实施了大气治理专项和工业强基高温过滤领域示范项目，有力地推动了袋式除尘行业的发展。根据先期的示范项目实施结果，通过使用袋式除尘技术、袋式除尘和静电除尘复合技术，能够将排放浓度从原来的 100 毫克以上大幅降低到 20 毫克以下，有些项目甚至可以达到 5 毫克以下。

随着下游相关行业对过滤精度的要求提高，以及我国聚苯硫醚、芳纶1313、聚酰亚胺纤维等高性能纤维的产业化水平和产品质量的不断提升，过滤行业的技术水平和产品质量也快速提升，明显缩小了与国外先进水平的差距。

过滤与分离用纺织品已经成为产业用纺织品内最为活跃的领域。根据协会对会员企业的统计，这些企业的研发费用同比增长了15.4%，研发费用占主营业务收入的比重达到3.62%，固定资产投资增长了56.1%。行业还积极开拓国际市场，根据海关数据，2014年出口的过滤用纺织品超过了1亿美元，增长27%。

（四）土工用纺织品

2014年，土工用纺织品行业呈现先抑后扬的势态。上半年由于国家的部分重点工程没有开工，给行业的发展造成一定压力。随着下半年多项微刺激政策的出台，多集中在基础设施建设领域，特别是铁路投资额成为历史上金额第二高的年份。交通水利建设是土工用纺织品的传统市场，这些领域的大规模投资为行业带来了不少订单。

同时，土工用纺织品企业还积极开拓环境工程市场，在垃圾填埋、尾矿处理、石油勘探、工业防渗和生态护坡等领域取得很好的业绩，全年企业的订单都比较饱满，环保行业已经成为土工材料的新增长点。

根据对骨干土工企业的统计，行业的主营业务收入和利润增速均超过10%，盈利状况良好。

（五）结构增强用纺织品

纤维增强复合材料不仅是高技术及尖端技术领域关键材料，同时也是汽车、新能源、新型建材、信息产业、石油化工、环保等领域更新换代和产业升级中的重要材料。在全球面临能源危机和资源短缺的大环境下，纤维增强复合材料正在迎来新的发展机遇。

目前，风力发电叶片用经编玻纤织物是结构增强用纺织品的主要应用。风电行业在2013年逐步复苏。2014年国家大力支持风能产业的发展，不断加大核准力度，保证风电市场空间，同时也加大了管理力度，加快电网外输通道建设，尽快解决风电消纳问题。因此，风电行业逐步回暖，风电机组价格持续回升，风能设备制造业效益大幅改观。行业内从事叶片用经编织物生产的企业得到快速发展，经济效益大为改观。

同时，行业业内企业还积极开拓新的应用领域，芳纶、碳纤维、高强高模聚乙烯纤维等制作的复合材料、蜂窝材料等在航空航天、军事国防、基础设施建设、交通工具、体育休闲等领域中的使用量正在不断加大。

（六）安全防护用纺织品

我国制造、建筑、采矿、电力、燃气等行业的从业人员超过 7000 万人，现阶段个体防护装备的金额约为年均 300 亿元，远未达到行业发展和相关法律法规的要求。如果国家提高职业防护的标准，将会对安全防护用纺织品的发展带来很好的发展机遇。

2014 年底，国务院发布了《关于加快应急产业发展的意见》，提出重点发展预防防护类应急产品，在个体防护方面，发展应急救援人员防护、矿山和危险化学品安全避险、特殊工种保护、家用应急防护等产品。国家相关政策和标准的实施将有力促进行业的发展。目前行业除了发展一般劳动防护品外，重点开发防静电、阻燃、防刺、防割、防弹等产品，未来将向高性能、多功能、舒适性、智能化、系列化方向发展。

三、技术进步情况

技术创新是推动产业用纺织品行业发展的主要力量。2014 年，行业内的骨干企业和研究机构继续加大研究开发的投入，与产业链上下游的企业进行联合协同创新，在高技术纤维、先进装备和高性能产业用纺织品等方面取得了突破，推动了行业的科技进步和产业升级。

在高技术纤维和生物基纤维方面，高模量芳纶纤维、膜裂法聚四氟乙烯纤维、涤纶高强工业母丝、高吸液型壳聚糖纤维、大直径共聚聚酰胺单丝、蛋白质复合纤维、高强度大伸长安全气囊用涤纶工业丝、车用低雾化有色涤纶长丝的产业用取得了突破，为医疗卫生、高温过滤、交通工具等高性能产业用纺织品的开发提供了高质量的纤维材料。

在装备技术方面，大连华阳与安国中建无纺两家企业共同完成的"高强聚酯长丝胎基布产品及其装备开发"项目，生产的高强聚酯长丝胎基布产品完全满足下游使用性能要求，性能优于国内外聚酯胎基布指标，达到国际同类产品先进水平，获得"纺织之光"2014 年度中国纺织工业联合会科学技术进步一等奖。国家科技支撑计划"碳纤维多层织造装备及技术研发"项目结题，填补了国内空白，对碳纤维复合材料行业产生重大影响。恒天重工承担的"W1573M系列模块化水刺机"投入产业化生产。江苏迎阳无纺机械有限公司承担的"厚重非织造高温热定型机"已经完成小试，与南通大学、宏祥新材料共同研发的"高强高效非织造土工合成材料装备与技术"达到国际先进水平。大连合成纤维研究设计院和山东天鼎丰非织造布有限公司承制的"智能化国产节能型涤纶纺粘针刺防水胎基布装备技术及产业化"项目实现了生产的柔性化，生产效率大幅增加，总体技术水平达到国际先进水平。

在生产工艺方面，非织造布复合膜催化酯化制备生物柴油技术、芳纶Nomex阻燃耐热混纺织物低温染色技术、超声固结技术制备高强定伸土工织物、多向多层叠网造纸毛毯制备技术、三维非对称氟/醚复合滤料关键技术及应用、超柔软高弹聚氨酯仿头层皮超纤革关键技术、可降解聚乳酸非织造节能环保材料研发及产业化、排球用柔软型超纤合成革关键技术等取得突破，实现了产业化。

2014年，工业和信息化部选择中国纺织科学研究院作为工业强基工程高温过滤领域公共服务平台；选择南京际华三五二一环保科技有限公司、厦门三维丝环保股份有限公司、烟台泰和新材料股份有限公司、江苏蓝天环保集团有限公司等作为工业强基工程高温过滤先进技术应用示范企业。经过半年努力，公共服务平台和强基示范工程做了大量工作，大气污染防治行动初见成效。据中电联统计数据显示，随着工业烟粉尘排放标准从严和袋除尘技术进步，袋/电袋除尘技术在燃煤电厂的应用比例已经由2012年的不足10%，提升到2013年末的20%，2015年有望达到23%~25%。龙净环保主持的"电袋复合除尘技术及产业化"项目荣获2014年国家科学技术进步奖二等奖。

四、2015年行业发展预测

（一）行业发展面临的挑战

产业用纺织品行业既存在着诸如资金、劳动力、土地等要素成本上涨等共性问题，同时由于自身的行业特点也面临一些特殊的挑战。

行业内骨干企业的规模偏小，应用市场碎片化，企业在做大规模的过程中面临市场、技术和资金的限制。由于企业规模偏小，使得企业在技术方面的重大创新比较少，更多的依赖高校、研究机构等外部的技术资源。

作为中间产品，产业用纺织品必须满足最终产品的结构特征、性能需求和成本制约，其自身难以形成独立品牌，往往受制于配套产品的市场行为。再加之受到行业壁垒、技术壁垒、市场准入壁垒的制约，以及用户应用标准与行业技术现状的脱节，存在技术的先进性和经济可行性之间的冲突，许多产品难以打开国内外市场，只能为国外品牌代工，致使我国大多数企业目前仍处于价值链低端，这与技术纺织品高附加值的行业特征严重相悖。

尽管行业近年来的投资主要集中在高端产能方面，但是整体看行业的中低端产能还占一定比例，产能结构不尽合理；部分领域由于产能扩张过快出现过度竞争的情况，加大了行业运行的风险，市场秩序趋复杂，使得我国在国际高端产业用纺织品市场的竞争力不足。

（二）2015 年行业发展预测

中国经济运行由过去的高速增长进入新常态，主要表现在经济增长放缓，产业结构调整的步伐加快和培育新的增长点。经济放缓会给行业的发展带来不利影响，但是产业用纺织品作为纺织产业结构调整的重要方向、作为纺织行业的新增长点，将会迎来更好的发展机遇。行业正在向以技术、人才、品牌和可持续发展为特征的高构化调整，会极大增强行业在国内外市场的竞争能力。

产业用纺织品领域广泛，需求多元。国内市场是推动产业用纺织品行业发展的最大动力。随着城镇化建设加快推进和经济刺激政策的实施，国家在基础设施建设、环境治理、卫生保健、安全防护、军事国防等方面的投入会不断加大，将会释放出更大的内需市场，为产业用纺织品行业的快速发展和骨干企业成长提供广阔空间。

投资将保持高增长。2014 年的新开工项目保持高速增长，这些项目将会在 2015 年继续建设。随着企业加快升级步伐来适应不断高构化的市场需求，在高性能设备和技术改造等方面的投入还会不断加大。投资的高速增长对低档产品的挤出作用会更为明显，对缺少技术和品牌的中小企业的发展和生存带来很大挑战。

世界经济正处于深度调整之中，复苏动力不足，地缘政治影响加重，不确定因素增多。我国产业用纺织品出口将会继续保持平稳增长的态势。行业出口经过 2013 年的触底反弹后，2014 年的出口形势更趋稳定，主要产品和主要市场方向均保持了较好的增长。2015 年发达经济体的复苏将会更加稳固，海外市场需求会保持一定增长。而且纺织品出口退税率的提高也会在一定程度上刺激出口。但是石油等大宗商品价格的下跌和主要货币汇率的波动会给行业出口带来一定的不确定性。

综上所述，2015年产业用纺织品行业的内需市场会较快增长，外需市场有所复苏，科技进步对行业发展推动明显，行业仍处于稳中有进的平稳较快发展阶段，同时产业结构调整的步伐将会继续加快。预计全年行业的工业总产值、销售收入、利润总额及主要产品产量将会保持10%以上的增长速度，经济效益良好。

（撰稿人：郑俊林，李桂梅，季建兵）

2015 年上半年产业用纺织行业经济运行分析

中国产业用纺织品行业协会

上半年，我国经济运行呈现缓中趋稳、稳中向好的发展态势，经济结构的调整和增长方式的转变在加速进行。由于经济增长速度的放缓，产业用纺织品部分领域的发展也承受着较大的压力，行业在过去几年一直持续的快速增长势头有所减弱，但是由于行业技术进步和管理效能的提升，行业的经济效益依然比较平稳，企业家对行业的运行质量和未来发展趋势仍然保持较高的信心。根据国家统计局和海关总署数据，上半年我国产业用纺织品行业规模以上企业营业务收入、利润总额和经济增加值增速分别为 5.50%、14.87% 和 13%，行业平均利润率 5.83%，固定资产投资增长 20.29%，全行业企业出口与去年同期基本持平。

根据协会调研（图 1），上半年行业的景气指数为 69.7，表明行业内的企业家对新常态下企业的经营情况还是比较满意；该值与行业历史数据相比有明显下降，是企业家对当前经济环境的合理反应，但是也远高于 50 的荣枯平衡点。

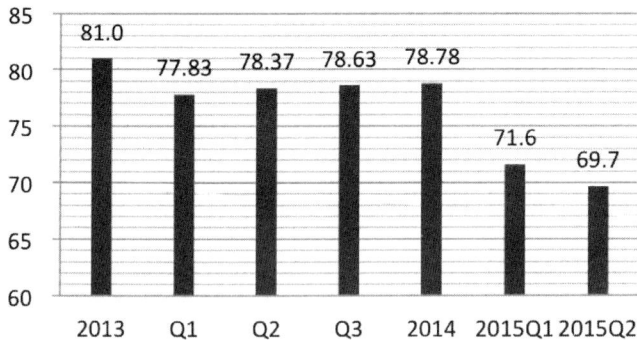

图 1　上半年行业景气指数

数据来源：中国产业用纺织品行业协会

一、行业整体情况

（一）生产保持较高速度增长

产业用纺织品的应用市场主要是环境保护、基础设施建设、医疗卫生等领域，其需求呈现一定的刚性，并且市场比较多元，所以行业抗市场风险的能力比较强。根据协会调研，40%的受访企业认为市场需求有不同程度的上升，而认为需求下降的企业只有24%，其余企业则认为市场基本平稳。受需求刺激，行业的生产依然保持扩张状态，行业的生产指数为67.3（图2），比一季度增加5，但是与去年同期相比依然有所降低。

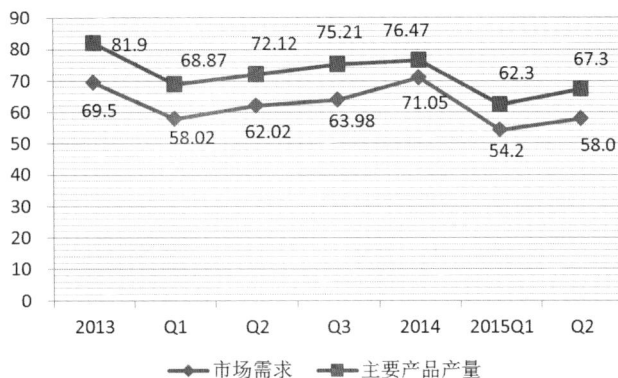

图2　行业上半年市场需求和生产指数

数据来源：中国产业用纺织品行业协会

根据国家统计局数据，规模以上企业的非织造布产量为199.4万吨，同比增长9.98%，比去年同期增加1.4个百分点。山东、浙江、江苏是我国非织造布的主要生产地，占全国产量的比重接近50%，产量增长速度均超过11%。河南、江西和湖南三个中部省份的非织造布产量增长速度分别为21.35%、23.65%和15.74%，三省在全国的比重与去年同期相比增加了近1个百分点。湖北省是中部地区最大的非织造布生产地区，增长速度由去年同期的27.22%回落到7.37%。非织造布产量的变化，既与市场需求相关，也与非织造布行业的投资周期密切关联。

帘子布由于产能过大和下游需求不振，产量持续下滑，上半年的产量为37.9万吨，同比下降7.38%，降幅与一季度相比有所收窄。

（二）行业投资活跃

根据国家统计局数据，产业用纺织品行业固定资产投资 296.1 亿元，新开工项目 461 个，分别同比增长 20.29% 和 15.83%，与一季度相比，增长速度均下降超过 10 个百分点，与去年同期相比也下降超过 5 个百分点。

表 1　上半年行业投资情况

行业	投资额		施工项目数		新开工项目数		竣工项目数	
	数值（亿元）	增速（%）	数值（个）	增速（%）	数值（个）	增速（%）	数值（个）	增速（%）
产业用纺织品	296.15	20.29	666	7.94	461	15.83	218	0.00
非织造布	117.73	7.17	250	－ 5.66	162	－ 9.50	67	－ 12.99
绳、索、缆	25.71	10.17	74	7.25	50	13.64	31	29.17
纺织带和帘子布	29.35	5.07	77	28.33	59	47.50	26	23.81
篷帆布	36.45	79.71	74	25.42	50	8.70	30	50.00
其他	86.92	34.14	191	16.46	140	57.30	64	－ 15.79

数据来源：国家统计局

带动上半年投资增速下降的主要因素是非织造布投资速度的大幅回落，其除了投资额保持了 7.17% 的增速外，施工项目数、新开工项目数和竣工项目数均出现不同程度的下降。上半年，非织造布行业的投资的下降一方面与当前的经济环境有关，同时也与行业投资的周期关联度较大，2012~2014 年年间，行业的投资增长非常快，积累了大量的新增产能，行业需要时间来消化这些产能，2015 年后投资下降是一种比较理性的市场反应。

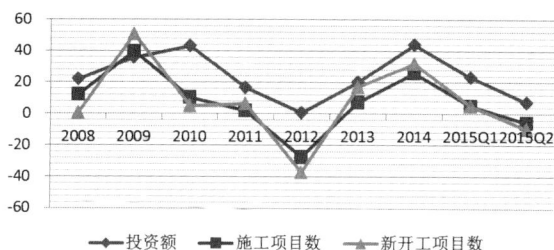

图 3　2008~2015 年二季度非织造布行业投资增速情况

数据来源：国家统计局

上半年，篷帆行业的投资比较活跃，投资额增长近 80%，施工项目数增长

25.42%，但是新开工项目数只增长 8.7%。而过滤用纺织品、土工与建筑用纺织品、工业基布、防护用纺织品等领域的投资则非常活跃，投资额增长 34.14%，新开工项目数增长 57.3%。

（三）经济效益持续增长

根据国家统计局数据（表 2），行业规模以上企业的主营业务收入和利润总额分别为 1367.4 亿元、79.7 亿元，分别增长 5.5%、14.87%，增速与去年相比虽有所降低，但仍处于中、高速度增长的区间。行业的平均利润率 5.83%，同比增长 0.48 个百分点，比一季度也有所增加；行业的亏损面 12.1%，亏损额 3.2 亿元，同比下降了 14.48%。

分行业看，非织造布的主营业务收入和利润总额分别增长 8.61% 和 19.85%，利润率 6.01%，亏损企业的亏损额大幅下降 39.12%，经济效益明显提升。绳索缆虽然在全行业中的占比不高，但是其收入、利润均保持了较高增长，并且利润率达到 6.35%，比去年同期增长 0.6 个百分点；过滤用纺织品、土工与建筑用纺织品、工业基布、防护用纺织品等领域的利润率也明显好转，同比增加 0.7 个百分点。

表 2　上半年行业主要经济指标

项目		非织造布	绳、索、缆	纺织带和帘子布	篷、帆布	其他	产业用总计
主营业务收入	数值（亿元）	683.6	122.5	279.7	110.8	170.7	1367.4
	增速（%）	8.61	13.01	−3.81	1.83	7.57	5.50
主营业务成本	数值（亿元）	590.1	105.2	250.1	97.5	146.8	1189.7
	增速（%）	7.82	11.99	−3.86	1.81	7.09	4.89
毛利润率	数值（%）	13.68	14.12	10.57	12.07	14.02	12.99
	变化（百分点）	0.63	0.78	0.05	0.01	0.38	0.50
利润总额	数值（亿元）	41.1	7.8	15.1	5.5	10.3	79.7
	增速（%）	19.85	25.63	0.54	−0.05	21.90	14.87
利润率	数值（%）	6.01	6.35	5.39	4.95	6.00	5.83
	变化（百分点）	0.56	0.64	0.23	−0.09	0.71	0.48
亏损面	数值（%）	9.76	9.79	17.39	14.81	14.33	12.10

数据来源：国家统计局

新常态宏观经济放缓对产业用纺织品行业的影响也逐步显现，主要表现为应用领域的需求放缓。上半年，我国汽车的产销量低于 3%，基础设施投资虽然增速显著，但是要传导到土工行业还需要一定时间，1~5月合成革行业产量下降了6.28%，过滤行业虽然增长明显但是过高的应收账款使得企业采用稳健的销售策略也使得部分订单流失。

根据协会调研，2014年以来行业产成品价格指数持续走低，2015年上半仅为38.2。产品销售价格持续走低，主要是由于石油价格下跌使得化纤原材料的价格处于下行区间，上半年原材料价格指数仅为44。需求增速放缓和产成品价格的下跌，带动了行业的主营业务收入增速明显放缓。

原材料在产业用纺织品的成本中占比较大，其价格下跌对行业的影响是正向的。根据国家统计局数据，行业主营业务收入的增速高于成本增速0.6个百分点，使得行业的毛利润率有所提高，同时由于财务费用的降低，带动了同期行业利润率增长0.48个百分点，见图4。在经济下行压力加大的情况下，行业的毛利润率和营业利润率提高，反应了行业在产业链中的地位比较稳固，能够有效传递上游的价格压力，并通过提高管理水平提高盈利能力。

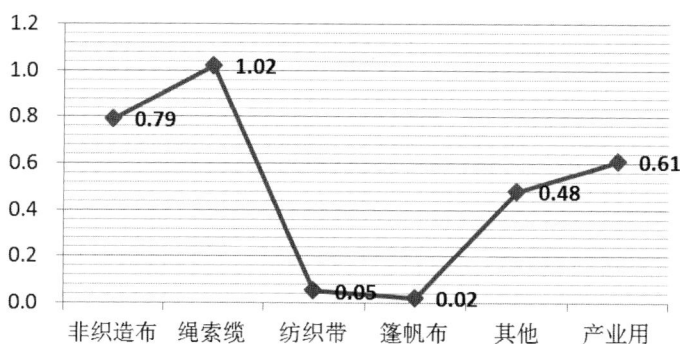

图4　上半年行业主营收入、成本增速差

数据来源：国家统计局

（四）出口平稳

我国产业用纺织品行业虽然以满足内需市场为主，但是国际市场在行业中的地位也日显重要。在发达经济体中，美国经济复苏势头强劲，需求比较旺盛，而欧盟和日本的复苏过程比较缓慢，需求不振。

1. 主要产品情况

行业出口各类产业用纺织品 102.1 亿美元，与去年基本持平，仅增长 1.08%。产业用塑料涂层织物、医疗卫生用纺织品、篷帆类制品、非织造布和包装袋是主要的出口产品，五类产品的出口额占总量的 73.2%。这五类主要产品中，医疗卫生用纺织品和篷帆类制品的出口金额保持了正增长，特别是篷帆类制品的出口单价保持了近 10% 的增长，在出口数量降低 5.14% 的情况下出口额增长 3.59%。产业用塑料涂层织物、非织造布和包装袋的出口则负增长，其中非织造布的出口额下降了 2.5%，降幅有所收窄。详见表 3。

表 3　主要产业用纺织品出口情况

产品类别	出口金额（美元）	金额变化（%）	数量变化（%）	价格变化（%）
产业用塑料涂层织物	2,512,736,199	－ 0.98	1.19	－ 2.15
医疗卫生用纺织品	1,713,723,495	7.58	—	—
篷帆类制品	1,275,693,101	3.59	－ 5.14	9.21
非织造布	1,089,649,860	－ 2.51	2.14	－ 4.55
包装袋	878,197,439	－ 1.11	－ 0.04	－ 1.07
产业用玻纤制品	633,024,915	－ 0.82	－ 4.40	3.74
擦拭布	451,243,285	2.83	2.06	0.76
绳索缆	302,751,452	4.59	－ 1.67	6.36
帘子布	297,419,781	－ 12.96	－ 2.03	－ 11.16
网制品	287,579,772	－ 4.48	－ 0.94	－ 3.57

数据来源：海关总署

2. 出口市场

从国家市场看，美国是我国产业用纺织品最大的出口市场，出口 17.1 亿美元，增长达到 9.68%，是本季增长速度最快的市场，反应经济复苏后的的美国市场具有旺盛的需求，对美国市场出口的高速增长是维持我国产业用纺织品出口稳定的主要因素。我国对韩国和英国的出口也分别保持了 3.85% 和 5.14% 的增速。而对其余的主要出口市场，曾出现不同程度的下降，如对日本的出口下降了 5.94%，对印度尼西亚和俄罗斯的出口则下降 14.31% 和 18.69%，对越南的出口增速则由一季度的 6.41% 变为 - 0.28%。详见表 4。

表4　上半年产业用纺织品主要出口国（地区）情况

国家和地区	出口额（美元）	增长（%）
美国	1708242059	9.68
日本	647698186	－ 5.94
越南	473124496	－ 0.28
韩国	433620429	3.85
印度	418725810	－ 7.29
德国	311091468	－ 7.97
中国香港	306318165	－ 4.87
英国	271018454	5.14
印度尼西亚	245739933	－ 14.31
菲律宾	232493870	14.42
俄罗斯	226828714	－ 18.69

数据来源：海关总署

　　从出口地区看（图5），亚洲是我国最大的出口市场，占全部金额的比重得到44.4%，对东盟市场的出口同比增长2.17%，但是对亚洲其他国家的出口下降了1.88%，对日本、印度等主要市场的出口下降是主要原因。我国产业用纺织品对北美和欧盟的出口份额基本相同，但是出口增速差异明显，由于美国市场的推动，对北美市场的出口增长了8.68%，而欧盟市场由于经济复苏的成国不巩固，出口下降了3.02%，但是与一季度相比，降幅已经大幅收窄。非洲、大洋洲是我国产业用纺织品的新兴市场，其份额分别只有6.7%和2.3%，但都保持了增长，增速分别为3.73%和5.27%；拉丁美洲市场的份额达到6.73%，增速6.33%这三个地区的市场未来增长前景比较好。

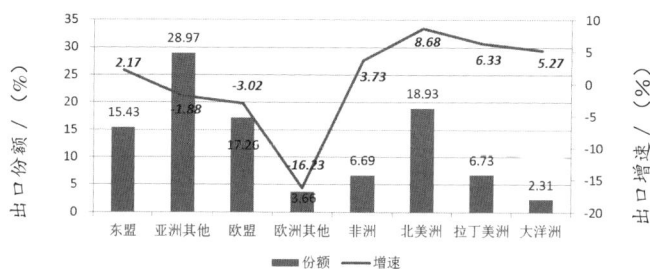

图5　我国产业用纺织品按地区出口情况

数据来源：海关总署

3. 进口平稳增长

上半年，我国进口产业用纺织品 22.24 亿美元，同比增长 6.07%。医疗卫生用纺织品、塑料涂层织物、非织造布、产业用玻纤制品、橡胶涂层织物是我国的主要进口产品，进口额为 18.46 亿美元，占总额的 82.98%。这五类产品，我国具有较大的产能，同时也是我国大量出口的产品，但是由于我国在技术和标准等方面的原因，仍然需要大量进口。推动进口增长的主要因素是我国自日本、韩国进口了大量的婴儿尿裤、卫生巾等商品，上半年该类商品的进口额 5.86 亿美元，增长近 100%。如果去除该类商品的因素，我国进口产业用纺织品的金额是下降的。主要产品进口额的下降，既是当前整体经济形势的反应，也是由于我国产业用纺织品行业的技术进步，使得本国产品能够很好替代进口产品。日本、中国台湾、韩国、美国和德国是我国产业用纺织品主要的进口来源地，占进口总额的 78.4%。

二、重点领域情况

（一）医疗卫生用纺织品

随着我国城镇化水平的提高和人们消费理念的改变，国内对卫生用纺织品的消耗量非常大；我国庞大的人口规模和不断加快的人口老龄化比例，为医疗卫生用纺织品打开了巨大的市场。同时，在全球市场中，我国是医疗卫生用纺织品的主要出口国，出口占据行业生产较大的比重。

上半年，面向医卫用纺织品市场的纺粘和水刺非织造布的产量依然保持增长。在出口方面，上半年，医疗卫生用纺织品出口额 17.14 亿美元，增长 7.58%。其中非织造布制一次性防护服和婴儿尿裤、卫生巾的出口形势比较好，分别增长 11.77% 和 11.41%，而传统的药棉、纱布、绷带产品出口额下降 2.69%，见表 5。

表5 上半年医疗卫生用纺织品出口情况

产品	出口额（美元）	金额变化（%）	数量变化（%）	价格变化（%）
一次性防护服	543,016,136	11.77	7.70	3.77
药棉、纱布、绷带	433,121,064	－ 2.69	－ 2.01	－ 0.70
婴儿尿裤、卫生巾等	737,586,295	11.41	13.38	－ 1.74

数据来源：海关总署

湖北省仙桃市是我国重要的医卫用纺织品生产地，上半年的出口高速增长，出口产品主要为一次性防护服和口罩，对亚洲地区的出口增长 40%，对非洲的出口增长了 80%。

（二）交通工具用纺织品

上半年，我国汽车产销 1209.50 万辆和 1185.03 万辆，同比增长 2.64% 和 1.43%，比上年同期回落 6.96 个百分点和 6.93 个百分点。受此影响，交通工具用纺织品生产企业的销售收入增长在 5% 左右。

相比于前几年的高速增长，我国汽车产业的发展已经比较平稳，大城市采取的限购措施也产生了一些不利影响，但是与汽车工业配套的纺织企业的未来发展依然会比较乐观。新能源、轻量化是汽车发展趋势，纺织增强复合材料具有重量轻、强度大和相对成本低等优势，单辆汽车消耗的纺织品用量未来还将会增长。

（三）土工用纺织品

基础设施工程是土工用纺织品主要的应用领域。上半年，我国公路水路行业完成固定资产投资 7188 亿元，同比增长 9.5%，铁路完成固定资产投资 2651.3 亿元，同比增长 12.7%。垃圾填埋、尾矿处理、石油勘探、工业防渗和生态护坡等是新开辟的应用领域，受经济大环境的影响，应用企业在环境工程领域的投资增速也会放缓。

由于各种投资具有一定的滞后效应，上半年行业情况基本与去年同期持平，但是业内企业对未来市场都比较有信心。随着计划中的建设项目开工，预计行业全年的情况将会有较大的改善。

（四）过滤与分离用纺织品

《水泥工业大气污染物排放标准》将于今年 7 月 1 日全面实施，颗粒物排放限值收严至 $30mg/m^3$、$20mg/m^3$，为了达到新的排放标准大量水泥厂环保设施需要升级改造，据测算水泥行业为执行新标准投入的改造费用达到 100 亿元，年增加运行费用 54 亿元，给袋式除尘行业带来了很大的发展机会。火力发电业、钢铁业也是袋式除尘比较重要的增长点。同时除尘滤袋属于消耗品，随着袋式除尘技术应用范围扩大，周期性的更换也为行业提供了比较稳固的订单。但是受宏观经济环境的影响，行业整体的应收账款情况增长较快，给企业的资金链造成较大压力，滤料企业通过调整销售政策加以改变，但也在一定程度上影响到销售收入的增长。

三、全年预测

产业用纺织品与国计民生密切相关，是纺织产业结构调整的重要方向和新增长点，新常态下将会迎来更好的发展机遇。行业正在向以技术、人才、品牌和可持续发展为特征的高构化调整，将极大增强行业在国内外市场的竞争能力。

产业用纺织品领域广泛，需求多元。国内市场是推动产业用纺织品行业发展的最大动力。随着城镇化建设加快推进和经济刺激政策的实施，国家在基础设施建设、环境治理、卫生保健、安全防护和国防军事等方面的投入会不断加大，将会释放出更大的内需市场，为产业用纺织品行业的快速发展和骨干企业成长提供广阔空间。但是部分领域需求增速放缓会给企业的经营带来较大压力，企业需要通过技术创新、产业链延伸、相关多元化经营来化解这些挑战。

世界经济正处于深度调整之中，美国经济形势较好，需求复苏明显，而日本和欧盟复苏动力不足，不确定因素增多。东盟、非洲等新兴市场的需求增长比较稳定。纺织品出口退税率的提高也会在一定程度上刺激出口。但是石油等大宗商品价格的下跌抑制了产品价格上涨，使得出口额增长面临一定压力。

投资将保持较高增长。2014 年的新开工项目保持高速增长，这些项目将会在 2015 年继续建设。随着企业加快升级步伐来适应不断高构化的市场需求，在高性能设备和技术改造等方面的投入还会不断加大。但是由于非织造布的投资处于下行区间，会给整个行业的投资增长带来一定影响。

综上所述，2015 年产业用纺织品行业的内需市场会较快增长，外需市场有所复苏，科技进步对行业发展推动明显，行业仍处于稳中有进的平稳较快发展阶段，同时产业结构调整的步伐将会继续加快。预计全年行业的工业总产值、销售收入、利润总额及主要产品产量将会保持 10% 左右的增长速度，经济效益良好。

（撰稿人：季建兵）

2014 年中国非织造布行业运行分析

中国产业用纺织品行业协会

非织造布是纺织行业中的一个年轻门类，20 世纪 50 年代发起于欧美，70 年代末中国也开始了工业化生产。尽管发展的时间比较短，但是非织造布与传统的纺织品相比具有很大的优势：首先，非织造布的纤维适应性非常强，天然纤维、化学纤维的绝大部分品种都能使用非织造布工艺；其次，非织造布具有独特的工程结构，生产方法灵活多变，与各种后整理工艺相结合，产品可以具备独特的功能，如过滤、增强、隔离等；第三，非织造布生产的流程非常短，用工数量少，生产效率高，所以综合成本比较低，特别适合一次性使用的领域。由于具有上述优势，非织造布的应用范围非常广泛，对现有的材料能够有效替代，并且随着新技术、新工艺的出现，应用范围还会继续扩大。

随着中国经济进入以创新驱动、中高速增长为显著特征的新常态，中国纺织工业也进入结构调整和产业转型期，增长速度明显放缓。受益于庞大的国内市场需求和行业的科技进步，中国非织造布产业2014年依然保持了高速增长，发展势头非常强劲。

一、生产情况

（一）总量情况

根据国家统计局数据，2014 年中国规模以上企业的非织造布产量为 361.4 万吨，同比增长 10.73%。增速与 2013 年相比有所降低，但仍处在快速增长区间。从地区看，浙江省依然是最大的生产地区，但是增速放缓，江苏的情况也比较类似；而山东省近年来非织造布产业的发展非常快，2014 年增长 16.27%，主要集中在土工布、聚酯防水胎基布等领域，新上投资项目多，传统的棉纺企业也有一部分将非织造布作为转型拓展的方向，2015 年山东省有望超过浙江成为全国第一；湖北、安徽的非织造布生产也保持了较高增速，福建省的增长超过了 20%。详细情况见表 1。

表 1　2014 年中国主要省份规模以上企业非织造布产量情况

地区	产量（吨）	增速（%）
浙江省	678,113	5.09
山东省	505,145	16.27
江苏省	394,583	6.39
湖北省	362,298	12.6
安徽省	242,380	13.39
福建省	226,230	21.81
广东省	221,825	7.61
辽宁省	214,762	19.04
河南省	147,912	－ 27.94
江西省	147,147	27.1
河北省	125,199	102.66
湖南省	116,259	16.82

数据来源：国家统计局

2015 年一季度，中国非织造布行业规模以上企业的产量为 92.4 万吨，同比增长 10.89%，而去年同期的增速只有 4.67%。山东、浙江是中国非织造布生产大省，一季度均保持了 10% 以上的增速，而江西、河南、湖南等中部地区的增速则超过了 20%，产业的区域分布有所优化。

（二）主要工艺非织造布产量

根据协会统计，2014 年中国全口径非织造布的产量为 440.1 万吨，同比增长 13.2%。纺粘法非织造布是中国产量最大的品种，2014 年的产量为 215.3 万吨，同比增长 14.9%，产量占总产量的近一半。纺粘法非织造布中，应用于医疗卫生等领域的聚丙烯纺粘非织造布的产量占比为 71.58%，占绝对主体地位。近年来随着中国聚酯纺粘防水胎基布装备技术取得重大突破，并且与传统涤纶短纤产品相比具有明显的优势，所以山东、河北地区的聚酯纺粘防水胎基布产量增长非常快，带动了中国聚酯纺粘非织造布在纺粘法非织造布中的比例上升到近 9%。针刺非织造布的产量为 99.4 万吨，同比增长 10.3%。水刺非织造布的产量为 45.1 万吨，同比增长 22%，成为增速最快的产品。不同工艺的非织造布产量比例见图 1。

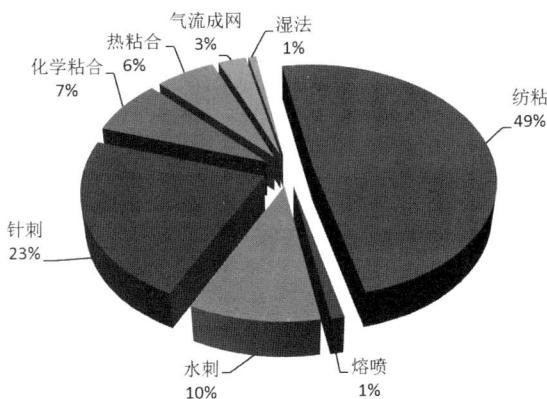

图 1　2014 年中国不同工艺的非织造布产量比例

数据来源：中国产业用纺织品行业协会

二、经济效益

根据国家统计局数据（表 2），2014 年中国规模以上非织造布企业的主营业务收入和利润总额分别为 1372.3 亿元和 83.1 亿元，同比增长 13.73% 和 6.28%，利润总额的增速与 2013 年相比下降了 18 个百分点；行业的利润率 6.06%，比 2013 年下降了 0.4 个百分点；行业内亏损企业的亏损额增长一倍。

行业效益下降，一方面是因为随着新增产能不断达产，产能增长较快，企业间的竞争加剧，使得产成品价格承受很大压力；另一方面，则是由于原材料价格的频繁波动，行业难以建立起顺畅、即时的成本传导机制。尽管效益有所下滑，但是与纺织业和产业用纺织品的平均水平相比，其各项效益指标均处于较高的水平。就运营效率看，资产周转率、产成品周转率均高于行业平均水平，但是应收账款周转率低于行业平均值，主要是由于非织造布面向机构用户销售，在宏观经济形势下行压力加大的背景下，账期加长，无疑会增加企业的资金压力。

表 2　2014 年中国非织造布产业主要经济指标对比

指标	纺织行业	产业用纺织品	非织造布
流动资产周转率 (%)	2.88	3.22	3.63
产成品周转率 (%)	20.57	27.99	31
应收账款周转率 (%)	14.01	11.46	11.52
总资产周转率 (%)	1.55	1.75	1.87
成本费用利润率 (%)	5.78	6.08	6.48
总资产贡献率 (%)	14.9	17.06	19.08
资产负债率 (%)	53.38	50.34	48.27
销售毛利率 (%)	11.95	13.09	14.14
销售利润率 (%)	5.45	5.71	6.06
净资产收益率 (%)	18.13	20.07	21.94
主营业务收入增速 (%)	6.83	12.39	13.73
利润增速 (%)	6.12	13.79	6.28

数据来源：国家统计局

2015 年一季度，非织造布行业的主营业务收入和利润总额分别增长 8% 和 15.74%，利润率 5.86%，亏损企业的亏损额大幅下降近 30%，经济效益明显提升。

三、固定资产投资

2014 年中国非织造布行业的固定资产投资 254.1 亿元，同比增长 44.15%，新开工项目数 308 个，同比增长 32.19%。非织造布由于市场前景非常诱人，发展势头比较好，吸引了大量的企业进行投资；同时，由于行业竞争日趋激烈，企业不断的通过技术改造和投资更先进的生产线来获取技术和规模优势，所以非织造布领域的投资比较活跃。投资的增长，带动了行业的产业升级和产品档次提高，在一些新的品种方面与国外的差距明显缩小，但也使得行业内部的竞争更加激烈，详见图 2。

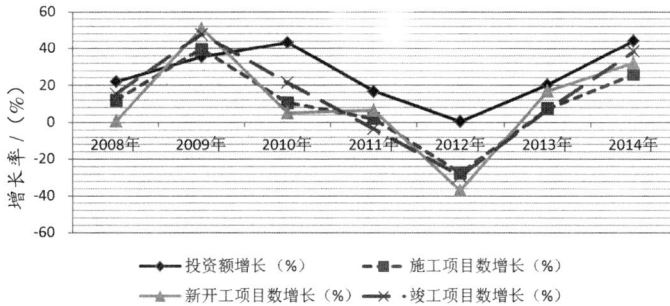

图2 2008~2014 年中国非织造布行业投资情况

数据来源：国家统计局

据中国纺织机械工业协会统计数据，2014 年针刺非织造布线 2.5~3m 幅宽销售约 50 条线， 3m 幅宽以上销售近 100 条线，其中，6m 以上幅宽销售近 40 条线，订单有向优势企业集中的趋势。值得注意的是其中出口比重约占 30%。纺熔非织造布设备受市场形势引导，2014 年销售形势较好，全年纺粘及纺熔复合线销售约 120 条线，出口 20 多条线。未来多模头复合生产线有望形成新的销售热点，而部分双组分纺粘品种尚需在市场开拓上加大力度。水刺设备全年销售约 21~22 条线，纯棉水刺、木浆复合水刺增长明显，可冲散全降解环保水刺材料生产线有望成为未来热点。

四、进出口贸易

中国非织造布产业具有完整的产业链条，产品档次中上水平，并且具有较大的成本优势，在国际上具有比较强的竞争力。随着国内市场竞争加剧，不少有实力的企业也纷纷将拓展方向转向国外，取得了比较明显的效果。

（一）总量情况

2014 年，中国出口非织造布 65.6 万吨，价值 23.1 亿美元，分别同比增长 17.64% 和 17.42%，见图 3。在数量上中国已经是全球最大的非织造布出口国，按价值计算，中国仅次于德国，位列第二。2008 年以来，中国非织造布出口的平均增速为 20%，表明全球对非织造布的需求增长非常大,中国在全球供应链体系中的竞争力在不断增强。

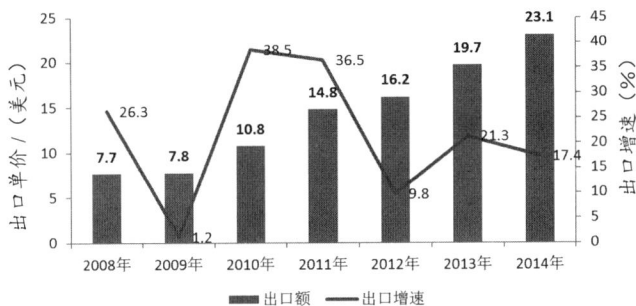

图 3 2008~2014 年中国非织造布出口额及增速

数据来源：国家海关总署

由于石油价格走低，聚丙烯、聚酯原料持续走低，使得非织造布的出口价格难以上涨，2014 年的出口单价 3.52 美元 /kg，与 2013 年基本持平，数量成为驱动出口增长的因素，见图 4。

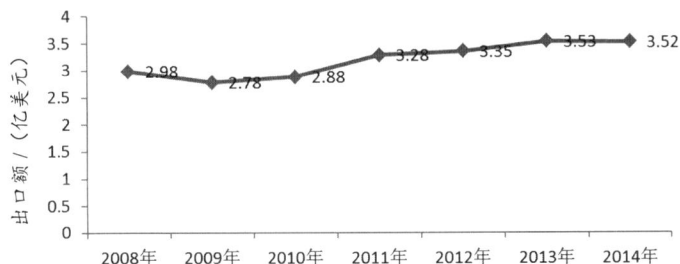

图 4 2008~2014 年中国非织造布出口价格变动情况

数据来源：国家海关总署

（二）产品结构

近年来随着中国纺粘法非织造布的技术进步和快速投资，出口产品的结构发生了显著变化。2014 年，中国出口非织造布主要集中在短纤成网非织造布，其金额占出口总额的 57%，而长丝非织造布的出口额占 43%，比 2013 年提高了 4 个百分点，见图 5；从加工程度看，经过浸渍等处理的非织造布占出口额的比重为 43%，大部分还是未经处理的卷材，其出口单价要比经过加工的低 21%。从克重看，中国出口产品主要集中在 25~70g/m^2，占出口总额的 47%。

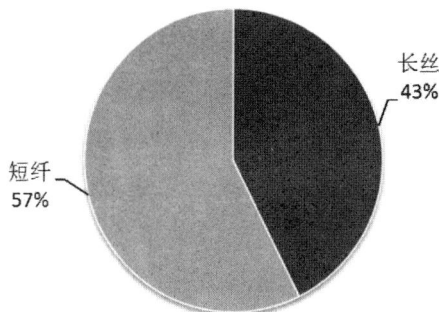

图5　2014年中国非织造布出口产品结构

数据来源：国家海关总署

（三）出口市场

从地区市场看（表3），亚洲是中国非织造布的最大出口市场，也是一个处于高速增长的市场，2014年中国非织造布对亚洲的出口额13.64亿美元，同比增长18.86%，占总量的59.01%，而对东盟的出口增速更快，达到22.63%。对欧洲和北美的出口也高速增长，特别是对北美的增速达到了25.06%，对欧盟的增速也近20%。中国对非洲的出口则出现下降，主要是由于非洲的工业基础比较薄弱，对非织造布的再加工能力不强，对终端制品的需求更加旺盛。

表3　2014年中国非织造布出口市场情况（按地区）

地区	出口额（亿美元）	增速（%）	份额（%）
亚洲	13.64	18.86	59.01
其中：东盟	4.95	22.63	21.43
非洲	0.95	－3.74	4.11
欧洲	3.68	16.94	15.93
其中：欧盟	3.11	19.61	13.46
北美洲	2.53	25.06	10.93
拉丁美洲	1.85	12.71	8.01
大洋洲	0.46	13.12	1.99

数据来源：国家海关总署

　　从国家和地区看（表4），2014年中国对越南的非织造布出口额为2.29亿美元，增长近80%，越南超过韩国和日本成为第二大非织造布进口国，中国对美国、日本和韩国的出口也保持了高速增长，对香港地区的出口则基本与2013年持平。对越南和中国香港地区的出口单价分别达到5.41美元/kg和7.86美元/kg，而对美国、日本和韩国市场的出口单价则低于平均水平。

表4　2014年中国非织造布出口市场情况（按国家或地区）

国家和地区	出口额（亿美元）	出口单价（美元/kg）	增速
美国	2.35	3.31	25.38
越南	2.29	5.41	79.33
日本	2.15	3.29	36.95
韩国	1.91	3.12	28.69
中国香港	1.14	7.86	1.36
印度	0.71	2.94	13.31
印度尼西亚	0.69	3.54	- 10.15
泰国	0.57	3.22	3.55
意大利	0.56	4.30	25.67
中国台湾	0.54	2.96	15.69

数据来源：国家海关总署

1. 美国市场

　　美国是中国最大的非织造布出口市场（表5）。2014年美国从全球进口非织造布23.69万吨，价值12.17亿美元，平均进口价格为5.14美元/kg。中国、德国、日本、加拿大和以色列是美国非织造布主要进口国，进口额占全部进口额的56.9%，中国占据的市场份额为21.89%，居第一，但是美国自中国进口的非织造布单价最低，只有3.47美元/kg，比美国的平均进口价格低32.5%。

表5　2014年美国进口非织造布市场情况

国家	金额（亿美元）	数量（kg）	单价（美元/kg）	份额（%）
中国	2.66	76,859,312	3.47	21.89
德国	1.41	19,957,561	7.09	11.62
日本	1.07	7,708,729	13.88	8.79
加拿大	0.89	16,256,762	5.48	7.32
以色列	0.88	21,432,717	4.12	7.27
全部	12.17	236,885,074	5.14	—

数据来源：UN Comtrade Database

2. 欧盟市场

欧盟也是中国重要的非织造布出口市场。2014 年欧盟合计从欧盟成员国外部进口非织造布 24.5 万吨，金额 8.93 亿欧元，平均单价为 3.65 欧元 /kg。按照价格计算，美国在欧盟的进口非织造布市场的份额第一，中国第二，占比 22.27%，但是如果从出口数量看，中国的市场份额第一。从单价看，日本对欧盟出口的非织造布产品单价非常高，是平均水平的 4.8 倍，而中国和以色列的出口产品的价格接近，比土耳其稍高。

表 6　2014 年欧盟进口非织造布情况[①]

国家	金额（亿欧元）	数量（kg）	单价（欧元 /kg）	份额（%）
美国	2.61	37,538,000	6.95	29.22
中国	1.99	71,701,000	2.77	22.27
土耳其	1.05	42,742,000	2.46	11.78
以色列	0.91	32,010,000	2.83	10.13
日本	0.53	3,050,000	17.43	5.95
全部	8.93	245,051,000	3.65	

数据来源：EUROPEAN COMMISSION

3. 日本市场

日本是中国非织造布传统的出口市场，2014 年日本进口非织造布 16.3 吨，价值 6.54 亿美元。日本进口非织造布的来源主要是亚太地区国家，而且进口产品的价格普遍偏低，基本是从中国、泰国、韩国和马来西亚进口一些基础性产品和一般产品供国内再加工。中国在日本非织造布进口市场的份额为 36.43%，居于第一位置，价格高于泰国和马来西亚，稍低于韩国，但是与美国相比差距非常显著，见表 7。

表 7　2014 年日本进口非织造布情况

国家	金额（亿美元）	数量（kg）	单价（美元 /kg）	份额（%）
中国	2.38	67,348,552	3.54	36.43
泰国	0.75	23,522,229	3.19	11.48
韩国	0.59	15,888,099	3.72	9.03
美国	0.57	6,242,357	9.06	8.64
马来西亚	0.52	17,596,385	2.98	8.02
全部	6.54	162,981,095	4.02	

数据来源：UN Comtrade Database

① 不含欧盟成员国之间的非纺织布贸易

（四）进口情况

2014 年中国进口非织造布 15.2 万吨，价值 9.48 亿美元，分别同比增长 8.83% 和 11.25%，进口产品单价 6.23 美元 /kg，同比增长 2.22%，中国进口的非织造布单价比出口单价高 77%。

日本、美国、中国台湾、韩国和德国是中国主要的非织造布进口来源地。占全部进口额的 77.31%，从美国、日本、德国、法国和卢森堡等国进口的非织造布产品价格比较高，而从沙特阿拉伯和马来西亚等发展中国家进口的产品价格较低。

表 8　2014 年中国进口非织造布情况

国家和地区	金额（亿美元）	数量（kg）	单价（美元 /kg）
日本	2.40	20,716,789	11.59
美国	1.66	27,146,199	6.12
中国台湾	1.21	27,730,784	4.36
韩国	0.99	17,208,394	5.77
德国	0.83	9,869,379	8.36
沙特阿拉伯	0.35	12,042,826	2.93
法国	0.27	3,919,386	6.78
卢森堡	0.23	3,425,821	6.57
马来西亚	0.16	5,331,711	3.06
泰国	0.15	2,655,034	5.82

数据来源：国家海关总署

中国进口的非织造布产品中，以纺粘长丝非织造布为主，占全部进口额的 64%；经过浸渍等处理的产品占全部进口额的 66%，未经处理的卷材产品只占 34%。

五、未来展望

非织造布工业作为纺织产业的重要组成部分，中国已经建立了涵盖专用纤维、装备、卷材、后整理助剂、制品以及工程服务在内的完整产业链条，能够生产几乎所有品种的产品，在生命健康、基础设施建设、环境工程、交通运输中都有非常广泛的应用，已经成为全球最大的非织造布生产国。

与美国、德国、日本等发达国家相比,中国的非织造布产业的优势主要还是在于规模和成本、在生产制造环节,而在科技创新、特别是原创技术,在市场与品牌推广和企业的精细化管理等方面还存在很大的差距。这使得中国非织造布产品主要还是集中在中档市场,在非织造布的全球价值链体系中处于中端位置,在国际竞争中通过数量扩张占领市场。

经过多年的快速发展,中国非织造布产业面临着发展模式和增长动力的改变,由以前依靠投资驱动转向全面创新驱动模式、由通过规模扩张转向依靠技术进步实现质量提升、由单纯追求经济效益转向经济增长、环境友好、员工发展和公平竞争的可持续发展模式。

非织造布产品的应用推广除了与产品本身的性能和成本有关外,与社会的经济发展水平、消费习惯、强制性标准、国家基础设施建设和环保政策密切相关。新常态下,中国非织造布产业面临着新的发展机遇。

中国具有庞大的人口规模,人口老龄化趋势加快,城镇化水平的提高带来经济收入的提高和消费观念和家庭结构的变化,这些都为非织造布制一次性医疗卫生用品提供了广阔的市场,同时中国的非织造布制医疗卫生用品还凭借明显的成本优势积极开拓国际市场,2014年这些产品的出口额已经超过15亿美元,并且每年都保持15%左右的增速。

国家对电力、水泥和钢铁行业的粉尘排放的标准日趋严格,这些行业均需要使用袋式除尘技术对原有的环保设备进行升级改造,近年来袋式除尘技术在这些行业的应用得到迅速推广。随着应用范围的扩大,周期性的滤袋更换也将为行业提供稳固的市场。膜过滤技术的成熟和成本降低,在污水的精细过滤方面也取得了非常好的效果,未来的成长空间非常大。国家在铁路、高速公路、水利等方面的投资加大,对土工布也会保持比较稳定的需求;随着新技术和新产品的出现,非织造布在建筑装饰、防水、保温等领域的应用也会逐步拓展。未来应用与基础设施建设、环境工程、建筑等领域的非织造布也将会保持10%以上的增速。

国家"一带一路"政策的实施为非织造布产业带来重大发展机遇,中国非织造布企业运用其产业链优势,既可以在沿线地带的国家直接投资,设置工厂进行国际化经营,也可以通过国际贸易的方式占领沿线国家市场,两种方式均可以使中国非织造布企业更加广泛地参与到国际竞争中,促进国内产业结构的调整和技术升级，推动中国非织造布产业的国际化发展。

可以预期，未来十年，在广泛市场需求的推动下，由完整的产业链条和持续的科技创新做支撑，我国的非织造布产业还将会保持快速增长。

（撰稿人：季建兵，刘东明）

2014 年中国纺丝成网非织造布工业生产统计公报

中国产业用纺织品行业协会纺粘法非织造布分会

当前全球经济深入趋向一体化，近年欧、美、日等发达国家和地区经济发展持续低温，对中国及周边新兴经济发展地区产生的影响还将持续。

我国的纺粘熔喷非织造布行业自 2010 年之后，扩容速度已经趋缓，行业逐渐进入成熟期，投资者更加慎重理性，改变了过去新兴行业跟风建厂，盲目增容的状态。调整产业结构、着力技术进步逐渐成为行业发展的新思路，新状态。

2014 年，全行业纺丝成网非织造布总生产能力达到 324.25 万吨 / 年，比上年增长了 15.38%；总的实际产量达到 219.84 万吨 / 年，比上年增长了 14.92%。连续 4 年增幅较为平稳。

2014 年度的统计工作仍旧按照国际通行的分类方法：纺丝成网非织造布共分为纺粘法（SB）和熔喷法（MB）非织造布两个大类，其中纺粘法非织造布又分为聚丙烯纺粘法非织造布（PPSB）、聚酯纺粘法非织造布（PETSB）和在线复合非织造布（SMS）三个类别。其中少量特种材料和双组分纺粘法非织造布，暂归入聚酯纺粘法非织造布类别。

2014 年年内已投产的新增生产线和已安装完毕进入调试阶段的生产线认定为形成生产能力，纳入本次统计资料。2014 年年内关停和淘汰的生产线不纳入本次统计资料。

一、总体情况

2014 年中国纺丝成网非织造布各类别统计情况如表 1、下图所示。

表1 2014年度中国纺丝成网非织造布统计表

类型		生产厂家（个）	生产线数（条）	2014年生产能力（万吨/年）	2014年实际产量（万吨/年）
纺粘法非织造布	PP纺粘法非织造布	372	1030	235.51	157.36
	PET纺粘法非织造布	64	89	33.89	19.69
	SMS在线复合非织造布	45	67	47.83	38.20
	合 计	481	1186	317.23	215.26
熔喷法非织造布		69	122	7.01	4.59

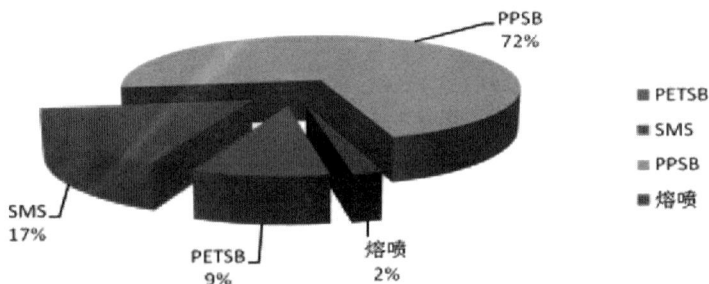

2014年中国纺丝成网非织造布各类别分配图（按实际产量）

截止2014年12月底，中国（不包括港、澳、台地区，下同）共有纺粘法非织造布卷材 生产企业449家，比2013年净增42家，增幅为10.32％；共有连续式熔喷法非织造布生产厂69家，比上年净增7家，年增长率为11.29％。

截止2014年12月底,中国共有纺粘法非织造布生产线1186条，比上年增加113条。其中PP纺粘法非织造布生产线1030条；PET纺粘法非织造布生产线89条；在线复合SMS非织造布生产线67条；连续式熔喷法非织造布生产线122条。

截止2014年12月底，中国纺粘法非织造布生产线的生产能力总计达317.23万吨/年，与2013年相比，增幅为15.61％；纺粘法非织造布实际产量总计达215.26

万吨 / 年，比 2013 年增长 14.88%。

截止 2014 年 12 月底，当年中国纺粘法非织造布实际总产量 215.26 万吨，其中 PP 纺粘法非织造布实际产量为 157.36 万吨，占纺粘布总量的 73.10%；PET 纺粘法非织造布实际产量为 19.69 万吨，占纺粘布总量的 9.15%；在线复合 SMS 非织造布实际产量为 38.20 万吨，占纺粘布总量的 17.75%。熔喷法非织造布实际产量为 4.59 万吨。

2014 年中国纺粘法非织造布的实际生产量为生产能力的 67.85%，这一数字在 2012 年和 2013 年分别是 65.79% 和 68.28%，几年来变化不大。据分析，产能利用率偏低的原因比较复杂，其中设计基础因素、市场因素及企业管理因素都有影响。

2014 年，更多企业实现了规模经营。据统计，实际产量超过 1 万吨的企业数量达到 43 家，比上年多出 6 家。其中，超过 5 万吨的企业 4 家，3~5 万吨的企业 4 家，2~3 万吨的企业 7 家。

2014 年中国的纺粘法非织造布行业总生产能力比上年增长 15.61%，总实际产量比上年增长 14.88%，与上年的增长率基本持平。

二、2014 年各主要地区生产情况

2014 年中国纺粘法非织造布实际产量超过 1 万吨的省、自治区和直辖市生产情况见表 2。

表 2　2014 年中国纺粘法非织造布实际产量超过 1 万吨的地区生产情况[1]

序号	地区	生产线数（条）	生产能力（万吨）	实际产量（万吨）	比上年产量增幅（%）
1	浙江省	330	64.65	44.61	7.66
2	广东省	224	56.06	42.25	31.71
3	山东省	148	50.88	33.72	14.94
4	江苏省	134	43.69	29.93	8.28
5	湖北省	64	24.30	17.41	8.08
6	福建省	63	16.72	12.50	14.67
7	河北省	53	15.74	10.15	32.65
8	四川省	46	8.75	5.96	0.84
9	辽宁省	28	9.04	3.65	14.06
10	河南省	20	7.10	3.54	24.23
11	上海市	17	5.80	3.46	11.61
12	安徽省	16	3.31	2.35	—
13	湖南省	8	2.00	1.48	- 7.50
14	重庆市	9	1.85	1.05	—

[1] 表中数据包括 PPSB、PETSB 和 SMS 复合非织布产量，不含熔喷法非织布的产量。

2014 年全国有 24 个省、自治区和直辖市拥有纺丝成网非织造布生产线，产业布局基本无变化，仍是华中、华南、华东地区较为集中，华北、东北、西北、西南较少。

2014 年统计数据显示，各省份产量增长率没有大的波动，只有广东省、河北省增长率超过 30%。统计过程中了解到，2014 年许多规模偏小，设备陈旧，财力较薄弱的企业经营艰难，此情况反映在浙江、江苏两省尤甚，主要问题还是产品质量没有竞争力，赊销产品回收货款慢，经营者无力主动扭转形势，对前途信心不足。

但是，2014 年广东省、山东省尽管也有上述情况，但总体投资意愿较强，新增的生产线以多模头线为主，改善了产品质量，满足卫生和医疗材料市场需求。山东、河北的 PET 纺粘非织造布在防水材料上的突破也带动了产量的增长。

一直排名前四的浙江、广东、山东、江苏四省仍保持领先地位，四省纺粘产品合计产量为 150.51 万吨，占全国总产量的 69.92%，与上年基本持平，说明行业集中度在 2014 年没有大的变化。

浙江省 2014 年实际产量为 44.61 万吨，年增长率为 7.66%，已连续四年增速放缓。该省产量连续七年名列全国榜首，2014 年仍居第一，这主要得益于早期浙江省的民商环境和纺粘设备制造企业较集中。由此也导致入行门槛低，设备配置和生产场地简陋，窄幅宽，单模头设备众多，为此，受经济形势影响大，停产或淘汰的生产线也比较多，按照 2014 年统计数据计算，浙江省平均单台设备产能在 2000 吨 / 年以下，实际产量在 1500 吨 / 年以下，与其他省份相比浙江省纺粘设备平均生产效率较低。

广东省纺粘非织造布 2014 年生产能力达 56.06 万吨，比上年增长 34.58%；实际产量为 42.25 万吨，比上年增长 31.71%，均出现较高增长。排名仍处于全国第二位。

广东省 2013 年曾遭遇负增长，原因主要来自落后设备的停产和淘汰较多，部分工厂为了追求低成本，无度使用填充料致使华南地区家具市场弃用纺粘非织造布作为辅料。2014 年，通过修正营销策略，重整市场供应渠道，加大设备升级更新的力度，以诚信的态度为下游客户服务，生产能力和实际产量双双取得较大的进展。

山东省的纺粘非织造布 2014 年总产能为 50.88 万吨，实际产量为 33.72 万吨，为全国第三位，产量年增长率为 14.94%。

山东省的产量增长主要来自于 PET 长丝纺粘沥青胎基布。山东是全国最大的防水材料生产基地，拥有众多的防水材料企业，因为 PET 纺粘非织造布经济技术性能优异，作为更新换代产品，很多防水材料企业相继兴建 PET 纺粘生产线。2014 年山东省 PET 纺粘非织造布产量 8.97 万吨，比上年增长 33.63%，占全国 PET 纺粘法非织造布产量的 44.64%，成为中国的 PET 非织造布大省。

江苏省 2014 年生产能力达到 43.69 万吨，比上年增长 7.39%，实际产量为 29.93 万吨，增幅 8.28%，均低于全国平均水平，实际产量排名占全国第四位。

江苏省工业基础条件优良，国际知名的一次性卫生用品公司投资集中，近年来国内个人护理产品消费增长迅速，医疗制品需求旺盛。江苏省成为外资投资最多，具有国际先进纺熔装备最多的省份，也是国内最大的卫生医疗用途纺粘非织造布生产基地。

三、行业运行特点及发展趋势分析

（一）强者恒强，优势企业发展速度加快

随着人们生活水平的提高，医卫材料的需求量越来越大，一些基础较好、进入这一领域较早的优势企业，顺势而上，加大了投入。从行业统计来看，排名前列的企业，强者恒强，发展速度明显高于一般企业。2014 年，进入行业前十名的企业共增加了约 12 条生产线，新增产能达 7 万吨。年产超万吨的企业也从 2013 年的 37 家，增加到 43 家。

多模头设备增长显著，SMS 和 PET 仍是投资热点

2014 年，分会增加了对国内设备制造企业的统计，数字显示，投资热点已转向生产能力和技术含量较高的设备。简单的单模头生产线占比呈下降趋势，代之以双模头、三模头、高速度设备订货增加。

2014 年，全国仅多模头纺粘线就增加了 40 余条，加上新增的 SMS 线，就占到新增生产线的近 50%（见表 3）。据目前已执行合同，2015 年还将出现一个新建 SMS 设备投产的小高潮，预计至少还有十余条国产 SMS 线将在 2015 年投入生产。

表3　2013~2014年PP多模头纺粘法设备保有数量（含引进设备）

设备形式	产品幅宽（m）	2013年统计数量（条）	2014年统计数量（条）	变化数量
SS	1.6	14	21	+7
	2.4	25	47	+22
	3.2	18	20	+2
	4.2	1	1	0
SSS	1.6	1	1	0
	2.4	1	3	+2
	3.2	2	12	+10
SSSS	4.2	0	1	+1
合计		62	106	+44

PET纺粘沥青胎基布的产量将继续快速增长势头，2015年至少还有12条生产线将投入生产。

可以预见，未来的一年中国纺粘行业的生产能力还将快速增长，因此，要警惕产能阶段性过剩给行业带来的压力，如何使行业有序运行，同时开拓更广泛的应用领域将是我们要解决的问题。

（三）老企业转型焕发青春，升级高效高质生产装备

调查显示至少有数十家企业在主动淘汰旧设备，更新升级高效率的多头宽幅机型，而且以这种转变方式实现技术进步的企业日渐增多。值得关注的是，相当数量的企业更新SS设备不都是用于生产医卫材料，这些企业往往有自己熟悉的市场和客户范围，通过设备的更新换代，提高产品质量和生产效率，更好地为市场服务，既增强企业的竞争力，又有利于纺粘产品质量的全面提高

当前，在行业调整时期里，我们的老企业要摈弃陈旧的经营观念，做好技术装备的升级换代，以科技创新开路，巩固老客户，开辟新市场，为未来的发展蓄势，只有如此老企业才能获得新的生命力。

（四）产品向多样化发展，科技创新是利器

近几年，中国纺粘熔喷行业在产品多样化方面取得很多进展，PP纺粘非织造布的占比逐步缩小，其他品类产品不断增加（见表4），显示了产品结构正在发生变化，这是行业走向成熟的标志。

表4　2010~2014 年纺丝成网非织造布主要品类占比变化

年份	2010 年	2011 年	2012 年	2013 年	2014 年
PP 纺粘布（%）	84.16	81.07	78.71	73.32	71.58
PET 纺粘布（%）	6.85	6.71	6.62	7.72	8.96
SMS 复合（%）	6.76	10.61	13.00	16.91	17.37
熔喷布（%）	2.23	1.61	1.67	2.05	2.09

除了传统的几个大品类以外，国内还出现了 PLA、PPS、PA、PE、弹性材料等纺粘非织造布，PE/PP、PA/PET、PET/COPET 等双组分纺粘产品的生产和研发，以及通过复合、后整理等工艺手段获得更优异的性能，纺粘企业与下游企业联合攻关，共同实现产品的创新。这些新产品虽然还处于起步，有的还未达量产，但反映出中国纺粘从业者对科技进步的追求，企业要适应行业调整的新常态，不断求新求变，满足下游产品的需要，中国的纺粘工业强国之路充满希望。

目前备受瞩目的发展热点还是集中在卫生用品和医疗用品上。几年来国产设备的产品成功切入这两个市场，在数量上不断增加，这主要得益于吸收性卫生用品和防护型医疗用品的消费量不断扩大。

值得注意，据最近生活用纸协会的消息，卫生用品在保持快速增长的同时已出现转型升级的明显趋势，卫生用品企业在产品轻薄、透气、柔软、贴服性以及可生物降解等方面加强研发力度，对材料供应企业提出了更高要求。

卫生用品进出口贸易 2014 年前三季度进出口量价齐升，进口量和进口额同比上升达 21.4% 和 41.12%，说明国内产品的品质还不能满足消费者某些需求，仍有创新和提升的空间。

随着人类生存环境的恶化，各种疫情频频爆发，2014 年，医疗制品行业表现出医院、疫区使用的，医生、病人、家属、消杀工作人员用的各种医疗防护用品的需求量增长很快，对产品的防护功能性、安全性也提出更高的要求。因此在现阶段，中国纺粘熔喷行业不能仅满足于市场供应量的增长，更多的应考虑提升品质、增加功能方面的创新。

在差别化产品的开发上也初露端倪。双组分纺粘加水刺非织造布已初步形成量化，有望向更多应用领域推进；PE 纺粘法非织造布在 2014 年问世；粗旦高强丙纶土工技术、各向同性的高强高模地毯基布的研究也取得了进展。

随着双组分纺粘技术的出现，双组分复合（SMS）技术，纺粘热风技术将引起关注。

四、2014 年中国熔喷法非织造布生产企业统计情况

2014 年熔喷生产持续稳定增长，生产能力达到 7.01 万吨 / 年，比上年增长 12.84%，实际产量达到 4.59 万吨 / 年的历史新高，比上年增长 16.88%。

我国熔喷产品主要用于隔离防护、过滤分离、保温隔音、吸油材料、电池隔板等市场领域。近两年的重度雾霾污染，水体污染给人们敲响了警钟，日常防护口罩用量和高效空气滤材需求量大大增加。国家围绕雾霾、扬尘治理，水污染治理等制定和推行了一系列政策性的措施，熔喷非织造布以其优异的性能获得了更多的应用。另外汽车、高铁等交通工具上使用的吸音棉、隔热棉、空气过滤用量加大也给熔喷企业带来更多商机。

2014 年熔喷行业的特点是拥有先进技术装备的企业生产能力得到释放，部分既做卷材又做深加工的企业生产形势旺盛，同时加大新产品研发力度。而一批早期入行的陈旧机型的小企业则产量萎缩或停产，这说明即便是行情来了，没做好转型升级的基础工作，还是跟不上行业发展的步伐。

从 1992 年我国引进第一条连续式熔喷设备至今已 20 多年了，我国的熔喷非织造布生产装备和工艺技术已有了长足进步，国际上熔喷非织造布技术不断向高科技进步，产品已进入生物过滤、电子技术领域，科技创新引领行业不断前行。

2014 年中国水刺非织造布行业发展概况

中国产业用纺织品行业协会水刺非织造布分会

一、2014 年水刺非织造布行业运行情况

（一）国内水刺非织造布产量、产能

2014 年国内共有水刺非织造布生产企业 117 家，水刺非织造布生产线 229 条，同比 2013 年底新增水刺非织造布生产线 25 条；水刺非织造布生产能力、产量继续保持两位数的增长，生产能力达到 65.5 万吨（含 1.6 万吨停产产能，2014 年底约有 3.8 万吨产能正在安装调试），同比 2013 年增长 15.1%；水刺非织造布产量约为 45.1 万吨，比 2013 年增长 21.6%。详见图 1 和图 2。

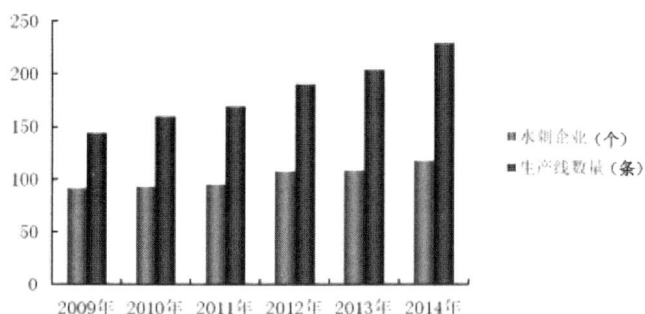

图 1　2009~2014 年国内水刺非织造布企业、生产线数量

数据来源：水刺非织造布分会

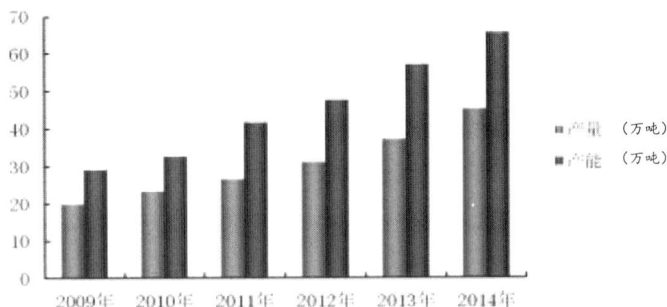

图2 2009~2014年国内水刺非织造布产量、产能

数据来源：水刺非织造布分会

（二）区域结构

国内水刺非织造布生产企业分布于国内16个省、市，主要集中在东部沿海地区。从全国看，东部沿海地区集中了全国8成以上的水刺非织造布生产线，9成以上产能和产量。2014年浙江全省有生产线120条，占全国水刺非织造布生产线的52.4%，全省产量约25.7万吨，占全国总产量的57%。产量排名前5位的省市依次为（按产量多少为序）：浙江、山东、辽宁、江苏、福建。

山东省和安徽省的水刺非织造布生产能力增长很快，2014年山东省水刺非织造布生产能力同比2013年增长168.2%，安徽省水刺非织造布生产能力同比2013年增长213.4%。

二、2014年国内水刺市场情况

2014年水刺非织造布市场呈现前高后低的态势，2014年上半年国内水刺非织造布市场比2013年底有所好转；但是进入下半年后，特别是第四季度，受市场需求减少和新增产能相继投产的影响，水刺非织造布产品售价与原料成本的差价持续减少，国内大部分水刺非织造布企业盈利下降。

2014年水刺非织造布卫生材料（包括医用材料、干湿擦布、美容等产品）依然是国内水刺非织造布产品的最大应用领域，约占总产量83.8%，其余为合成革基布、包装材料、服装辅料、过滤材料等应用领域。

2014 年国内水刺非织造布产品内销数量大约为 29.8 万吨，约占总产量的 66%；出口数量大约为 15.3 万吨，约占总产量的 34%。

水刺非织造布卫生产品国外市场主要是韩国、日本、东南亚各国、西欧和美国等地区，产品主要应用于各种干湿擦布。但是随着水刺非织造布市场不断开拓，最近几年俄罗斯等东欧国家以及非洲的销量也在不断上升。

内销水刺非织造布卫材产品主要应用于湿巾、美容、医用纱布等领域，随着国内经济发展和消费水平的提高，水刺非织造布卫材市场迅速增长。

除了普通卫生产品外，近年来国内部分水刺非织造布厂商开发的一些新产品进入高端、高附加值的卫生材料细分市场，取得了较好的经济效益。比如纯棉水刺非织造布、蚕丝水刺非织造布、可冲散水刺非织造布等。

合成革基布以国内销售为主，其市场主要在浙江、江苏、福建和安徽等合成革生产聚集区，其中以浙江温州市场的合成革基布需求最大。但随着环保要求的不断提高，一些传统的合成革生产聚集区开始限制合成革的生产规模。

三、2014 年国内水刺原料情况

国内水刺非织造布原料以涤纶短纤和粘胶短纤为主，2014 年水刺非织造布行业涤纶短纤的使用量最大，约占总纤维量 56.5%；其次为粘胶短纤，约占总纤维量 37.0%；此外还有少量的木浆、棉等其他原材料，约占总纤维量 6.5%。

2014 年国内粘胶短纤价格波动较小，整体为平稳下降趋势。而涤纶短纤价格波动较大：2014 年 1~5 月，涤纶短纤价格持续下调，降幅为 9%；6 月、7 月，涤纶价格出现快速上涨，最高涨幅达 18%；之后涤纶短纤价格一路下跌，到 2014 年 12 月，同 7 月高点价格相比，降幅超过 25%。详见图 3。

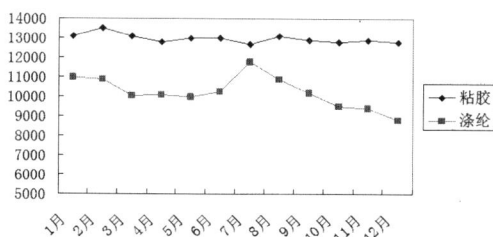

图 3　2014 年粘胶短纤和涤纶短纤价格（单位：元／吨）

四、2015 年国内水刺非织造布行业发展趋势

（一）水刺非织造布行业仍将以较快速度发展扩张

预计到 2015 年底国内水刺非织造布生产线将达到 240 条，生产能力超过 70 万吨。中国水刺非织造布占世界比重将越来越大。

（二）水刺非织造布卫生材料市场持续增长，市场应用不断细分

2015 年水刺非织造布产品应用领域仍然以卫生材料和合成革基布为主。但是随着国内外干湿擦拭布市场快速增长和国内水刺企业竞争力不断提高，2015 年国内水刺非织造布卫生材料市场将会持续增长。

此外随着水刺非织造布市场的发展，越来越多的水刺非织造布企业专注于开拓特色产品或应用领域。例如，2014 年国内棉水刺非织造布产品产能达到 2 万吨，2015 年棉水刺非织造布产品仍然会有较快发展。

（三）湿法成网水刺非织造布工艺将会有较快发展

湿法成网为代表的水刺新工艺进入产业化，进口设备和国产设备几乎同步进入市场，国内湿法水刺非织造布的产能将在短期内超过 5 万吨 / 年，对传统的干法成网水刺非织造布卫生材料市场的影响不容忽视。

2014 年中国土工用纺织品行业发展报告

中国产业用纺织品行业协会土工用纺织合成材料分会

一、2014 年工作总结

2014 上半年全国经济下滑，工程项目减少，工程进度放缓，土工材料市场骤冷。分会及成员单位积极应对，研发新产品，开拓新市场，着重国际市场，也取得一定成效。目前，会员单位由分会成立之时的 97 家发展为今天的 102 家，其中土工合成材料生产厂家 39 家，上游原料、设备厂家 27 家，各地研究所、检测机构、重大工程用户及相关协会领导 36 家。已发展成为典型的集生产企业、政府、科学研究、设计研发、检验、检测、工程应用以及设备、原材料等上下链条有机联动的整体。更加有效地推动土工用纺织合成材料这一跨学科、跨行业而综合性又极强的新型产业健康发展、持续发展。

根据《中国产业用纺织品行业协会章程》，依照《土工用纺织合成材料分会实施细则》结合土工合成材料产业特性，重点做了以下几个方面的工作。

（一）搭建服务平台　力促产业升级

我们不断完善依托宏祥而建立的"山东省土工合成材料质量监督检测中心"，"中国土工用纺织合成材料（山东）检测中心"、"黄河水利委员会工程质量检测中心"、"青岛基地德州检测站"各项软硬件设施，主要提供行业内产品研发设计、质量检测、应用试验、联合中试、成果推广、行标国标研讨制定（修订），技术交流，人员培训等。这一年多来，服务于生产企业、施工单位达 363 家，服务人次 3200 余人次。同时为业界产品、工程用方提供精确、权威的质量技术检测报告 640 余份，为各生产企业培训专业检测人员 468 人。

在中产协的引导下，牵头缔约创建的"产业用纺织品产业技术创新战略联盟"，作用显现，我们分会有 18 名会员参加，为联盟创新与发展起到重大推动作用，该联盟是建设创新型国家战略的主要内容，也是国家技术创新工程的重要实现渠道，在引导和支持创新因素向企业聚集、创建基于下游应用的技术创新体系、提高行业自主创新能力、实现产业链协作共赢、促进科技成果向生产力转化等方面，现实意义重大。目的就是组建一个以共同发展需求为基础，以产业技术创新为目标，以具有法律约束力为保障，联合研发、优势互补、利益共享、风险共担的利益共同体。

1. 高调参展、参研、广纳先进技术、提升企业素质

去年初至今先后举办并参与了国际、国内重大土工用纺织合成材料方面的展览、研讨与交流，广泛吸取业内先进的设备、技术、工艺、新产品的先进经验，重视研发与应用，不断壮大成员单位现有生产力、储备创新发展的正能量，使企业综合发展能力大大提升。

举办工程设计创新论坛、交流应用推广

2014 年 10 月 10 日，分会年会暨工程设计创新论坛在山东德州市召开。会议不仅邀请了中国纺织工业联合会副会长兼秘书长高勇，中国工程院院士孙晋良、姚穆，中国产业用纺织品行业协会会长李陵申，省协会会长夏志林等行业领导出席，还邀请了清华大学、西安工程大学、东华大学、河海大学等教授及来自水利、交通、城建等工程设计部门和认证院所专家参加，工程设计专题报告尤为受关注，得到土工分会会员企业的欢迎。

2. 产学研结合、上下游联动，取得成效

3 月 19 日，在江苏常熟召开由蒋士成院士主持的《高强高效非织造土工合成材料装备与技术鉴定会》。会上南通大学教授张俞、宏祥副总裁孟灵晋、迎阳董事长范立元分别讲解了从设备工艺、实际生产及产品销售，充分展示设备和产品的优越性能，并与专家充分交流，与会专家一致通过：高效高强非织造土工合成材料装备与技术评定结论为"国际先进"。

3. 高终端熔融，引领行业发展

3 月 25 日，上海大学孙晋良院士、东华大学纺织学院副院长靳向煜教授、宏祥新材料股份有限公司联合签约"中国工程院孙晋良院士·宏祥工作站"。充分发挥院士团队的引领作用及行业企业龙头骨干作用，开展土工用纺织合成材料领域前沿性产业技术攻关，通过研究技术集成创新，提高核心竞争力，培育新的经济增长点，为行业产品的结构调整，提档升级发挥示范作用。该工作站，在 2014 年 9 月 17 日，经山东省人民政府批准成立（鲁科字 [2014]132 号）。

4. 倡导国际参展，有效取长补短

2014 年 4~6 月，分别组织参加了"2014 瑞士土工材料国际展会"、"2014 年北美国际产业用纺织品及非织造布展会"及 2014 年德国国际土工合成材料展会，分会借展会契机对全球生产企业和市场进行了调研，同全球企业相比，我国生产企业有了长足的进步。

第一，国内企业对国际市场的关注度提高，抢占国际市场的信心在增强。参展企业不断增加，客户关注度提高，成交额也在放大。土工材料中国制造的影响力开始显现。

第二，产品质量提高明显，具备了参与国际市场竞争的能力。通过展会、网络等营销措施，部分品种已达到国际水平，在国际市场上占有了一席之地。宏祥、纤科等品牌高强丙纶布，宏祥长丝纺粘土工布、膨润土防水毯、湿法布，宏祥、旭城、现代等品牌土工格栅，均实现了批量出口，远销欧美等发达国家。

通过国外参展和调研也发现了我们的差距和努力方向。一是生产设备在自动化、节能、节约人力上差距大。德国日产 80 吨的设备，只用两个人。二是产品和应用创新上差距仍比较大，尤其是多功能复合材料、超高强力复合材料上差距明显。三是安装施工技术差距在拉大。西方基本实现了机械自动化铺设和安装。较之我们人工施工对材料的要求也出现了不同。比如：土工布对握持强力提出更高的要求。四是西方应用领域在扩大，但前提是外观和内在质量必须超越、替代其他材料。在德国十几万一吨甚至几十万每吨的涤纶土工布已成为现实，并进入百姓生活，成为日用消费品。

总之，上述活动的积极参与，成功举办或承办，给我们分会成员及我们这个整体行业，注入大剂量的高新技术元素和发展信息元素，使我们对土工用纺织合成材料产业发展与进步更加充满信心和力量。

（三）行业运行的主要情况

根据分会 2013 年对生产性会员企业的统计，39 家企业合计拥有土工布生产线 130 条，总产能 75.6 万吨，实际生产 56 万吨，复合土工膜（网）生产线 102 条，总产能 30 万吨，实际生产 23 万吨，产量占产能的近 80%。单条土工布生产线平均生

产能力达 5500 吨 / 年，单条复合土工膜生产线达 3100 吨 / 年。其中新上及在建的土工布生产线 18 条，复合土工膜（网）20 条。

目前我国的主要省份都有土工用纺织品生产企业，全国约有 400 余家企业从事土工用纺织品的生产，年产值 400 亿元；山东、江苏、浙江、广东是主要的生产地，其中山东的产量约占全国的 40% 左右，德州和泰安是山东主要的土工用纺织品生产地区。各种非织造类的土工布是土工用纺织品的主要类型，其产量比例超过三分之二，其余产品为机织土工布、经编类土工格栅等。

分会对部分重点企业进行了调研，这些企业的销售收入同比增长 3.1%，利润同比增长 14.8%。行业利润率 16.47%，企业研发投入比例达到 5.12%。尽管进入 2014 年，面临比较严峻的环境，但是行业内的大企业由于规模和技术的优势，能够迅速调整产品结构，适应市场需求高端化的变化，依然取得了较好的经营业绩。

（四）面临的主要挑战

受全国经济下行，土工行业作为整体经济的一个环节，亦受到一定影响，特别是今年上半年更为明显。

进口产品和个别单品种厂家发生了局部竞争，进口产品借助其技术和市场优势，挤压国内产品的市场空间，对行业内现有的企业形成了一定冲击。

制造业成本上扬。现在各种成本上升，原材料、人工和看不见的成本大幅上升。产品平均市场销售价格偏低，而生产成本逐年提高，扩大了企业应对市场的困难，打压了部分利润空间。

专业人才缺乏，导致企业可持续发展受阻。加强专业人才队伍建设，培养专业团队。培育行业专业型、复合型人才是行业发展急需解决的问题。

行业内的小企业对产品质量标准放松、放低，在行业内无序竞争，扰乱了政策市场秩序，影响了行业的健康发展。

目前，我国土工用纺织品行业正处在快速成长期，已经形成了比较完整的产业链，能够生产绝大部分土工用纺织品的档次和质量处在中等水平，在基础设施建设中发挥着重要作用。但是一些特殊用途的高端产品还要依靠进口，部分土工用纺织品的制造机械还不能自行生产，产品生产领域与应用领域的衔接不够紧密，这些都制约了行业的进一步发展和提高。

随着新产品的不断开发和新应用的发掘，制约行业发展的标准、上下游衔接、技术等问题陆续解决，土工用纺织品行业将会迎来新一轮快速增长。

二、2015 年发展的战略及工作计划

坚持以中国产业用纺织品行业协会性质和宗旨为指针，以土工用纺织合成材料分会宗旨为目标，实施得力举措，促进健康发展、产业升级。

（一）产业运行

力争会员单位达 120 家，产业企业达 50 家，土工织物生产线达 160 条，复合土工材料生产线达 120 条，总产能突破 100 万吨，总产值达 200 亿元。

（二）高科技促新产品升级

行业内新产品的研发是土工合成材料产业升级的最大推动力。加大研发创新力度，积极引进国际先进技术，结合国内提高工程需求，着力开发以下几种高性能材料。

下一步：一是高分子合金纳米复合材料在土工领域的研究与推广；二是智能土工织物的产业化与推广；三是生态修复用、土壤修复用、可呼吸防渗材料的开发和推广。

（三）具体工作措施

加强相关领域的沟通、交流与合作，培训和咨询服务，增强行业凝聚力，促进行业发展。投入精力财力，积极吸收水利、交通、建筑、纺织等部门参与协会，大力宣传土工合成材料在工程建设中的使用方法，效果及经济合理化，使设计部门愿意设计，使用部门自愿采用。并与建筑、水利、交通、环保、农业生态、煤化工等多领域，各行业之间保持经常性的信息沟通，使产品的设计与开发为不同的行业，不同的工程提供优质服务。形成工程部门需要什么，政府政策就支持什么，科研部门就研制什么，企业投入就生产什么。分会将作为桥梁纽带，加强产业用纺织品协会和中国土工合成材料协会的沟通合作，使政府职能和学术优势有效结合，形成产、官、学、研联动体系，推动土工合成材料行业快速发展。

引导行业有序管理。面对日趋激烈的无序竞争，借鉴先进国家的协会管理经验，通过成立行业创新联盟，以先进的产品性能和社会诚信为宗旨，对社会和应用领域承诺联盟企业产品的可靠性，让客户放心使用，确保工程安全，树立联盟信誉，增强联盟企业产品竞争力。已和二十多家联盟单位动议了土工布、土工格栅、土工格室等创新自律联盟。

着重新产品研发、新技术开发应用及推广，研讨国际产业导向与市场情况，向各级政府提出相关建议，维护会员合法权益，与国外同行业有序竞争。

精选吸纳国际同行业先进经验和做法，弥我所短，为我所用。

协助会员企业向有关单位申报项目，奖励项目推荐等工作，为会员单位争取政策资金扶持。

提出行业急需的国家标准计划，并积极参与标准的修订工作。

建成土工材料销售网络、平台。宣传会员企业，推广产品，指导会员开拓市场。开展评先创优，公布行业排名，通过产品质量评比引导企业健康发展。向社会推荐达标产品、达标企业，打造知名品牌，为企业宣传，为社会服务。编辑会刊、期刊，提供技术、信息指导，为会员搞好服务。

积极承办好国家协会交办、委托的各项工作。

三、前景与趋势

土工用纺织品的发展与国家基础设施领域内的投资密切相关。近年来我国不断加大铁路建设的力度，尤其是在中西部地区，为土工用纺织合成材料行业的快速发展提供了强劲的发展动力。此外，在 2010~2020 年间，国家将投资约 4 万亿元用于节水工程项目，此措施也为土工用纺织品行业带来了广阔的市场。据统计，从 2006~2010 年，我国土工用纺织品的产量以年均 35% 的速度增长，预计到 2015 年将达到 93 万吨。

从国际形势看，全球经济回缓，欧美市场恢复，中东、东南亚市场快速增长，国家海外项目增加，国内专业进出口公司都看好我们这个平台，今年产品出口将是一个大的增长点。但是人民币汇率的变化将对出口产生影响，我们需防范和应对，最大限度的规避。

从国内形势看，十八届三中全会拉开了改革的序幕，关系环境、民生的基础工程将开工建设。土工材料的应用领域更加广阔，在每一个领域的应用范围也在扩大，应用品种也在增加，涉及的很多领域将有大的发展。

（一）水利工程仍然是重点

南水北调支线工程量不比南水北调少，主要是水库和渠道。打造水生态文明城市，水系联网成片，投资量大，面广，为保证饮水安全，国家规定县以上城市须建第二水源，将迎来水库建设高峰。美丽农村、美丽中国建设要求打造河道湿地绿色长廊，实施柔性护坡，将大量应用模袋，石笼、抗冲刷绿化毯等柔性护坡新材料，病险水库改造也是今年水利投资的重点。

（二）交通工程

高铁仍投资巨大，京沈、蒙西等大线开工建设，三十多个城市的地铁、轻轨续建和新开工。高速公路进入拓宽和修复期，西部新建增加，材料用量将大量增加。目前，我国省道、国道近 50 万千米，每年需要维修的里程约 7 万千米，再加上新建工程将使得公路工程成为土工用纺织合成材料的最大应用领域之一。

（三）环保工程

新建垃圾填埋场增加，已建垃圾填埋场陆续到了封场期和续建期，而且填埋过程中要除臭覆盖，同时餐厅垃圾、建筑垃圾、医疗垃圾、饲养垃圾等都要求填埋，将成倍增加用量。还有污水处理、沼气池、危险废弃物等处理。

（四）矿业工程

矿业环评越来越严，矿业的洗选池、堆浸池、堆灰场、溶解池、沉淀池、堆场、尾矿等用量都会增加。

（五）石油石化工程

石油、石化、煤化工、输油输气管道、灌区、炼区都面临着严峻的防渗课题。宏祥和清华大学环境学院，正在就新材料、新工艺进行研究，将实现石油石化系统有害水零渗漏。

（六）其他

市政园林工程：地下工程、屋顶储水及花园、人工湖、景观湖等。

水产养殖工程：鱼塘、虾池、海参圈、畜牧业等。

围海工程：围海造田、港口、码头、机场等。

盐业：盐场结晶池，输卤渠道等。

农业：土壤修复、生态环境、大棚、防鸟防虫等。

国家政策应用领域的不断拓宽为我们提供了越来越大的市场。

总之，土工用纺织合成材料行业在 2015 年将是关键年，也是发展年，抓住机遇、对应挑战，为提升产业发展水平做出应有的贡献。

过滤用纺织品的现状与发展前景

过滤是一种分离、捕集分散于气体或液体中颗粒状物质的过程。过滤用纺织品是通过传统纺织、非织造及现代复合等技术加工而成的，是一种主要用于将两种或两种以上物质有效分离的介质。过滤用纺织品主要用于各种食用、医用、民用及工业用的固气分离、固液分离和固固分离，特别是用于燃煤发电、冶金、水泥、煤炭、沥青、化工、化肥等行业。过滤用纺织品涉及行业之广泛、覆盖面之大，在制造业中并不多见，是产业用纺织品行业中的一个重要领域。

一、过滤用纺织品的发展现状与趋势

（一）过滤用纺织品的发展现状

国外过滤用纺织品的研究、生产、测试和应用已形成一个较完整的体系，高效空气过滤材料的研究开发已采用高性能纤维，如聚四氟乙烯（PTFE）、芳香族聚酰胺纤维、碳纤维、无机及金属纤维等，并已开发出非织造过滤材料、膜复合过滤材料和功能性过滤材料。

20 世纪 70 年代，采用微细玻璃纤维过滤纸作为过滤介质的高效空气过滤器（HEPA），对粒径 $\geq 0.3\,\mu m$ 的尘粒过滤效率高达 99.999%，极大地促进了对室内空气洁净度有很高要求的电子、航空、精密机械等行业的发展。20 世纪 80 年代以来，随着新技术的出现，又产生了性能更高的超低穿透率空气过滤器（ULPA）。无隔板过滤器技术不仅消除了分隔板损坏过滤介质的危险，而且可以有效地增加过滤面积，提高了过滤效率，并降低了气流阻力，从而减少了能量消耗。此外，空气过滤器在耐高温、耐腐蚀以及防水、防菌等方面也取得很大的进展，满足了一些特殊的需求。

截止到 2008 年，全球空气过滤市场规模约为 70 亿美元，2012 年达到 85 亿美元左右，用于空气分离颗粒、气体以及其他方面的过滤用材料的销售额在 2015 年将超过 34 亿美元，其中近 50% 是工业用过滤材料，民用市场大概占据 15%。总体而言，随着应用要求的逐步提高，空气过滤逐步从中低效向高效发展。

在湿过滤加工中，过滤介质是将液态物料中的液体从固体物质中通过机械方式进行分离的中间体，起分离作用的不仅仅是过滤介质本身，还有堆积在过滤介质上的滤饼。在某种特定情况下，可以用一些助滤材料来代替滤饼，以提高过滤效果。这种不同于深层过滤的方式称为滤饼过滤。纤维纺织品是用量最大和用途最广的湿过滤介质之一。对湿过滤纺织品进行研究和开发，在加工技术上通过若干精整技术（如轧光、热处理、复合技术以及涂层等工艺）来改善其综合性能，可使其适合于条件非常苛刻的工作环境。

传统过滤纺织品在各种产业领域虽然是必不可少的辅料，但大多只起到"辅助"作用，然而高性能纤维滤材的应用，在一些高技术领域还可成为"关键部件"或"核心技术"，对构筑某些产业的循环经济链有重要作用．特种纤维滤材主要指耐强腐蚀性纤维、耐高温纤维、碳纤维、活性碳纤维、离子交换纤维、超细纤维等的织物或非织造滤材，以及中空纤维膜过滤材料，后者包括气体分离膜、微滤膜、超滤膜、纳滤膜、反渗透膜和透析膜等。

（二）过滤用纺织品的发展趋势

目前，空调过滤器开始采用纳米光催化与微胶囊相变有机结合的新兴技术，可直接分解空气中的甲醛、苯、氨等污染物，同时能够杀死细菌、病毒等具有蛋白质结构的微生物，并将其分解成对环境无二次污染的无机小分子，从而达到净化空气的目的。

通常，低效过滤器主要用于阻挡粒径为 10 μm 以上的沉降性微粒和各种异物；中效过滤器主要用于阻挡粒径为 1~10 μm 的悬浮性微粒，以免其在高效过滤器表面沉积而很快将高效过滤器堵塞；高效过滤器（或亚高效过滤器）主要用于过滤含量最多、用低效和中效过滤器都不能或很难过滤掉的粒径在 1 μm 以下的亚 μm 级微粒。

被称为"驻极体"的静电材料，如聚乙烯吹制膜和通过摩擦带电的聚丙烯纤维或丙烯酸纤维滤材，已经用于住宅空调的过滤器中、由于驻极过滤器带有较高的电荷，其对粒径为 1~3 μm 粒子的初始过滤效率比大多数其他过滤器高 80%，对粒径为 3~10 μm 粒子的初始过滤效率比其他过滤器高 90%，初始阻力约为 1.96~3.43kPa（0.20~0.35 m 水柱）。

20 世纪 80 年代，随着非织造材料技术的进步以及高性能合成纤维非织造过滤材料的应用，全球袋式除尘器的除尘效率提高了一个数量级。之后，抗静电、耐高温（使用温度≥210℃）、抗腐蚀、防油防水等一系列具备特殊功能的过滤材料问世，大量用于处理水泥、电力、钢铁、垃圾焚烧、有色金属、炭黑等工业的高温烟气，有效改善了粉尘颗粒对空气的污染．目前，我国已完整具备生产玻璃纤维机织布、常温合纤针刺滤料、防静电针刺滤料、防油防水针刺滤料、耐高温耐腐蚀针刺滤料、各种玻璃纤维滤料及 PTFE 覆膜滤料等产业体系。

过滤膜材料主要分为有机膜和无机膜。有机膜价格较便宜，但易污损，使用寿命短；无机膜能在恶劣环境下工作，使用寿命长，但价格较贵。过滤膜材料的主要发展方向：

（1）新型高通量无机膜（如金属膜）。金属膜采用不对称结构，以粗金属粉末作支撑材料，以同种合金的细粉末喷涂作有效滤层，其孔径分布集中在 1~2 μm，颗粒物难以进入滤膜内部堵塞滤道而滞留在膜表面，形成表面过滤。与传统多孔烧结金属滤材相比，不对称金属膜滤通量高，压降较小，反冲洗周期长，且反冲效果较好。

（2）有机膜的改性，以提高通量及抗污损性能。制作有机－无机混合膜，使之兼具有机膜及无机膜的长处。改性添加剂使膜表面结构永久性改变，并使膜亲水性增加，不易污损，特别适用于原水预处理以减少用氯量，对病毒去除率达到 5~6 个数量级，对细菌去除率更高。

（3）反渗透膜。界面聚合聚酰胺反渗透膜是目前卷式反渗透膜的主流。近年来，卷式聚酰胺反渗透膜的研究主要集中在合成时引入某些功能基团的新单体，或者对聚酰胺基质膜的交联结构进行改性等。寻找新过滤用纺织品的现状与发展前景的膜材料来代替聚酰胺，或者通过添加无机纳米材料来改善聚酰胺膜的分离性能、化学稳定性及耐污染性。

二、国内过滤用纺织品产业基本状况

目前，我国过滤与分离用纺织品的应用领域十分广泛，受国家环保政策的影响，过滤与分离纺织品行业继续保持快速增长，高温过滤纺织品增速明显。

2006~2010 年我国过滤与分离用纺织品量年均增长率为 16.7%，2011 年增长量达到 64.9 万吨，预计 2012~2016 年年均增长率为 13%，2015 年年增长量将达到 103 万吨。

我国的高效过滤材料和袋式除尘技术是同步发展的，环保滤料产业的分布格局大体以"南有浙江天台，北有辽宁抚顺，东有江苏阜宁，西有河北泊头"的产业集群的形式发展。近几年，以阜宁县环保滤料行业发展最为突出，形成了具有集群优势的阜宁滤料产业集群。据统计，仅阜宁县就有滤袋企业 136 家，其中规模以上（年产值超过 3000 万元）企业有 48 家，已形成从原料到环保滤料毡布及配套设备的完整产业链，近两年吸引了多家国内滤料骨干企业入园，极大地提升了当地滤料产品的档次和研发水平，带动集群整体竞争水平的提高和区域品牌影响力。

家用过滤器的普及率正在逐年提高，室内空气净化器是空气过滤材料的又一潜在市场，美国空气净化器市场的年增长率在 10% 以上，我国还只是刚刚起步，普及率还很低。分离膜应用涉及反渗透、纳滤、超滤、微滤、电渗析等单元操作或集成的膜法水处理系统，气体混合物的膜法分离，液体混合物分离的渗透汽化膜过程，以及医用血液透析膜等。与国外相比，我国某些工艺技术接近国际水平，但膜组器技术和性能与国际水平相比仍有较大差距，复合膜性能比国外低且尚未规模化生产，卷式元件和中空纤维组件离海水淡化的目标较远。　根据我国过滤用纺织品行业情况分析可知，在技术层面上，国内目前没有特别重视对过滤材料的研究，在原材料、梯度成型技术、膜复合技术、检测技术、模拟理论等方面的研究与国外差距较大，很多过滤材料仍依赖进口；在产品层面上，外资公司占据了国内高端耐高温滤料产品的大部分江山，市场比例达到 29.2%。

三、存在的主要问题

我国过滤用纺织品在过去的 10 年里有长足的发展，但在产业结构、制造技术、产业集中度、产品标准、专用原料及设备以及下游应用领域开拓等方面，与发达国家相比，仍存在较大差距，存有低水平、恶性竞争等现象，影响行业健康发展，导致目前我国过滤用纺织品行业的自主创新能力水平仍然较低，行业高附加值特征未能充分体现。

（一）产业结构不合理

国内过滤用纺织品产业结构不合理，产品主要以常规中低端产品为主，高档产品较少，主要以中间材料生产为主，纤维材料和终端制品的研究开发不足，自主创新水平低，对应用领域的跟踪和服务能力差。

（二）技术与设备水平不高

针对各类高性能、功能性等过滤用纺织品加工技术和装备，受自动化水平、设备精度等因素制约，与国外相比，我国在生产技术和产品性能方面还有相当大的差距，主要表现在高速宽幅非织造梳理铺网技术、高速宽幅非织造纺粘熔喷成型技术、低损伤高速针刺缠结技术、重磅宽幅高速织造技术等方面。

（三）产业集中度低，规模效应不足

我国袋式除尘行业中民营企业占 90% 以上，小型企业居多，集中度不高，很多企业在低水平上重复，彼此低价竞争，影响了产品质量的提高、技术的进步和行业的健康发展。2009 年，天台县共有产业用纺织品企业 327 家，其中年产值在 500 万元以上的企业有 50 家，年产值在 2000~5000 万元的企业有 10 家，5000 万元至 1 亿元的企业有 5 家，超过亿元的企业有 1 家。与国外相比，过滤用纺织品行业缺少对完整产业链有影响力的大型企业。

（四）标准体系不完善

目前，我国过滤用纺织品标准体系并不完善，尤其是过滤用纺织品标准与最终产品的应用标准衔接不够、技术指标和检测方法标准不统一的问题比较突出，产品质量缺乏规范监管。

四、我国过滤用纺织品发展战略

在我国过滤用纺织品科学研究、工程化、产业化的基础上，应进一步深入开展过滤用纺织品及其应用的基础研究，着力突破我国过滤用纺织品的工程化关键技术，提高产品性能并降低成本，提升滤料行业整体竞争实力。可通过应用领域和市场的拓展，扩大产业规模，建设产需衔接良好的产业链，培育骨干企业和品牌，促进滤料行业健康有序发展。

（一）环境大气工业除尘过滤用纺织品

环境大气工业除尘过滤纺织品现已广泛应用于有色冶金、电力、机械、建材、化

工、轻工、粮食加工等诸多行业领域。

1. 钢铁工业

2012 年我国粗钢产量达到 7171.6 万吨，全国有 1600 多家钢铁企业。据统计，我国钢铁工业排放废气 122928 亿立方米，占工业排放量的 23.7%，其中粉尘 93.5 万吨、烟尘 56.3 万吨，分别占工业排放的 10.2% 和 22.9%，主要有烧结炉、高炉、转炉、电炉四大产生高温烟气粉尘的污染源。焦化厂排放的气体污染物主要为煤尘、荒煤气、焦油烟、BaP（苯并芘）、BSO（苯可溶物）、H_2S、SO_2、NO_2、CO 等，主要污染源包括焦炉炉体的连续性泄漏，推焦、熄焦时的阵发性排放，焦炉烟囱以及原料煤的粉碎，焦炭在筛分、贮运过程中的连续性排放等。

钢铁行业各个工序大部分采用机织或非织造滤袋的耐高温袋式除尘器，约占钢铁工业所用除尘器的 70%。

2. 水泥工业

2012 年我国水泥产量达到 22.1 亿吨，新增生产线达 125 条，新增熟料产能为 1.6 亿吨。

我国是世界上第一大水泥生产国，每年向大气排放的粉尘、烟尘在 4000 万吨以上，颗粒物排放占全国排放总量的 20%~30%，SO_2 排放占全国总排放量的 5%~6%，氮氧化物占全国排放量的 10% 左右，居火力发电和汽车尾气排放后的第三位。水泥工业排放的含尘气体，根据工艺的不同，既有常温粉尘，也有高温、高湿、高浓度、易燃、易爆粉尘。常用的过滤材料有玻璃纤维、涤纶针刺毡、芳砜纶、覆膜滤料等。

水泥窑头窑尾烟气处理时需要前置烟气冷却设备，常用增湿塔，导致生料磨中出来的烟气水分含量大，因此，其滤料选择既要耐高温又要耐水解、防结露。新型干法水泥窑烟气处理通常采用玻璃纤维滤料、玻璃纤维织物覆膜、聚酰亚胺毡及玻璃纤维与聚酰亚胺混合毡（氟美斯）等高温滤料。

3. 燃煤电厂

我国 2012 年用煤达 36.5 亿吨，其中电站锅炉用煤约占 50%，工业锅炉用煤约占 23%。我国以煤炭为主的一次能源结构，决定了在今后相当长的一段时期内火力发电都将是我国电力生产的主要方式。目前我国火电行业袋式除尘器的应用比例还比较低，如果按照"十二五"期间火电行业袋式除尘器应用比例达 50% 计（含电袋），袋式除尘器在燃煤电厂的使用还有很大空间。

聚苯硫醚纤维滤料是适用于电站锅炉烟气除尘的主打滤料，但是聚苯硫醚纤维耐温、耐酸性差，耐氧化性更差，为此应加紧开发聚苯硫醚、聚酰亚胺、PTFE 等多种纤维混和滤料及化学后处理技术，弥补纯聚苯硫醚滤料性能的不足。

4. 生活垃圾焚烧电厂

根据各地规划，"十二五"期间生活垃圾焚烧处理能力将达到 17.5 万吨 / 天，其中在建焚烧处理能力为 6.7 万吨 / 天，扩建焚烧处理能力为 0.9 万吨 / 天，规划新建焚烧处理能力为 10 万吨 / 天。垃圾焚烧炉烟气既是高温、高湿、高含尘浓度，又含有酸性、有机废气及重金属，且工况波动大，对滤料选用最为苛求，滤料通常采用 PTFE、聚苯硫醚、聚酰亚胺、玻璃纤维或它们的混合滤料。采用具有催化功能的滤料分解二恶英，是垃圾焚烧烟气净化技术的发展方向。

5. 有色冶金工业

我国有色金属产业发展迅速，年复合增长率达 40.19%。有色金属冶炼行业的快速发展带动了对袋式除尘器的需求。有色金属矿山选矿厂在矿石的破碎、筛分、磨浮、过滤干燥过程中，会产生大量粉尘。若粉尘中含危害性较大的重金属颗粒物，滤料宜选择直径较小的纤维，以保证对微细粉尘的捕集效率。而熔炼炉炉顶烟气经表面冷却器冷却后通过滤袋回收有机粉尘，需兼顾过滤性能和耐化学腐蚀性能，PTFE 和聚酰亚胺滤袋是较好的选择。

6. 化学工业

许多化工产品是在高温环境中，通过气凝胶生产的粉状产品，这些产品基本上用袋式过滤器来收集，如炭黑、三聚氰胺等。炭黑企业主要使用玻璃纤维针刺毡和 Nomex 耐高温针刺毡袋滤器来回收炭黑，过滤效率在 99% 以上。它不仅作为除尘器，还成为炭黑生产工艺过程中不可缺少的工艺设备。过滤用纺织品在化学工业方面的应用还包括化工行业用的电石炉除尘、车间有害尘粒的净化等。

7. 机械、交通、筑路、粮食、木材加工等

机械工业中的铸造、喷砂、喷涂，汽车、自行车、机车制造中的喷漆和冲天炉等都会产生大量的烟尘和粉尘，需要除尘。交通道路建设中铺设沥青路面时所用的沥青混凝土搅拌装置，粮食加工、面粉加工、饲料加工、木材加工，还有煤炭、陶瓷、烟草、轻工、纺织、化肥、农药、港口运输等行业也需使用袋式除尘器。

根据以上分析，预计到"十二五"末，我国袋式除尘器行业的总产值可达到 250 亿元左右，袋式除尘行业的滤料总量将达到 11000 万平方米左右，高端过滤袋市场需求量将达到 5500 万平方米左右。除了传统的电力、钢铁、水泥行业的大量应用，

化工、垃圾焚烧、陶瓷窑、制药、烤烟、空调等数 10 个行业均是新的市场增长点。

（二）车用过滤纺织品

2012 年我国民用汽车保有量已达到 1.2 亿辆，2013 年汽车产销量均超过 2000 万辆。国外权威机构预测，到 2020 年我国汽车产销量仍将保持 13% 以上的增速。目前，非织造布空气过滤器可以有效排除有害气体，净化车内空气，已在汽车制造行业得到普遍使用。按 1.2 亿辆的汽车保有量基数来换算，以每辆汽车每年至少更换 5 个（2个机油滤、1 个空气滤、1 个汽油滤和 1 个空调滤）滤清器的需求量，在 2012 年我国汽车滤清器的市场需求量是 6 亿只以上。按照 5 个滤清器共计 120 元的消费金额来计算，2012 年我国滤清器市场规模接近 150 亿元。2018 年我国汽车滤清器需求量将达 12 亿只，预计市场规模达到 300 亿元。

（三）室内空气净化过滤纺织品

PM2.5 的发布以及严重的雾霾现象使国民更注重生存环境和空气质量，我国当前空气净化器普及率不足 0.1%，保有量提升空间巨大，作为朝阳产业的空气净化器存在很大的市场空间。2010 年我国空气净化器销量达 100 万台，同比增长 50%。2011 年日本福岛核泄漏事件的爆发，让人们担心呼吸的空气中夹杂着核辐射元素，"空气净化理念"受到空前重视。2012 年市场规模达 126 万台、27 亿元，同比增长分别为 12.5% 和 23.6%。预计到 2016 年包括空气净化器在内的室内环保产业，其年产值将达到 800 亿元。

（四）海水淡化用过滤纺织品

2012 年国家发改委出台《海水淡化产业发展"十二五"规划》提出，到 2015 年，我国海水淡化产能将达到 220 万立方米 / 天以上，需要直接投资约 350 亿元。中国海水淡化设备未来 10 年投资规模将高达 120 亿~140 亿元，海水淡化发展进入黄金 10 年。全球有海水淡化厂 1.3 万多座，海水淡化日产量约 3500 万吨，解决全球 1 亿多人的供水问题。按照目前海水淡化设备平均每天处理 1 吨水需花费 7000 元的成本，我国未来 10 年海水淡化产能将增加 170 万 ~200 万立方米 / 天来测算，未来 10 年我国海水淡化设备投资有望高达 120 亿 ~140 亿元，行业有望进入高速增长期。

在海水淡化方面，据我国青岛阿迪埃脱盐中心统计，2009 年底我国共建海水淡化装置 62 套，设计产能 50 万立方米 / 天，运行的日产水规模为 40.88 万立方米 / 天。

到 2011 年底，我国已建成海水淡化能力达 66 万立方米 / 天。其中，浙江省的海水淡化总产水能力已达 11 万立方米 / 天，约占全国总产能的 16%。2012 年海水淡化比上年增长 4%，其中产水量高于 1 万立方米 / 天的海水淡化工程有 16 个。在海水淡化技术方面，海水淡化装置有 83.6% 的采用反渗透（SWRO）技术、11.5% 的采用低温多效蒸馏（MED）技术，采用其他技术的只占 4.9%。反渗透技术在海水淡化方面起着不可替代的作用，作为反渗透技术中的关键，反渗透膜在海水淡化中的使用量不可估量。

（五）苦咸水利用过滤纺织品

在苦咸水利用方面，据我国相关主管部门不完全统计，目前我国苦咸水年总利用量为 76.2 亿立方米（占全国年可开发利用量的 38%），其中，苦咸水淡化年利用量约为 8.8 亿立方米，占年总利用量的 11.5%，主要是工业用水和城镇居民饮用水，其他 88.5% 的利用量主要是农业灌溉和工业、生态用水及农村居民饮用水。目前，我国苦咸水淡化装置约 3170 套在运行或部分运行，日产淡水规模约为 296 万立方米 / 天。苦咸水淡化装置主要采用的技术是电渗析（ED）和反渗透（RO）。由于反渗透技术无需加热，更没有相变过程，因此比传统的方法能耗低，未来将逐步取代电渗析技术，成为苦咸水淡化的主流技术。

海水和苦咸水淡化、饮用水膜法处理、废水资源化等工程迫切需要大量的固 / 液分离用纺织品。我国 2009 年分离膜制品市场规模约为 60 亿元，加上相关工程，市场规模达 250 亿元。据估计，我国今后 10 年内膜法水处理产业将以 40% 的年增长率高速发展，膜产品制造业年增长率达到 20% 以上，将大大高于国际平均水平。

五、环境保护过滤用纺织品重点研究方向

当前过滤用纺织品技术中亟待解决的重大问题可分为新型纤维滤料成型技术、滤料复合工艺技术以及过滤材料功能性整理技术。这些技术的开发与产业化可有效缩短与发达国家的差距，有望开发出替代价格昂贵的进口滤材的新型高性能滤材，扩大在钢铁、水泥加工等领域中的应用。

高效过滤技术主要表现在提高过滤介质的比表面积和缩小介质材料的孔径尺寸。纳米纤维过滤介质主要用于气体、液体和分子过滤中。目前，复合过滤介质材料多由两部分组成，即超细纤维非织造材料与亚微米 / 纳米级非织造材料，其中纳米纤维

组分决定着高效过滤介质的基本性能。通过静电纺丝方法制得直径为 70~500 纳米的纳米纤维网，并将其敷于常规梳理非织造材料或机织物表面，可得到纳米纤维非织造材料。多层复合过滤介质的空气透过能力可以通过纳米纤维层的厚度变化和停留时间控制。与常规的超细纤维过滤材料相比，纳米纤维过滤介质具有理想的孔径。此外，纳米纤维还可以使过滤效率倍增，从而减少能源消耗。

长效驻极技术。针对国内驻极非织造材料电荷消散时间较短的问题，在纺丝过程中添加新型储电材料，可以延长驻极后纤维的带电时间。为此，应着重研究储电材料的种类与添加比例对于驻极效果的影响，并实现储电颗粒纳米化，尽可能减少其对纺丝过程的影响。在此基础上，研究储电颗粒沿纤维轴向均匀分散的方法，可最终形成具有长期储存电荷能力的驻极非织造材料，打破跨国公司在长效静电驻极技术上的垄断地位。根据最新全球市场报告显示，未来几年全球纳米纤维市场将快速增长，未来 5 年的年均复合增长率将达到 34.3%，市场销售收入将从 2010 年的 1.02 亿美元增加至 2015 年的 4.43 亿美元。

随着国家对排放标准的修订，袋式除尘技术因为可以达到严格的排放标准而越来越被重视，并被广泛应用于电力、钢铁、水泥、有色金属和垃圾焚烧等诸多领域，国际上所有的垃圾焚烧炉都采用袋式除尘器和高温滤料除尘，这类滤料必须满足耐高温、耐化学腐蚀、疏水、易清灰等技术指标要求。

PTFE 纤维仍是世界上可找到的耐化学药品性最好的纤维，使用温度为 260℃，最高使用温度为 290℃，耐腐蚀性能好。但其在强度、静电积聚等方面的缺陷为滤料成型带来难度，限制了其在过滤领域的大规模使用。PTFE 纤维在梳理成网与固结关键技术中，首先应研发特殊处理助剂及处理作业程序和梳理机构，克服 PTFE 纤维易积聚静电的难点，使 PTFE 纤维可以受高速梳理并均匀成网。在此基础上，以全流程自动控制技术为目标，自主研发高速铺网与先进自调匀整技术，提高铺网速度并改善纤网均匀性和滤材的透气均匀性，为高质量 PTFE 过滤材料制备奠定基础。此外，基于 PTFE 纤维的纤网固结技术还应关注高效节能型水刺技术的产业化应用，力求在低能耗工艺条件下实现纤网的梯度缠结复合结构，减少高性能纤维用量，并在达到过滤精度的同时降低过滤阻力。

目前纺丝直接成网技术主要用于生产聚酯、聚丙烯与双组分纤维网，一些国外企业对高性能聚合物直接纺丝成网技术的研究仍处于保密状态。此外，纺丝直接成网中的纤网结构较为单一，需引入多级梯度纤网结构，以提升高性能纤维非织造材料的过滤精度，并在获得较高过滤效率的同时尽可能减小过滤阻力。

后整理技术在传统产业用纺织品中并不鲜见。目前，国内过滤用纺织品功能性整理技术的研究和应用尚处于起步阶段，如能在借鉴、结合传统后整理技术的基础上，针对我国燃煤等复杂过滤工况尾气、发动机尾气和室内空气净化等的要求，开展催化分解机理、功能性整理剂开发、整理技术优化等研究，必将在过滤用纺织品整理领域取得突破。

随着我国空气质量的持续恶化和国家环保政策的加强，对于产品过滤性能的要求也将不断提高，过滤材料将有较大的增长空间和较好的市场前景。因此，工业除尘用袋式过滤材料关键技术有望进一步控制粉尘排放，所开发产品具有广阔的应用范围和较高的需求量，能够产生重大的社会和经济效益。

致谢

本文获得了中国工程院重点咨询项目"产业用纺织材料现状及发展前景"的资助。论文成稿过程中，调研工作得到上海市科学技术开发交流中心、江苏阜宁过滤材料产业基地、中国环保产业协会袋式除尘委员会、上海宝山钢铁集团有限公司电厂、上海灵氟隆新材料有限公司、江苏东方滤袋有限公司、南京三五二一特种装备有限公司、Autefa Solutions Germany Gmbh、浙江天台县产业用布行业协会、浙江省产业用纺织品和非织造布行业协会、江苏省纺织工业协会、天津膜天膜科技股份有限公司、上海港凯净化制品有限公司、东北大学、浙江理工大学、天津工业大学、上海金由氟材料有限公司、天台县西南滤布厂等单位的大力支持，以及东华大学刘嘉炜、张寅江、吴延捷、葛海祥、黄龙飞、李培君、朱飞飞、姚翠娥等同学的帮助，在此一并致以谢意。

（撰稿人：吴海波，靳向煜，任慕苏，张楠，黄晨，刘万军，李昊轩，张海峰，李陵申，俞建勇，孙晋良）

2014 年中国衬布行业发展报告

中国产业用纺织品行业协会衬布材料分会

2014 年，随着我国进入经济发展的新常态，衬布行业面临复杂多变的国际环境和竞争激烈的内贸市场，行业经济运行情况总体平稳良性，增速放缓，转型调整加快，运行质量提升，交出了新常态下的第一份答卷。展望 2015 年新的挑战和新的机遇，我们将稳步前行，迈向更高的目标。

一、行业简介

衬布行业是由基布、热熔胶等材料生产，染整加工、涂层加工等有关的生产、科研单位组成的衬布产业链。2014 年，企业总数有新的增长，已超过 500 家。产品主要为服装、鞋帽配套的辅料，也有部分为家纺、汽车等其他行业应用，应用面还在继续扩展。衬布与衬布材料企业与服装企业关系紧密，其地理分布也主要集中于江、浙、沪、粤这些服装大省市，河北亦有一批衬布与衬布材料企业，其他省市则零星分散，行业集中度较差。规模以上企业占 50％以上，年产值上亿的企业在 30 家左右。在与服装企业产销衔接适应市场过程中，已形成数个产业集群，有浙江长兴、宁波地区，江苏南通地区，广东珠三角地区，河北博野地区。

衬布行业随着国内服装企业发展过程，企业群体、规模、水平不断扩大，三十多年来已发展成为世界第一的衬布大国。年产衬布约 25 亿米，约占世界衬布产量的 90％，出口比重约 45％，行业内已集聚一批有生产规模、有技术实力、又有自主品牌的骨干企业，与国际知名衬布与衬布材料企业（大部分已迁入国内）形成竞争态势，引领着行业的技术进步及产业升级。

二、市场环境

2014 年服装行业总体运行平稳，增速持续放缓。内贸市场呈现结构性分化趋势更加明显，三四级市场及农村市场消费高于城镇市场，网购市场高于线下市场，新消费需求和消费点不断产生，带来对衬布需求的变化。外贸市场欧美经济持续复苏，日本经济下滑，新兴市场需求上升，衬布直接出口亦有一定增长。

衬布主要原材料——基布所用纤维以棉花、涤纶为主。棉花、涤纶价格与 2013 年大致持平，供给充裕。热熔胶主要原料为 PA、PE、PES，与涤纶情况相似。唯染化料价格反映大幅上涨。

衬布应用以服装占绝大多数，尤以衬衫、西服用衬量大、要求高。近年来，职业服需求增长快，刺激衬布需求。因机织粘合衬价格趋低，质量好于非织造粘合衬，使非织造粘合衬失去价格优势，应用大幅减少。

三、行业运行分析

据统计，2014 年服装行业总产量同比增长 1.61％，其中，衬衫类同比下降 3.85％，西服类同比下降 4.39％，用衬量也相应减少。除供服装用衬外，有部分衬布直接成品出口，出口增加抵消国内用衬减少，行业总的衬布产量仍有增长，见表 1。

表 1　2014 年衬布行业重点企业产量情况

	2014 年产量	2013 年产量	同比（％）
衬布企业	10.18 亿米	10.04 亿米	1.32
基布企业	6.17 万吨	6.72 万吨	－8.16
热熔胶企业	3.34 万吨	3.04 万吨	9.94
印染企业	11.16 亿米	12.47 亿米	－10.52

2014 年，衬布材料分会对 23 家重点企业统计汇总（衬布企业 13 家、基布企业 3 家、热熔胶企业 4 家、印染企业 3 家），基本囊括了行业的骨干企业。2014 年行业重点企业主营业收入 83.12 亿元，同比增长 2.52％；利润总额 5.22 亿元，同比增长 7.71％，见表 2；利润率 6.28％，同比增长 0.29％。

表2　2014年衬布行业重点企业主要经济指标情况

	主营业收入（亿元）	同比（%）	利润总额（亿元）	同比（%）
衬布企业	44.49	3.31	2.36	1.74
基布企业	13.06	3.20	0.97	13.72
热熔胶企业	7.76	9.38	0.66	1.1
印染企业	17.81	－ 3.49	1.23	16.4
合计	83.12	2.52	5.22	7.71

从以上数据综合分析，行业经济运行总体平稳良性，效益增幅大于产量增幅，运行质量提升，转型调整加快。企业运营基本面是好的，重点企业绝大多数认为较好，代表行业的主流。还有一部分为数不多的中小企业，因各种原因经营比较困难，甚至改行或倒闭。

数据反映衬布市场需求基本与服装增长同步，出口增长大于服装增长。分析其原因：

行业技术改造、转型升级深入进行。投资力度不断加大，不是简单的产能扩大，而是淘汰落后的旧设备，添置国际或国内顶尖设备，行业内2014年有选择新址建新厂的，有整体搬迁入新的工业园区的，这些企业都无一例外地重视对装备水平的提升，既提高了生产效率，又节能减排。

品牌效应进一步增强。行业内一些自主品牌已与国际知名品牌并驾齐驱。2014年国内权威辅料专业传媒——赛尔传媒，对全国制衣行业用户优选品牌评选，荣获"用户优选十大衬里布知名品牌"的有三家企业：维柏思特衬布（南通）有限公司、南通衣依衬布有限公司、南通海汇科技发展有限公司。这些行业领先企业，产品已在国内外市场上获得良好的声誉，不仅产销两旺，产品附加值也高于一般企业。

向管理要效益。原材料成本占衬布产品成本大头的情况下，企业对原材料节约精打细算，上胶量精准到毫克，用纱量精准到克，这其中产生的效益是可观的。2014年有企业在这上面化功夫，年节约成本数百万元。在劳动力成本增加的不利因素下，产品价格没有明显上涨，企业仍保持盈利，说明企业管理水平的提升。

对企业战略思想调整。衬布企业通过前几年的教训，开始认识到企业要做大做强，还是做"老本行"，老本行是自己最熟悉的，最有把握的。高回报的往往是高风险的，难免要"马失前蹄"。一些企业不局限于眼前，而是要可持续发展的战略思想，抓住了发展机遇，企业规模、效益都有了长足的进步。

加大节能减排投资力度。行业内对节能减排舍得投资，光污水处理投入几百万的不是少数，效果是COD降低了，中水回用率提高了。热定型机废气净化处理基本配齐，煤改气的使用面不断增大，使行业总排放量进一步降低。

骨干企业发挥领头羊的作用。2014年行业首次评选出"衬布十强"、"十大供应商"，树立了行业的标杆。这些企业规模、效益都在行业名列前茅，企业产品有特色，把自己的拳头产品做精做强，发挥企业的品牌效应，有较强的创新能力。如南通海汇科技发展有限公司荣获2014年纺织科技进步三等奖，为行业首创。

四、挑战与困难

衬布行业与大纺织情况类似，我国的资源、劳动力优势正在消失，低端产品的竞争优势削弱。衬布的低端产品也在向东南亚、南亚地区转移，而部分高端产品还在外资企业手里。因部分非织造布为基布的普通粘合衬被机织粘合衬所替代，使生产这类产品的企业明显受挤压。

原材料中天然纤维资源受限，价格受市场供求因素控制。化纤价格更是受油价直接影响而波动。劳动力成本是刚性增长，人民币汇率走低，影响出口增长，企业融资成本高，这些不利因素还是严重困扰着企业。

五、2015年展望及应对措施

2015年市场还将保持温和增长，国家"一带一路"宏观战略的实施，也将会带动纺织业的发展，国际市场发达国家复苏势头不减，新兴国家发展速度不低，出口还有潜力，企业对2015年基本持乐观态度。衬布行业也将有稳步增长的态势。

行业的转型升级要深化。尤其在信息化、智能化与传统产业融合上，迈出坚实的一步。李克强总理在今年政府工作报告中提出的"互联网＋"行动计划，将推动移动互联网、云计算、大数据、物联网与现代制造业的结合。分会将在今年年会上与上海云计算创意设计公共服务基地建立战略合作伙伴关系，意在推动行业在信息化方面的发展。在智能化方面也有专题介绍，让有关企业了解衬布企业在智能化方面的需求，增加与高科技企业的互动。

提高企业的创新能力。行业正在制订"十三五"规划，其中重要内容就是在"十三五"期间，行业在创新驱动、转型升级方面有较大的发展，已初步确定一批有行业共性的创新关键项目，有涂层、前处理、热熔胶、设备等，分会将组织有关企业有序推进。这些项目的研发成功，将使行业的技术水平达到一个新的高度。

优势企业在品牌建设上继续做深做细。今年总会将协同分会召开与国内名牌服装企业对接会，将衬布行业的最新优秀产品推介给服装企业，让衬布企业了解服装企业的需求，把衬布品牌在服装行业影响做大。另外"时尚云"作为线上渠道推进。优势企业有信心创立自己的衬布名牌，与世界衬布名牌竞争！

重视中小企业的发展。行业大多数为中小企业，也是行业的基础，要将实用、先进的技术介绍给他们，建立便捷、高效的交流渠道提供给这些企业，让中小企业在"在市场作为配置资源的决定性因素"的环境中，发展各自特色上做出成绩。差别化、时尚化、功能化的品种是他们的最佳选择，来避免企业间的低价恶性竞争。

人才培养舍得下功夫。企业要可持续发展，人是关键因素。也是中纺联、中产协一再强调的，企业应多方面、多渠道吸引、培养、激励人才，分会拟为企业提供服务。

2015 年是深化改革的关键之年，也是"十二五"规划的收官之年，做好 2015 年工作至关重要。"十三五"规划的制订使我们建设衬布强国的思路更加清晰。在总会领导下，我们分会将充分发挥公共服务平台作用，努力制订、实施好规划的各个阶段，把行业的转型升级、创新驱动等一系列工作落实好。

2014 年造纸用纺织品行业情况综述

中国产业用纺织品行业协会造纸用纺织品分会

中国造纸网毯行业在 2014 年度受造纸工业增长无力，调整频繁的影响，遭受很大困难。但在行业各企业，尤其是骨干企业的努力下，对内加强产品研发与提升，对外强化竞争与开拓，进一步提高了中国造纸网毯高端产品的质量与档次，成为帮助中国造纸工业降低成本、提高竞争力的有吸引力的一环。

一、主要造纸网毯企业的产量

（一）造纸网

据造纸用纺织品分会秘书处统计，2014 年，国内主要的规模以上的造纸网厂 20 家（不包括外商在华独资网毯生产企业的产量），其中成形网 267.55 万平方米、干网 161.56 万平方米、螺旋干网 15.78 万平方米、铜网 7 万平方米、不锈钢网 1.5 万平方米。2013 年成形网 242.7 万平方米、干网 119.2 万平方米、螺旋干网 10.2 万平方米、铜网 5 万平方米、不锈钢网 1.7 万平方米。2014 年与 2013 年同比成形网增加 10.2％、干网增加了 35.5%、螺旋干网增加 54.7%、铜网增加 40%、不锈钢网略有减少。

与以往同口径统计情况相比，高端成形网三层网的产量增加 6.5%，异形丝干网的产量增加 88.6%。

2014 年三层网 101.81 万平方米，2013 年 95.6 平方米，同比增加 6.5%。

2014 年异形丝干网 83.93 万平方米，2013 年 44.5 平方米，同比增加 88.6%。

由于环保与能源限制了中小型造纸厂的生存,国家以及各级地方政府的管理加严，部分中小纸厂不得不关、停、转、限产等，相对应中小型造纸网企业的生存也越来越艰难。从造纸网产量统计来看，造纸网产品在向大厂集聚，抽取部分标本单位数据汇总见表1。

表1 国内主要造纸网厂产量

单位：万平方米

单位	年份	成形网	三层网	干网	异形丝干网
江苏金呢网业	2013 年	19.33	19.33	0	0
	2014 年	19.5	19.5	0	0
安徽华辰网业	2013 年	24	8	8	5
	2014 年	28	11	13	9
河北鹤煌网业	2013 年	25.28	4.8	9.3	5.4
	2014 年	19	8.5	12.5	8.5
新会中新网业	2013 年	7.5	4	12	6
	2014 年	15	6	13	9
安徽太平洋网业	2013 年	8	4	18	7
	2014 年	13.05	9.69	19.56	13.02
安徽环宇网业	2013 年	8	6	13	8
	2014 年	11	8	17	10.2
泰安松源网业	2013 年	10.8	4.3	6.5	1.8
	2014 年	15	5.5	5	2

造纸网企业不断投入技术研发，产品不断升级换代，就2013年与2014年的产量统计，造纸网行业中高端三层成形网与异形丝干网的技术已经成熟，产量提升明显。由于形势所迫，近几年来，表1中的造纸网厂投入巨大资金扩充产能，有相当一部分的产能未获得充分利用。

2014年铜网、不锈钢网产品产量基本与2013年基本持平，西安祺沣造纸网有限公司生产铜网4万平方米，江都乐凯新风造纸铜网有限公司生产铜网3万平方米。

（二）造纸毛毯

2014年，造纸用纺织品分会秘书处统计全国规模以上20家造纸毛毯企业产量（不包括外商在华独资网毯生产企业的产量）合计为6161.2吨（以历年同口径推算，全国有8010吨生产量）。2013年造纸毛毯产量统计为6735吨，2014年的产量与2013年同比减少8.52％。由于2014年造纸形势，造纸毛毯中高档造纸毛毯产量增长，并且产品也有向大厂聚集的现象。如：四川环龙技术织物有限公司 2014 年产量 1100 吨；徐州工业用呢厂 702 吨；东莞业兴网毯 380 吨；聊城华裕工业用呢516 吨；东莞友邦工业用呢 425 吨；徐州金冠 200 吨等。上海金熊造纸网毯 2014年产量 369 吨，比 2013 年的 312 吨，增长 18.27%。在 2014 年不景气的市场环境下，较大型企业虽然产量稍减，但其抗险能力得到体现。

（三）造纸网毯进出口概况（表 2 和图 1～4）

表 2　2003~2014 年海关网毯产品的进出口数据

年度		滤网、滤布		＜650g/m² 网毯成品		≥650g/m² 网毯成品		年度合计	
		数量（千克）	金额（万美元）	数量（千克）	金额（万美元）	数量（千克）	金额（万美元）	数量（千克）	金额（万美元）
进口	2003年	321789	1317.94	83823	971.67	733393	3491.62	1139005	5781.23
	2004年	467009	1816.03	66449	1153.24	928589	4584.95	1462047	7554.22
	2005年	453136	2432.04	122208	1824.69	922277	5226.98	1497621	9483.70
	2006年	515427	3857.00	103272	1982.09	1147141	6604.00	1765840	12443.10
	2007年	554959	4107.25	164659	2828.75	1320591	7380.71	2040209	14316.72
	2008年	606367	4687.26	205248	3210.66	1398726	8133.57	2210341	16031.48
	2009年	390331	3943.40	282476	2720.96	1069939	6321.31	1742746	12985.66
	2010年	674593	5481.74	152683	2634.16	1257074	7918.43	2084350	16034.33
	2011年	676222	6536.42	195048	3625.66	1429448	9307.50	2300718	19469.57
	2012年	5770638	12762.39	199017	3548.75	1490570	9234.03	7460225	25545.16
	2013年	732491	6562.86	198872	3930.48	1627047	9768.35	2558410	20261.68
	2014年	766924	7350.51	203188	3971.15	1743000	9756.36	2713112	21078.01

	2003年	166319	269.19	39871	170.25	113572	264.35	319762	703.79
出口	2004年	397701	363.54	86507	201.50	132979	307.31	617187	872.36
	2005年	691723	667.05	96740	181.43	233327	581.93	1021790	1430.41
	2006年	1150572	773.57	105995	241.34	403741	1125.09	1660308	2140.00
	2007年	347923	474.96	83953	335.79	494649	1467.14	926525	2277.89
	2008年	314175	595.74	156664	504.60	654007	1957.80	1124846	3058.14
	2009年	573145	868.91	151286	674.93	1165831	3947.70	1890262	5491.54
	2010年	767435	1415.67	217889	1261.78	1606415	5491.06	2591739	8168.51
	2011年	1224731	1987.54	221262	1506.73	1879750	5910.87	3325743	9405.13
	2012年	1457557	2434.19	270128	1595.83	1825804	5554.35	3553489	9584.37
	2013年	1417962	2475.15	349271	1392.20	2087560	6492.60	3854793	10359.96
	2014年	1521356	2881.57	356718	1688.81	2132604	6403.26	4010678	10973.63

2014 年，筛布产品与 <650g/m^2 网毯成品以及 ≥650g/m^2 网毯成品进口数量均有所增长；与 2013 年相比，筛布产品进口单价上涨 6.4%、<650g/m^2 网毯成品进口单价下降 1.3%、≥650g/m^2 网毯成品进口单价下降 6.7%；

2014 年，筛布产品与 <650g/m^2 网毯成品以及 ≥650g/m^2 网毯成品出口数量均有所增长；与 2013 年相比，筛布产品进口单价上涨 11.1%、<650g/m^2 网毯成品进口单价下降 18.3%、≥650g/m2 网毯成品进口单价下降 3.2%。

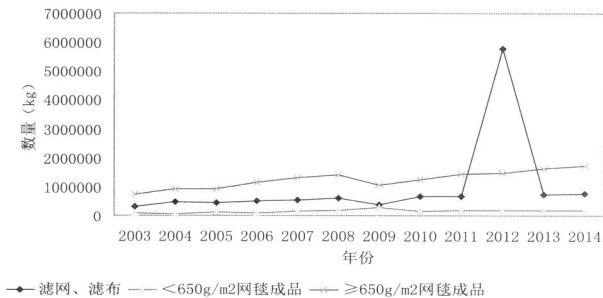

图 1 2003~2014 年脱水器材产品进口数量

2003年～2014年脱水器材进口产品单价

单价（美元/kg）

250
200
150
100
50
0

2003 2004 2005 2006 2007 2008 2009 2010 2011 2012 2013 2014
年份

——◆—— 滤网、滤布 ——— <650g/m2网毯成品 ——×—— ≥650g/m2网毯成品

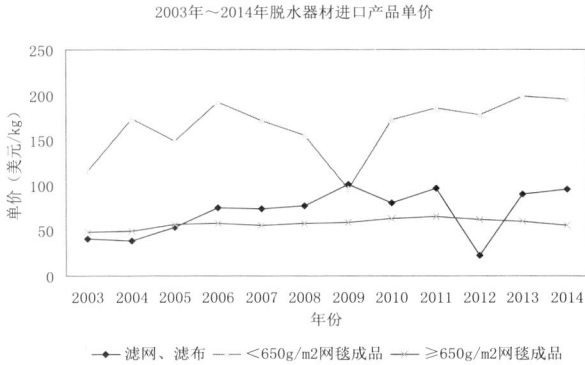

图2 2003~2014年脱水器材产品出口数量

2003～2014年脱水器材出口产品单价

单价（美元/kg）

80
70
60
50
40
30
20
10
0

2003 2004 2005 2006 2007 2008 2009 2010年 2011 2012 2013 2014

年份

——◆—— 滤网、滤布 ——— <650g/m2网毯成品 ——×—— ≥650g/m2网毯成品

图3 2003~2014年脱水器材进口产品单价

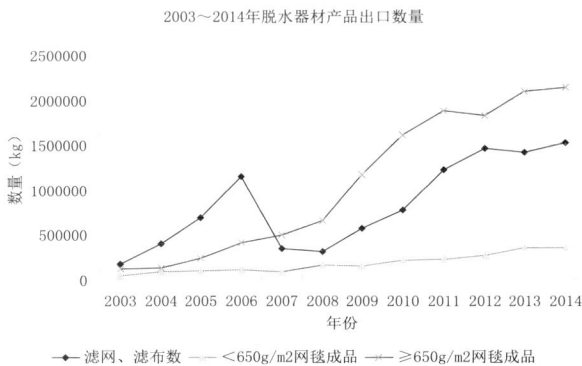

2003～2014年脱水器材产品出口数量

数量（kg）

2500000
2000000
1500000
1000000
500000
0

2003 2004 2005 2006 2007 2008 2009 2010 2011 2012 2013 2014
年份

——◆—— 滤网、滤布数 ——— <650g/m2网毯成品 ——×—— ≥650g/m2网毯成品

图4 2003~2014年脱水器材出口产品单价

二、造纸网毯行业的主要趋势

（一）网毯质量的提高，使更多的造纸厂使用国内高档造纸网毯

较长期以来，中国造纸工业借开放的东风，积极引进国际先进水平的造纸机械，同时也带来了世界各造纸网毯公司及其产品。中国造纸网毯相对而言，难以与国外造纸网毯相抗衡。所以，从20世纪90年代以来，从国外进口的造纸网毯数量不断增长，国际上大型造纸网毯公司先后在中国大陆建厂，建厂越早，获利越大。进口（包括外资企业在大陆生产而销售的）造纸网毯的数量迅速增长。然而，国内造纸网毯企业的努力从来没有停止，他们在财力投入上竭尽所能、在技术开发上不遗余力，虽然前进的步履艰难，但积跬步以致千里，日积月累，进步也颇可观。现在，在造纸网方面，江苏金呢工业用织物有限公司、安徽华辰造纸网有限公司几番设备更新，已拥有最新的造纸网专用设备，网越制越细巧、分类越细、工艺越巧。江苏金呢的三层成形网已成为国内大型造纸公司的重要采购来源，安徽华辰的三层细目网在特种纸方面运用面广量多，还有一些造纸网厂也有产品应用于高速纸机。在造纸毛毯方面，四川环龙技术织物有限公司在上海研制成功多（轴）向多层造纸毛毯，高速纸机用接缝造纸毛毯，产品获得纺织科技进步奖，并且销售量迅速上升，在众多造纸机上应用。江苏徐州三环工业用呢公司，利用地块置换的机会，搬至新厂房，添置了国内最宽的29m织机，现在拥有宽幅织机的数量为国内之最。以前，人们以国内造纸网毯的质量不能与进口同类产品相比为遗憾；现在，中国造纸网毯业可以毫无迟疑地说：国内造纸网毯可以与进口产品有的一拼！国内造纸网毯企业要有"人家使用多少天，我们也使用多少天！使用效果一样！"的底气。反映这一事实的一个重要标志，在许多场合，进口网毯的价格持续下滑，有时报价甚至低于国内的。在中国造纸工业遭遇寒潮，各企业努力降低成本之际，中国造纸网毯的进步，给造纸业带来利好。

回顾中国造纸网毯的发展，即使在早年，尽管在高端领域尚无法与进口产品竞争，但其存在，始终是制约造纸网毯价格的重要因素。随着国内造纸网毯数量上的增加、质量上的提高，网毯总体价格越来越朝下走。在造纸网方面，单层网、双层网早已为国内企业所全面覆盖。三层网在为进口产品独霸一方的时候，价格在 1100~1400 元/m^2 之间，而在国内造纸网厂能够生产之时，价格下降到 900~1100 元/m^2 之间，

这使得原先投资高端造纸网的企业很纠结，因为这意味着他们的回报时间将会延长，但他们继续投入。然而三层网的价格继续往下走，原先是国内企业间的竞价，到 2014 年，进口三层网也进入了同一层面参与竞价，目前价格在 500 元 /m^2~700 元 /m^2 之间。现在，造纸厂可以以原先一半左右的价格获得造纸网。

在造纸毛毯方面，国产毛毯与进口毛毯的价格在持续接近，现在是互有交叉，即在一些地方，进口毛毯的价格比国内的高大约 15%~40% 不等。在另外一些地方，进口毛毯已与国产的相同，甚至还低一些，毛毯行业中的上海金熊造纸网毯有限公司，自 2001 年至今，造纸网毯的平均价格一直保持不变。但适用于纸机的类型一直在变化，从最早的 300~500m/min 车速的造纸机，到 700~900m/min 的造纸机，乃至达到 1000m/min 车速以上的高速纸机，金熊公司及现在的环龙技术织物有限公司的价格体系一直不变，在研制成功多轴向造纸毛毯之后，也仍在这个体系内稍作调整。徐州三环同时抓紧改制与改造工作，抓紧增产与创优工作。现在，徐州三环的造纸毛毯在纸种与纸机的广泛适用性上有其特色，特别是在特种纸与生活用纸等方面。这样，在中国造纸网毯行业的努力下，造纸生产中网毯的消耗量与成本不断下降，在一些高速纸机运行量大的造纸厂中，这方面的对比尤其明显。有的造纸厂其造纸用纺织品吨纸耗用金额已小于其总成本的 1%，造纸网毯原先称为"贵重器材"，现在价已不贵，但对造纸行业的质量与成本控制作用仍不减。

（二）产能过剩对中国造纸网毯的影响

中国造纸工业持续数年的"零增长"，对造纸网毯业带来了很大影响。在 2014 年，销售量同比有增长的造纸网毯厂寥寥无几，下降的倒是比较普遍。在一些原先有一定产量、有一定销售量的造纸网毯厂中，销售难度与原先相比，大大增加，有的造纸厂付不出款项，有的去挑选价格更低的，致使这些造纸网毯企业或者应收款明显上升，或者销售量明显下降。有的造纸网毯厂销售量下降达 20% 以上，企业的效益大受影响。南方一家造纸网企业前几年发展速度很快，但 2014 年，因固定资产投入及应收款增加，造成资金链断裂，原股东被迫退出，经资产重组后才恢复运营。

长期以来，造纸网毯行业的淘汰、洗牌一直在进行，计划经济时代的国家定点企业早已面目全非，或淘汰消失、或重组新建。但是在以投资增量为主要模式的时候，造纸网毯厂的变化尚不明显，一些造纸网毯厂以提高自身产品质量与档次为主，不断适应造纸行业的进步。但近年来，尤其是 2014 年，造纸行业"结构性过剩"与"阶段性过剩"的状况大大影响了造纸网毯企业，一些网毯厂所相对固定的用户，或关、或停，造成了网毯厂销售量的下降。而新建造纸厂没有出现，无法弥补方面空缺，这是造纸网毯厂在 2014 年遇到的新情况。

（三）中国造纸网毯出口情况有新进展

造纸网毯是工业用品，用户是造纸厂，又需针对不同造纸机、不同纸种进行专门的设计与制造，产品的出口有较大的困难。但随着我国造纸网毯质量的提高，适应的范围的扩大，在生产厂与贸易商的共同努力下，造纸网毯的出口量有了不断的增长，其品质也有不断的提高，反映在出口价格上有所提高，有些造纸网毯厂的产品出口量已占其生产总量的 10％以上。

（四）造纸网毯行业与中国造纸以及造纸机械行业相互依存、长期存在，共同发展

我国造纸行业经历了前几年高速投产膨胀期，今后将进入稳定期，同时由于环保与能源的问题，造纸行业将面临调整期。根据造纸行业"十三五"规划，今后造纸将重点培植国产造纸机械的普及，目前江河纸业的 1200m/min 车速的文化纸的生产线就是国产的，另外银鸽纸业的 1200m/min 车速的生活用纸以及东莞中桥真空圆网卫生纸 900m/min 车速等生产线均是国产的。我国造纸网毯目前均能与国产纸机相配套。另外国产造纸机械"走出去"，在相当一部分国家与地区受到欢迎，国内的造纸网毯也可以进行配套"走出去"，从而达到共赢的效果。

另外，国内造纸网毯除了具有"性价比"，还具有服务及时，供货有保障等优点。针对造纸机型号与工艺条件千差万别，针对性的进行产品设计与服务。这种互相合作，具有反映及时的优点。

目前国内大型的造纸网毯企业配备了先进的在线检测仪器，在造纸网毯使用过程中，提供检测报告，提高服务质量，同时为调整产品特性提供数据保障。

造纸网毯将与造纸设计院以及造纸装备行业加强联系，努力提高造纸网毯的适用性与稳定性。造纸行业与造纸网毯行业互相合作，相互依存的关系将长期存在。

（五）造纸网毯的出口与进口情况

造纸网与造纸毛毯出口量已有多年的持续增长。可喜的是，2014 年经过造纸网毯行业的努力，造纸网与造纸毛毯出口数量相比 2013 年均有增长。但是从进口产品单价与出口产品单价来讲，两者相差悬殊。2014 年，滤网滤布产品的进口单价为

95.8 美元 /kg，而同类产品的出口单价只有 18.9 美元 / kg，是进口价格的 1/5，克重小于 <650 g/m² 的网毯成品出口价格是进口价格的 24.2%。

国内造纸网毯的出口份额虽然已有一定比例，但出口地区尚以东南亚、南亚等地区为主，价格相比不高。另外国内造纸网毯目前大多数通过贸易公司进行销售，这也是导致出口价格不能提高的原因。国内造纸网毯需要真正"走出去"，创出自有"品牌"，成为全球供应的"中国制造"还需要长期努力，造纸网毯厂要寻找更好的途径，把自己的高档产品打进国际市场。

三、存在的问题与对策

（一）优质造纸网毯也有"产能过剩"

中国造纸工业的调整力度是逐年增强，每年都有数百万吨落后产能遭淘汰，这一空白及增加量基本都是大型、高速纸机予以补充。按理来说，制造高档造纸网毯的产能应有其用武之地。但是，即使在 2014 年，有些大型造纸网毯厂仍有部分产能得不到充分利用。有的厂只有 70% 左右的产能得到了利用。

相对巨额资金的投入，研制新品的艰辛，打开高档造纸网毯的市场，是另一种的跋涉。造纸网毯要根据各造纸机的不同纸种、不同工艺，量身定制，专门生产。其专门性、针对性，使得制作方与生产方都有反复沟通交流的必要。由于中国造纸网毯不是造纸机械投入生产的同步者，往往是原先造纸网毯的取代者。造纸厂在长期使用进口网毯之后，有了一定的依赖性，形成惯性思维，在用进口造纸网毯时发生问题，会想是否设备或其它方面有什么问题；但在使用国产造纸网毯时发生问题，则认为一定是造纸网毯有问题，以至于主张使用国产造纸毛毯的人，无论是技术人员、生产工人、还是供应商都承受极大的压力，索性不用国产的，使用进口的反而没有压力了。

国产高端造纸网毯要进一步打开市场就十分艰难。上述所讲到的国内造纸网毯企业，尽管有不少造纸厂已经使用，但仍有更多的同类型装备的纸厂，在观望犹豫，或干脆拒之门外，造成了国内高档造纸网毯的"产能过剩"。当然，造纸网毯厂要加强自身的技术营销能力，更快地打消造纸厂的疑虑，相信我国造纸网毯会与中国造纸工业相互促进、共同发展。

（二）造纸网毯业要有"新常态"下的新思维

中国造纸工业的调整将不是临时性的、不是权宜之计，而是一个不断进步、不断深化的过程，中国造纸工业将不会再以简单的数量递增来实现发展。作为以造纸作为自己主要乃至唯一市场的造纸网毯业，必须深刻明白这一现实，坚决摒弃靠增加产量来保持发展的思想，而要不断提高产品质量与档次，向更高的品级迈进，这是中国造纸网毯业的唯一生存之道。

首先，我们要提高产品质量的稳定性。我们能够做好一条造纸网或毛毯，但我们尚不能确保每一条造纸网毯都保持同一状态、同一水平、同一寿命，除了观念转变外，我们还要对设备、工艺、原料进行更严格的掌控，只有我们自己相信每一条造纸网毯上机后的表现，造纸厂才能放心大胆地使用。

其次我们要加强对脱水机理的研究，能用正确的理论分析，描述脱水过程。制造业是工艺性极强的，但也是理论要求很高的，如果仅仅是仿制能力强，而不能有相当的理论支撑，不但创新不可能，保持制造的最佳状态也难以做到。造纸网毯是一个门类极窄的小产品，但是只要纺织与造纸相关方面企业和科研人员紧密结合起来，建立自己的理论，还是可以做到的。

"世事如棋局局新"，中国造纸网毯业在困难中不断前行，在前行中遇到更多困难，但是，人们在克服困难的过程，进一步树立了信心，更坚定地朝前走，，中国造纸网毯业必将迎来更美好的明天。

（撰稿人：杨金魁，韩静芬）

第二章　产业集群

2014 年产业用纺织品行业产业集群发展状况

中国产业用纺织品行业协会

近年来，我国的经济增长速度随着结构调整的逐步深入而有所放缓，国外主要经济体的经济复苏缓慢，纺织行业的发展面临不少挑战。产业用纺织品更多的与国家的基础设施建设、环境保护、新能源和医疗卫生事业等密切相关，国家各种政策的支持和人民消费习惯的改变，市场空间在不断增长；同时随着技术创新，新的产品和应用不断出现，产业用纺织品因为优良的性能和较低的成本，对其他材料的替代效应日益明显，所以行业现仍处于快速发展的成长期。

产业集群是纺织区域经济发展的重要形态，集群内一般都集聚了大量同类企业，建成了相对完整的产业链条和公共服务平台，是我国纺织经济竞争力的重要来源。近年来，产业用纺织品行业也非常重视产业集群工作，集群数量稳步增长，各产业集群在营造产业发展环境和建设行业公共服务平台等方面都取得了长足进步，技术创新能力和产品档次明显提升，重点产业集群的产业集聚和示范效应得到进一步释放，不仅推动了产业发展，还对区域经济增长做出了重大贡献。

目前，产业用纺织品行业已有 12 家产业集群，其中浙江省 4 家、江苏省 3 家、湖北省 2 家、福建省、山东省和河北省各 1 家，这些产业集群主要从事非织造布卷材和设备、医疗与卫生用纺织品、土工用纺织品、过滤与分离用纺织品、革基布、线带、丝网和衬布等产品的生产和销售，详见表 1。

表 1 产业用纺织品行业产业集群名单

集群所在地	主要产品	称号
山东省德州市陵城区	土工用纺织品	中国土工用纺织材料名城
江苏省阜宁县阜城街道办事处	过滤用与分离用纺织品	中国环保滤料产业名镇
湖北省仙桃市彭场镇	医疗与卫生用纺织品	中国非织布制品名镇

续表

浙江省绍兴县夏履镇	非织造布及制品	中国非织布名镇
江苏省常熟市支塘镇	非织造布及设备	中国非织造布及设备名镇
福建省尤溪县	革基布	中国革基布名城
浙江省长兴县	衬布	中国衬布名城
江苏省仪征市真州镇	非织造布、防水材料	中国非织造布与化纤名镇
浙江省天台县	过滤用与分离用纺织品	中国过滤布名城
浙江省义乌市	线带类纺织品	中国线带名城
湖北省仙桃市	医疗与卫生用纺织品	中国非织造布产业名城
河北省安平县	丝网类纺织品	中国丝网织造名城

一、产业集群运行状况

2014 年产业用纺织品的 12 家产业集群整体运行比较平稳，生产和销售均保持了一定增速，盈利状况良好，见表 2。

表 2 2014 年产业用纺织品产业集群主要经济指标[①]

项目	数值	增长（%）
产业集群企业数（个）	2551	18.4
工业总产值（亿元）	933.6	9.1
工业销售产值（亿元）	911.6	10.5
其中：出口交货值（亿元）	50.5	9.5
主营业务收入（亿元）	906.2	11.1
主营业务成本（亿元）	905.2	11.6
主营业务税金及附加（亿元）	37.4	9.4
利润总额（亿元）	75.7	6.8
全部从业人员平均人数（人）	182686	2.0

数据来源：中国产业用纺织品行业协会

2014 年，共有 10 家产业集群向协会报送了统计数据。这 10 家产业集群共有企业 2551 家，其中开工 2506 家，其中规模以上企业 586 家，企业的开工率 98.2%；集群的从业人员 18 万人，同比增长 2.0%。全年实现工业生产总值 933.6 亿元，同比增长 9.1%。产业集群的销售收入同比增长 10.5%，利润增长 6.8%。

2014 年产业用纺织品 9 家产业集群（除安平县）共有规模以下企业 1965 家，实

---

① 不含真州镇数据安平县选取归上企业数据；彭场镇数据包含在仙桃布报送数据中，不重复计算。

现工业生产总值和利润分别占全部的比例为 77.0%、17.1% 和 23.2%，这三项指标在 2014 年的增速分别为 0.6%、0.2% 和 12.1%。集群内小企业主要经济指标的增速均低于规模以上企业，经济总量的占比也比较低，但是其利润率及利润增速要高于规模以上企业。

二、产业集群现状和特点

（一）政府高度重视集群经济发展

产业用纺织品都是集群所在地的特色经济，在部分地区是支柱产业，为地方的社会经济发展做出了重要贡献。地方政府也高度重视产业发展，通过高水平的规划引导产业发展，通过经济奖励和补贴推动企业进行装备更新、技术创新和市场开拓，通过培训和讲座来帮助企业家了解行业信息、提高企业家素质，加快产业升级的步伐。2014 年湖北省仙桃市和浙江省绍兴市夏履镇均组织召开了非织造布产业推进会，邀请行业组织领导和相关的高校、检测机构、金融机构、用户单位和本地企业，统一认识，转变思想观念，形成行动方案，凝聚各方力量，共同推动产业的转型升级。2014 年，浙江省天台县专门针对工业用布产业出台一系列政策，支持行业在园区建设、技术改造、品牌建设、公共服务平台建设等方面的全面推进。江苏省常熟市支塘镇是我国重要的非织造布装备和制品生产集群，支塘镇政府对该产业重新认识和定位，在土地、技改等方面加大对产业的支持力度；2015 年 4 月，该镇与天津工业大学合作成立了非织造实训基地，6 月份行业内 300 余位专家和企业家齐聚该镇探讨非织造布行业的协同创新，为支塘非织造布产业的进一步发展提供智力支持。2014 年，江苏省阜宁县在行业内首次以产业集群的形式发布了可持续发展报告，系统梳理滤料产业在经济发展、节能减排、环境保护和社区建设方面的工作，明确了未来发展方向和目标。

（二）注重产品研发和装备提升，产业档次明显提升

产业集群所在地政府鼓励企业与中国工程院、东华大学、天津工业大学等高校和科研院所合作，建立国家级、省级、地市级技术中心和院士工作站，在产业信息、产品开发、高端人才引进和专业技术人员培养等方面展开充分合作；鼓励企业淘汰过时设备，引进先进装备，在提高产品质量的同时降低能耗和用工成本。

江苏阜宁滤料产业园对企业的装备改造给予投资额 10% 以上的支持，园区内骨干企业积极进行厂房改造和设备更新，几年来园区建设已经初具规模，园区内企业的设备达到了国内先进水平。浙江省义乌市对工业企业加大科技投入和技术改造贴息扶持，线带产业 2014 年科技和技术改造投资达 1.2 亿元，达产后可新增线带工业产值 3 亿多元。河北省安平县实施"科技创新工程"和"名牌兴企"战略以提升丝网产业上档升级，并计划引进 10 多项具有国际先进水平的生产设备和技术。山东省德州市陵城区的企业先后与东华大学、河海大学、天津工业大学等 20 余所大学开展产学研合作，直接、间接引进中高级人才 1500 余人，积极研发新产品、新工艺。

（三）围绕核心产业的产业拓展成效显著

产业用纺织行业的产品复杂、产业链长、环节多，围绕核心产业进行产业链的拓展，既能够有效提高产业集群的经济总量，也能够充分发挥集群经济的协同效应，避免同质企业间的过度竞争。

江苏省常熟市支塘镇以常熟经济技术开发区整车项目和丰田研发中心为依托，结合支塘镇已有的非织造布产业基础，吸引了相关的二三级汽车内饰企业落户园区，加快汽车内饰企业的整合发展，培育形成具有较强国际竞争力的汽车内饰件产品集聚区。湖北省仙桃市彭场镇在非织造布制品产业的基础上，通过与恒天集团合作，引进全球先进的纺粘非织造布生产线，补足了地区高端原料产业的短板。浙江省天台县的企业积极探索高性能纤维原料的开发，2014 年骨干企业投入液晶聚芳酯项目和锦纶、涤纶、丙纶单丝，使得企业摆脱了原来激烈竞争的局面，地区的产业结构也更趋合理。福建省尤溪县在原来传统革基布产业的基础上，引进锦纶项目。

（四）积极开拓国际市场

产业用纺织品主要满足国内市场的需求，但是随着国内市场竞争的加剧，不少产业集群把开拓国际和国内市场并重，在出口方面取得了较好的成绩。德州市陵城区 2014 年土工材料的出口总额是 2013 年的 3.6 倍，产品主要出口美国、俄罗斯、巴基斯坦、泰国、坦桑尼亚、澳大利亚、南非、赞比亚、阿联酋等二十多个国家；江苏省常熟市支塘镇生产的非织造布机械由于过硬的质量和较低的成本赢得了发展中国家客户的青睐；浙江天台的工业用布企业自营出口逆势上扬，出口额达 3723 万美元，同比增长 34.1%。河北省安平县连续 14 年举办安平国际丝网博览会，仅在展会期间就达成外贸成交额 1 亿美元。2014 年湖北省仙桃市无纺布制品出口 28153 万美元，占全市出口总额 54.1%，同比增长 17.9%，对亚洲大部分国家和拉美洲、非洲出口高速增长。

（五）协会对产业集群工作高度重视

协会领导及工作人员每年都会就产业发展、科技创新、标准化、公共服务平台建设等问题赴各个产业集群和骨干企业进行调研，指导产业发展。中国产业用纺织品行业协会每年召开产业集群工作会议，总结行业产业集群发展中的新成就、新经验，探讨集群区域经济发展的新思路，产业集群之间形成了良好的学习和交流氛围。

三、产业集群发展中存在的问题

（一）要素资源的约束效应逐渐显现

随着产业集群经济的持续发展和国家土地政策的调整，集群内企业的用地指标也日显紧张，在土地紧张的江浙一带情况尤为明显，在原来土地资源供应比较充足的地区也有所收紧，在一定程度上限制了企业规模的扩张速度。从用工看，产业用纺织品集群内企业的工人大部分来自本地，招工难、用工贵现象也存在，如何建立和保持稳定的员工队伍是企业家关注的问题。同时，由于产业集群一般在乡镇或县城，招聘和留住高水平的研发、管理和销售人员也是集群内企业面临的重要课题。

（二）公共服务平台的服务能力待提升

纺织行业一直将公共服务平台建设作为产业集群工作的一项重要内容，行业内产业集群也非常重视该工作，自主或与其他机构合作建立了一批研发、检测、物流、培训、市场等公共设施，取得了一定效果。但是离有效服务区域内企业的目标还有较大的差距，主要表现在平台建设的层次不高，主要提供一些一般性的服务项目，对企业的吸引力不足；开放性不足，特别是依托于骨干企业建设的服务平台对区域内其他企业难以开展有效服务；重视硬件的建设而忽视软件的提升，难以开展有针对性的服务工作。

（三）部分产业集群的产业转型升级进展较慢

大部分产业用纺织品集群都抓住了产业发展的良好机遇，加大技术创新和市场开拓的力度，积极培育骨干企业发展，完善产业链条，无论是产业规模、产品档次和市场影响力都有了明显提升。但是也有部分产业集群，在转型升级的道路上进展缓慢，其传统的优势产业由于受宏观经济环境的影响增长受阻，各种生产要素供应的紧张和成本上涨使得原有比较优势逐步丧失，陈旧的产品结构难以适应不断升级的市场需求；部分企业家满足于现有的成绩，内在发展动力不足，缺乏开阔的视野和开拓精神，集群内骨干企业的成长比较缓慢。产业集群之间的发展出现一定分化，随着市场竞争的加剧，处于劣势的产业集群的追赶难度会加大。

四、政策建议

（一）加大政策扶持力度，鼓励骨干企业的引导和带动

地方政府结合产业用纺织品行业企业发展的实际，认真研究并不断创新推动企业产业集群发展的思路；结合集群当地资源优势及产业特点，出台各种产业发展政策导向，在土地、财政等方面支持中小企业发展，不断促进产业集群的发展与壮大，根据实际制定和完善本地产业集群发展规划，加强规划引导。

继续强化行业骨干企业培育，发挥其产品辐射、技术示范、信息扩散和销售网络中的龙头作用。引导中小企业与龙头骨干企业开展多种形式的经济技术合作，建立稳定的供应、生产、销售等协作、配套关系，提高专业化协作水平，完善产业链，打造创新链，提升价值链。支持骨干企业建立开放性研发平台向中小配套企业开放，推动协同制造和协同创新。

（二）加强自主创新、完善公共服务平台建设

围绕市场需求而设定创新目标，实施创新驱动，在科技进步、产品开发、品牌建设、企业管理、公共服务等重点领域大力加强创新投入。

继续完善集群内公共服务平台建设，为企业搭建信息交流、人力资源、技术改造和产品开发、原材料及产品销售等服务平台，并继续加强其开放性和合作性。并且不断提升公共服务平台的档次和服务水平，集聚优质服务资源，采取政府购买服务、无偿资助、业务奖励等形式，鼓励各类服务机构提供服务，扩大公共服务的覆盖面和受益面。

（三）加强研发工作和专业人才队伍培养，培育产业的核心竞争力

集群内的大企业加强与高校和院所的合作，加大研发投入，生产高技术、高附加值的产品，进军高端市场，从而带动整个集群的产业升级；将一些低技术含量的产

品转移给中小企业，从而形成良好的产业生态，摆脱目前无序竞争的状态。

人才是产业持续发展的必要条件，也是集群公共服务平台建设的重要内容。产业集群要加大专业人才的培养力度，不仅要培养高端的研发和技术人才，还要培养大量的技术工人，经营人才和市场人才，提高行业从业人员的素养。要特别重视企业家素质的提高，通过培训、参观、专业课程等方式，让企业家了解行业的发展现状，接受现代管理思想和方法，使得企业家的视野更加开阔，更具开拓精神和管理现代企业的能力。

（四）充分发挥行业协会的作用

产业集群地建立行业协会并规范协会的运作，对行业协会给予必要的支持。通过行业协会更好的联系行业内企业，更好的了解企业的发展状况，搭建企业交流的平台；通过协会做好行业自律，规范企业的市场竞争行为，维护地区企业的利益和区域品牌。

（撰稿人：刘东明，季建兵）

2014 年山东德州陵城区土工用纺织产业集群发展报告

山东省德州市陵城区人民政府

2014 年是陵城区实施"十二五"发展规划的关键一年，我区强抓"撤县设区"等叠加机遇，大力实施"工业强区、产业富民"战略。土工用纺织材料产业作为陵城区的支柱产业，是我区"4+2"现代产业体系建设中重点培育的产业之一，该产业呈现出规模大、特色鲜明、集聚能力强等特点，为推动区域经济发展起着至关重要的作用。

一、陵城区土工用纺织材料产业集群基本情况

陵城区土工合成材料产业起步于 20 世纪 80 年代后期，经过近 30 年的发展，土工用纺织材料产业现已成为陵城区工业的重点主导产业。陵城区也凭借土工用纺织材料的蓬勃发展，先后被评为"中国土工合成材料生产基地"、"山东省新型工业化示范基地（新型土工合成材料）"、"山东省土工用纺织材料名城"、"中国土工用纺织材料名城"等荣誉称号。2011 年 12 月，陵城区筹资 2000 余万元建成"中国土工用纺织合成材料（山东）检测中心"，成为国内第一家专门针对土工用纺织合成材料的专业检测中心。截止 2014 年底，土工用纺织材料产业资产总额 78 亿元，规模以上土工用纺织材料企业完成工业增加值 27.31 亿元，实现销售收入 109.6 亿元。全区现有各类土工合成材料生产线 490 条，主导产品 60 多个，年设计产能可达到 68 万吨，是全国规模最大、品种最全的土工合成材料生产基地。

二、2014 年土工用纺织材料产业集群运行情况

从生产经营上来看，2014 年，受南水北调等大工程逐步接近尾声的影响，一季度生产经营情况不容乐观，但随着十八届三中全会的召开，关系国家环境、民生的工程陆续开工，在三季度末整体形势开始回升，全年总的生产销售情况较 2013 年基本保持持平。截止 2014 年底，土工用纺织材料产业实现主营业务收入 109.6 亿元，利润 10.3 亿元，上交税金 4.43 亿元；实现出口交货值 5.27 亿元。

从项目建设上来看，2014 年该产业总体项目投入不大，除了宏祥新材料、华宇新材料、群力塑胶等企业有较大的项目投入外，其余企业保持现状。宏祥新材料新建、续建技改项目 4 个，其中年产 4 万吨多功能环保新型材料、年产 8000 吨糙面复合土工膜两个项目已试运行，年产 6000 吨加筋、过滤、智能型土工织物、年产 2.5 万吨高分子复合自粘防水材料两个项目均按计划推进。德州华宇续建年产 800 万平方米新型环保高强格栅项目，群力塑胶实施"余热回收利用"技术改造项目。

从外贸出口上来看，2014 年，整体出口形势较好，出口总额是 2013 年的 3.6 倍，产品主要出口美国、俄罗斯、巴基斯坦、泰国、坦桑尼亚、澳大利亚、南非、赞比亚、阿联酋等二十多个国家和地区，究其原因是近年来企业加快了科技创新的步伐，不断开发新产品，更新新设备，使产品的质量和档次与发达国家的差距在缩小，大大拓宽了国际市场。

三、产业集群内企业的技术创新情况

（一）创新平台建设成效明显

2014 年，集群内企业不断健全技术创新体系，完善技术中心的软、硬件设施，加快新产品新技术研发，提高企业技术中心建设的质量和水平。宏祥新材料股份已被认定为省级企业技术中心、高新技术企业，2014 年获批"德州市土工合成材料工程实验室"，2015 年力争申报成功国家级企业技术中心；东方环保被认定为省级高新技术企业，群力塑胶被认定为市级高新技术企业。

（二）产学研合作有序推进

先后与东华大学、河海大学、天津工业大学等20余所大学开展产学研合作，直接、间接引进中高级人才1500余人，积极研发新产品、新工艺。宏祥新材料股份已建成"孙晋良院士·宏祥工作站"，并获批省级院士工作站。该团队拥有中国工程院院士 1 人，博导 2 人，教授 3 人，整个团队 9 人，双方将主要就超声技术高强定伸土工材料项目进行合作，提高宏祥股份土工产品的核心竞争力。同时，与东华大学合作建成"东华大学·宏祥联合研发中心"。

（三）技术创新成果丰硕

不断开发新产品、新工艺和新技术，提升企业技术创新能力。截止目前，我区土工用纺织材料产业集群共拥有专利 56 项，其中发明专利 4 项。宏祥新材料 2014 年完成科技成果鉴定 3 项，均达国内先进水平；"超声固结技术制备高强定伸土工织物的研究"获科学技术进步二等奖（中国纺织工业协会颁发，J－2014－2－33－D01），并获取 5 项专利；群力自主研发的珍珠棉免涂复合膜、编织袋复合膜、边角料在线回收利用装置获得国家实用新型专利；宏祥股份有两个项目列入 2014 年山东省技术创新项目计划。

（四）品牌建设凸显

我区土工用纺织材料产业集群共拥有 5 个省级名牌产品，其中长丝纺粘针刺非织造土工布、高分子防水材料片材防水卷材 2 个产品为 2014 年新认定山东名牌产品；"宏祥及图"获得中国驰名商标，"群力及图"为山东省著名商标。

四、2014 年集群面临的市场环境、挑战以及主要困难

2014 年总体宏观环境严峻，经济下行压力较大，我国经济正在全面向新常态下转变。受世界经济体复苏缓慢影响，土工用纺织行业出口增幅放缓，而国内受政策影响，内需市场不振，加之近几年行业产能扩张较快，市场需求增速低于产能扩张速度，同质化竞争激烈，同时原材料、职工工资、融资成本上升等多重因素，导致我区的土工用纺织材料产业产品净利润有所下降。主要存在以下几方面困难和问题。

（一）成本上升，压缩企业盈利空间

由于部分原材料上升、人工成本增加，行业内企业 2013 年底普通工人工资 2000 元左右，而到 2014 年工人工资同比上涨 15%，大大增加了企业用工成本。同时受外部经济环境影响，外贸订单下滑，产品产能过剩，产品平均市场销售价格降低，导致企业盈利能力减弱。

（二）进口产品冲击国内部分市场

进口产品和个别单品种厂家发生了局部竞争，进口产品借助其技术和市场优势，挤压国内产品的市场空间，对行业内现有的企业形成了一定冲击。比如，日本、美国等发达国家的土工用纺织品生产企业采用智能化生产技术，生产效率高，产品技术含量高，冲击国内高端产品市场。

（三）创新能力不强，制约产业结构升级

一是品牌建设情况较弱。该产业仅有"宏祥"一件中国驰名商标，5 个山东名牌产品，多数企业没有适应市场的设计能力和知名品牌，仅仅成为产品生产和加工基地。

二是创新平台短缺。我区拥有宏祥、群力两家省级企业技术中心，东方环保科技、宏运两家市级企业技术中心，多数企业没有研发平台，产品技术创新不足，科技含量低，严重制约了产业整体创新能力的提高，影响产业结构升级。

（四）行业制度不规范，影响产业集群的信誉

由于近几年新增生产能力加快，大部分产品结构严重趋同，部分产品已经出现供过于求的现象，企业间的相互竞争加剧，销售价格下降，造成企业间的恶性竞争，影响了行业的健康发展。同时对知识产权保护和品牌建立不够，导致产品被模仿，假冒伪劣产品大量涌现，这种恶性竞争影响了产业集群的信誉。

五、对今后集群发展的展望和预测

近年来，国内交通、水利和环境工程等方面的投资推动了土工与建筑用纺织品的快速发展。2013 年，全国土工材料的产量达到了 68.2 万吨，产品应用拓宽到垃圾填埋、尾矿处理、石油勘探、工业防渗和生态护坡等多个领域，环保土工材料成为土工纺织材料的新增长点。未来 5 年，行业还将以 11.5% 的平均速度增长，预计到 2020 年，国内土工与建筑用纺织品的产量将达到 206.6 万吨。

从国际形势看，全球经济回缓，欧美市场恢复，中东、东南亚市场快速增长，国家海外项目增加，国内专业进出口公司都看好我们这个平台，2015 年产品出口将是一个大的增长点。但是人民币汇率的变化将对出口产生影响，我们需防范和应对，最大限度的规避。

从国家宏观政策趋向上讲，十八届三中全会拉开了改革的序幕，关系环境、民生

的基础工程将开工建设。土工材料的应用领域更加广阔，在每一个领域的应用范围也在扩大，应用品种也在增加，涉及很多领域将有大的发展。

从我区情况看，"德陵一体化"战略、省"一圈一带"建设、德州市生态科技城建设以及"撤县设区"等重大叠加机遇为我区土工用纺织材料集群的发展提供了优越的发展机遇，同时项目东区、马颊河生态岛，"4+2"产业园区三大平台的搭建为集群提供了广阔的发展空间。综合来看，未来土工用纺织品行业的形势比较乐观。

六、对集群产业发展的政策建议

一是建议出台扶持政策。根据国家产业政策，对中国土工用纺织产业集群内重点企业在政策方面给予倾斜，助推企业发展。二是出台行业规范，实现标准化管理。对行业内企业的产品质量标准化管理，严厉打击无序竞争，扰乱政策市场秩序的行为，为企业的发展提供优质的环境。

2014 年湖北仙桃市非织造布产业集群发展报告

湖北省仙桃市经济和信息化委员会

仙桃市非织造布产业集群 2008 年、2012 年两次被中国产业集群研究院和中国社科院城市发展与环境研究中心授予"中国县域产业集群竞争力百强"。仙桃市被中国纺织工业联合会授予"中国非织造布产业名城"。2014 年，全市非织造布产业在国际经济不景气和国内经济下行的严峻形势下，逆势而上，取得了新的突破，一般纳税人企业 1030 家。实现销售收入 255.43 亿元，同比增长 16.8%，占区域工业的比重 29.67%。入库税金 9.12 万元，同比增长 22.4 %，固定资产投入 41.57 亿元，同比增长 40 %。

一、现状及特点

（一）规模总量持续扩大

2014 年，我市进一步加大非织造布产业投入力度，生产能力和技术装备水平得到不断提升。全市规模以上非织造布生产、加工企业达到 116 家，非织造布生产线 58 条，年产各类非织造布 30 万吨，其中 SSMMMS 生产线 1 条，SSMMS 生产线 2 条，复合布 SMMS 生产线 3 条，SMS 线 4 条，纺粘线 22 条，生产 PP 布生产线 10 条，熔喷生产线 6 条，透气膜生产线 4 条，PE 生产线 8 条，详细见表 1。新发公司扩规项目全面竣工投产，目前有 3000 多台高速机、2000 多台超声波热合机和 1000 多台全自动口罩机，非织造布生产线达到 16 条。全市制品加工设备 31650 台（套），年加工制品 60 万吨；年装备制造（口罩打片机、鞋套制套机、条形机、分切机、PP 生产线专用输送装置）1432 台（套）。

表 1　仙桃市非织造布生产线概况

企业名称	类型	数量（条）	产能（吨／年）
新发塑料	复膜线	4	20000
新发塑料	复合线	3	30000
新发塑料	纺粘线	10	30000
裕民塑料	复合线	1	10000
裕民塑料	纺粘线	2	12000
宏祥塑料	复合线	2	15000
宏祥塑料	纺粘线	1	10000
德兴无纺布	熔喷线	6	20000
德兴无纺布	透气膜线	4	10000
德兴无纺布	纺粘线	2	10000
民兴无纺布	纺粘线	2	12000
嘉华无纺布	复合线	5	30000
嘉华无纺布	纺粘线	4	15000
三羊无纺布	复合线	1	12000
三羊无纺布	纺粘线	3	15000
光大无纺布	纺粘线	3	15000
晨光无纺布	纺粘线	2	12000
天立无纺布	纺粘线	2	12000
唯康无纺布	纺粘线	1	10000
合　计		58	300000

（二）产业链条不断延伸发展

随着非织造布产业的不断发展壮大，带动了配套企业加快发展，产业链条不断得以加粗和延伸。形成了涵盖建筑、医疗、日用、环保、服装、电子、汽车、航空航天等 32 类的 135 个品种。宏发线带、欧珂塑料、帅达瑞包装、龙涛纸箱等一批配套企业加速发展壮大，企业技术水平和生产能力也得到进一步提高和扩大。下游产品橡筋、塑料薄膜、腹膜、纸箱、印花、拉链、袖口、塑料铆扣、纺线等行业发展。同时，带动配套行业产业涵盖有家庭日用、医用防护、旅游保健、装饰包装、土木工程、航空航天、电子化工等 8 大类，50 多个品种，100 多个系列。同时，还有 60% 以上的制品加工用于高端的医疗卫生、防护、军工、建材、家居、汽车等领域。

（三）转型升级步伐加快

坚定不移实施大企业战略，着力扶优培强、招大引强、组大建强，以龙头企业支撑和引领产业加快发展，转型升级，引导和支持优势企业扩规发展，提档升级，强化非织造布产业的骨干支撑。新发公司通过不断扩规发展，现已形成年产非织造布5万吨的产能，去年实现产值12亿元。2011年，我们成功推动中国恒天集团与仙桃嘉华塑料实现战略重组，组建恒天嘉华非织造有限公司，2013年投入8000万元，新上SSMMS生产线，当年实现产值3亿元。2014年投资4.5亿元新上全球第三条，亚洲第一条莱芬双组分SMMMSS纺粘熔喷复合非织造布生产线，使我市非织造布产业站到了国际最顶端，实现了由普通日用防护品向医卫、婴幼儿及成人用品等高端原材料迈进。通过技改创新，提升产业水平，创造了一批科技成果。全市非织造产业取得50多项国家专利，与武纺等院校签订技术转让合同40多项，38家企业及产品分别通过了ISO9002、CE、N95、FDA等认证。

二、主要工作

坚持扩总量与调结构并重，提速度与增效益并重，抓当前与谋长远并重，深入推进非织造布产业结构、技术结构、产品结构和企业结构调整，加快提升产业层次，实现战略转型。

一是大力推进产业链条从单一产品向完整链条转变。我市非织造布产业起步是典型的"两头在外"，单一制品加工使我市非织造布产业在国际产业链中处于"加工车间"的地位。近年来，我们大力推进产业链条前延后伸，填补产业集群的薄弱环节、空白环节和关键环节，着力构建起上中下游完整成熟的产业体系。目前，全市非织造布产业已形成集产品开发、原料生产、制品加工、辅料配套、物流运输于一体的产业链条，可满足本地50%以上原料需求和80%以上的辅料需求。

二是大力推进产品档次从普通产品向高端产品转变。积极支持企业与高等院校、科研院所开展科技联姻，研发新技术、新产品，提升产品科技含量和附加值，推进企业产品上档升级。目前，全市非织造布产品已由简单的劳保用品发展到家庭日用、医用防护、土木建筑、航空航天等32大类130多个品种，高端制品比重达到50%以上。

三是大力推进生产工艺从手工生产向机械加工转变。积极引导企业不断引进新设备、研发新技术、改进新工艺，推动生产技术由简单手工操作向机械自动化加工升级，生产环境由普通车间向无菌车间升级，产业技术装备水平已处于国内领先水平。全市30多家非织造布企业通过ISO9002、CE、N95认证，新发、裕民、富实、宏祥、高源等企业全部新建 10 万级的无菌车间。

四是大力推进企业管理从家族管理向现代管理转变。积极引导非织造布企业立足长远发展，不断优化企业组织结构，引进现代企业管理模式，由过去作坊式、家族式粗放管理向现代企业制度转变升级。嘉华塑料与中国恒天集团实行战略重组，引进央企先进的管理模式和技术设备，实现了跨越式发展。富实公司通过聘请职业经理人，发展水平迈上了新台阶。新发、裕民、瑞鑫等公司积极寻求中外合资，实行战略合作，进入了发展快车道。

三、存在的主要问题

（一）世界经济的不景气对行业发展带来不利影响

世界经济增长不确定性增加，需求低迷将成常态，我国纺织工业的发展面临发达国家在高端领域的控制和发展中国家在中低端领域低成本竞争的双重挤压。据业内人士分析，由于欧美等一些国家复苏乏力，国外市场购买力、使用率、消费水平下滑，使非织造布市场行情整体疲软。同时，国内一部分生产低端产品的企业为降低劳动力成本，把企业向越南、老挝、柬埔寨、泰国等东南亚国家和地区转移，使我市生产非织造布低端产品的企业订单大量减少。我市非织造布企业自去年下半年出现下滑以来，回升动力仍然不足，预计将持续到今年上半年，到三季度后可能会有所回升。加之人民币升值，贸易摩擦等因素影响，非织造布产业有向东南亚、非洲等国家转移的趋势。

（二）企业之间的技术装备水平及发展状况还很不平衡

一是管理者素质及管理水平也有很大差距，普遍缺乏高素质的管理和操作人员；二是企业规模偏小，产业重复竞争依然严重。中小企业多的特点使集群整体科技创新及产品开发能力不足。要保持集群的可持续发展能力，还需要付出更大的努力。

（三）要素瓶颈制约依然存在

成本上升，资源、环境等要素约束成为重要挑战。一是人工成本持续上升。非织造布生产一线工人工资普遍都在 2500 元以上，熟练技术工人工资达到 4000 元以上，对比 2010 年上涨 1000~4000 元左右；二是原材料成本持续增加。三是用地紧张制约企业发展壮大。

四、下阶段主要工作措施

非织造产业是全球朝阳产业，潜力巨大，市场无限，面对新的形势与新的要求，我市非织造产业还将主要在科技创新上下功夫，不断利用新技术、新工艺、新装备，用新产品抢占新市场，推动产业转型升级；在实施品牌战略上下功夫，深入推进创精品、创名牌、创名企工程，用品牌增加附加值，提升竞争力，建成最具竞争优势的非织造产业名城。我们将主要做好以下几点工作：

一是进一步加强引导，提升产业层次。拿出更为全面和细致的非织造产业集群发展规划，设立更为规范、严格的行业准入制度，并把这些制度以地方性法规、文件的形式确立下来，避免为了简单壮大集群模式，而造成低水平重复建设。依托中国纺织工业联合会，聘请专家成立"专家智囊团"，深入企业内部调研，了解产业发展实际状况，及时、无偿地为非织造产业集群的发展出谋划策，规范企业的生产经营活动，引导产业健康发展。引导企业加快技术改造、产品研发、装备更新和品牌创建步伐，力争创建 3 个以上有影响的品牌，非织造布制品自营出口量达到 50%，形成一批具有自主知识产权的新产品，企业机械化、智能化水平有较大幅度提升，高端非织造布制品占比达到 60% 以上。

二是进一步加大扶持，壮大企业规模和实力。加大对企业人才引进、管理创新的扶持，营造良好的人才环境，全面实现企业从家族式管理向现代化管理转变；加大对企业自主创新、技术革新的扶持，通过资金、政策杠杆，鼓励企业积极与中国纺织科学研究院、武汉纺织大学等知名的科研院所和高校合作，鼓励企业自主创新，鼓励企业开拓非织造布在多个领域的应用，提升非织造产品附加值；加大对企业创牌的扶持，通过打造非织造商品的驰名商标、著名品牌，提升产品竞争力。

三是进一步推进信息化建设，提升质量和效益。依靠产业组织，推动非织造产业相关标准的建立，在产品质量监督、标准化生产方面发挥作用，防止出现"次品逐良现象"。加快信息化建设，推动"两化融合"，提升生产效率，捕获市场信息，开展电子商务，拓宽市场渠道。开展招商引资，欢迎有实力的企业或企业家来我市投资、重组非织造企业及配套企业，推动产业集群发展。

2014 年江苏阜宁环保滤料产业集群发展报告

江苏省阜宁县阜城街道办事处

一、阜宁环保滤料产业发展概况

阜宁环保滤料产业起步于 20 世纪 80 年代中期，近 30 年的发展历程大致可以分为零星式起步、渐进式增长和集群式发展等三个阶段，2008 年始进入量质并举的快速扩张期。

从产业规模看，全产业现有企业 146 家，其中工业定报企业 45 家，资产总额 20 亿元，净资产 10 亿元，从业人员突破 1 万人，其中营销人员近 2000 人，拥有各类生产设备 1800 多台套，年产能突破 1 亿平方米。2014 年，全县环保滤料产业年实现销售收入 42.5 亿元，同比增长 12.3%，利税 11.9 亿元，同比增长 12.1%。

从平台建设看，阜宁环保滤料产业园规划面积 5.5km²，建成区 3.5km²，园区基础设施完成投入 10.5 亿元，初步建成两纵两横主导产业区格局，建成阜宁环保滤料科技中心，为国内首家政企合作共管，集展示、检测、研发于一体的环保滤料企业支撑平台。

从市场影响力看，阜宁环保滤料产业已形成从原料到滤料毡布及配套设备的完整产业链，成为华东地区规模最大的工业滤料生产基地，全国市场占有率达 33.3%。2010 年，阜宁滤料产业园被列为江苏省第一批"中小企业产业集聚示范区"。2011 年，阜宁滤料产业园被盐城市列为全市 12 个战略性新兴产业园区之一。

二、阜宁环保滤料产业主要特点

近几年来，阜宁保滤料产业依托政策聚焦、要素聚集和力量聚合，重点在"四有"

上谋突破、谋提升。

（一）有规划引领

2010 年 3 月，委托中国产业用纺织品行业协会编制完成《阜宁环保滤料（园区）产业发展规划（2010~2015）》，2011 年 11 月，委托上海同济城市规划设计研究院编制完成《阜宁环保滤料产业园概念化规划设计》。规划明确"十二五"期间阜宁环保滤料产业的发展目标为，总量突破 100 亿，打造全国最大的环保滤料生产基地。工作重点为，重点推进高端非织造滤料、过滤膜、复合滤料、滤料专用纤维原料开发、功能化滤料、差别化滤料等关键加工技术进步，强化研究钢铁行业、水泥行业、燃煤锅炉、有色金属冶炼、垃圾焚烧、食品加工、工业和生活污水治理等领域的应用技术，扩大战略性发展领域，积极开展土工合成材料、高性能纺织复合材料、农业用纺织品应用技术的研究，不断拉长增粗产业链条，丰富产品品种，由传统的烟气除尘领域向液体过滤、固液分离等领域拓展，由水泥、钢铁生产领域向大型电厂、污水处理等领域延伸，拓宽在大型电厂、冶炼、垃圾焚烧、食品加工、水处理等行业的应用，引进池窑拉丝、玻璃复合纤维、碳纤维项目，开发聚苯硫醚滤料、复合高档滤料、液体滤料以及脱硫脱硝、脱汞脱碳、高温除尘大型成套环保设备。

（二）有园区承载

坚持开放立园、和谐立园和生态立园，科学规划园区空间布局，5.5km² 滤料产业园规划建设区分为主体生产区、研发创新区、市场物流区、码头仓储区等四个主功能区，整个园区重点建设五横七纵相互贯通的交通道路体系；以一个中心和一条主景观轴，带动辐射三大景观带和 11 个次景观和局部景观点，重点打造绿色生态示范园区。研发创新区以阜宁环保滤料科技中心为依托，重点与东华大学合作建设江苏省环保滤料技术研究院，与南通大学合作建设省级科技孵化园；重点建设博格滤料检测中心，积极争创国家级检测中心。市场物流和码头仓储区以环保滤料市场、大沙河水系为依托，重点建设集产品展示、交易、物流、仓储为一体的服务平台。争取通过 3 年的努力，将环保滤料产业园打造成为国内有影响力的节能环保产业示范区。

（三）有龙头带动

在国内环保滤料产业前五强中，已有 2 家企业入驻园区，分别是博格科技和华隆滤料。在本土企业中，年开票销售超亿元企业已有 2 家，分别是正大森源和东方滤袋。同时，园区内企业技改项目和新招引项目建设高潮迭起。投资 10 亿元的赣州金岭池窑玻纤正在筹建，投资 5 亿元东方技改扩能项目正在建设之中，投资超 5 亿元蓝天宝德纶纤维高温复合过滤材料项目、投资超亿元的鑫昊达环保设备和恒生滤料基布项目已部分投产。

（四）有品牌支撑

阜宁滤料产业园先后被授予"国家火炬阜宁环保滤料特色产业基地"、"江苏省环保滤料特色产业基地"、"江苏省（滤料）产业集聚示范区"、"中国（阜宁）环保滤料产业基地"等殊荣。入园企业拥有中国驰名商标 2 个，著名商标 6 个，省名牌产品 11 个，国家高新技术企业 4 家，省级企业技术中心 2 家，承担国家火炬计划项目 2 项。

三、阜宁发展环保滤料产业提升措施

环保滤料产业是朝阳产业，产业发展前景广阔，随着各个国家对环境保护重视程度的不断提升，该产业将会迎来新的发展黄金期。基于这一判断，我们发挥优势，超前规划，重点重抓，以"快增扩总量，快转促提升"为主攻点，全力推进环保滤料产业提速发展。

（一）密切注意滤料产业发展趋势，促进产业集群的技术升级

近几年应用于过滤用纺织品的高性能纤维有了较大的发展，芳纶 1313、聚苯硫醚纤维基本实现了产业化，生产能力和产量都在千吨以上。芳纶 1414 和聚四氟乙烯长丝在扩大中试，近期会有大的进展，这些高性能纤维都为高温过滤纺织品的开发提供了原料。

阜宁滤料企业重点关注应用于高效过滤材料的双组份熔喷非织造布、功能性过滤材料、中空分离膜及非织造电池隔膜等产品的加工制造关键技术。未来高温过滤材料将向非织造布复合过滤材料、复合膜技术的过滤材料发展，向采用高技术、高性能的玻璃纤维、聚四氟乙烯、芳香族聚酰胺纤维、碳纤维、金属纤维等材料开发多功能的滤料发展。东方滤袋公司采用了东华大学首创的多尺度纤网成型技术，实现高性能纤维高精度均匀混合的定向 / 非定向梳理成网；完成定向梯度孔隙率、微细孔

径多层分布构型的过滤毡低损伤针刺加固及基布复合；结合功能性后整理和无缝制袋工艺，实现滤袋的生产加工。该产品广泛用于钢铁、发电、水泥、化工、冶炼、垃圾焚烧等行业的烟气除尘。

（二）加强研发及专业人才队伍培养，培育产业的核心竞争力

集群内的大企业加强与高校和院所的合作，加大研发投入，生产高技术、高附加值的产品，进军高端市场，从而带动整个集群的产业升级；将一些低技术含量的产品转移给中小企业，从而形成良好的产业生态，摆脱目前无序竞争的状态。

人才培养是产业持续发展的必要条件，也是集群公共服务平台建设的重要内容。在加大滤料专业人才的培养力度同时，不仅要培养高端的研发和技术人才，还要培养大量的技术工人，经营人才和市场人才，提高行业从业人员的素养。人才培养不仅是企业的责任，政府还要发挥主导作用，充分整合已有资源，鼓励大企业和高校、研究院所进行联合办学，开展不同形式的培训，并对企业的人才培养工作给予一定的激励政策，为产业集群的升级储备大量的优秀人力资源。

（三）加强滤料产业链的延伸和整合，培育中小企业发展，形成良好产业环境

产业集群不仅仅是同类企业的地理集中，更重要的是要将具有分工合作关系、不同规模等级的企业和其它相关的服务组织和机构有机地整合在一起。为了保持滤料集群的发展活力，在滤料集群内发展产业链条上下游的配套企业，形成大、中、小不同层次企业协同发展的局面。

加强对中小企业发展的培育和引导工作。小企业可以定位于为大企业做配套工作，承接大企业技术升级后转移出的订单，避免与区内企业在市场中无序竞争；同时对于发展前景良好的企业政府也加大支持的力度，培育其成长为区内的骨干企业，既可以做大产业的规模，也能保证区内企业之间的合理竞争。

（四）加大政府对产业的支持力度，持续加大企业技改扩能专项扶持力度

自 2008 年起连续六年，县委、县政府一直执行技改扩能激励专项政策，对工业定报企业实施技改扩能项目，按照投资额度和年度投资连续性，分别给予设备投入总额 10~20% 的补助性奖励，享受这一政策的环保滤料生产企业累计达 29 家，实施技改项目 156 个，奖金总额超 4000 万元。持续加大入园企业面上扶持力度。对入园

企业根据投资额度提供税收奖励、贷款贴息和规费减免等政策，并对企业成立国家、省、市级工程技术研究中心等各类研发机构分别给予100万元、30万元、10万元奖励；对成功申报中国驰名商标给予50万元奖励；对当年认定的国家、省级创新企业分别给予50万元、20万元奖励；对当年认定的省级以上高新技术企业给予20万元奖励。

（五）重抓科技创新、加快设备更新

以提高装备水平为突破口，引导企业采购先进的生产设备。氟美斯新材料新上全市第一家水刺滤料生产线项目，全部采用具有国内同行业领先水平的设备。东方滤袋已投资3000万元订购德国奥特法公司的非织造布生产线，该生产线具有产量高、质量好、速度快、能耗低等优点。蓝天环保投资200万元新上的瑞典ETOM公司吊挂机具有精细度好、自动化程度高等优点，投资1000万元订购德国门福士公司的定型设备具有能耗少、温度高等优点。恒生环保投资400多万元新上德国卡尔迈耶公司的经编织机具有产量高、能耗低、质量好、幅宽大等优点，一台该种设备可抵上60台剑杆织机的产量。明晶布业投资3500万元订购德国奥特法公司的微孔滤料生产线，具有产量高、质量好、能耗低等优点，具备国内顶级、国际一流水平。这些新设备的引进将提升整个集群的装备水平和产品档次，对集群发展具有重大的推动作用。

东方滤袋玻氟斯产品顺利通过国家级新产品鉴定，产品一直供不应求。据统计，环保滤料生产企业每年开发新品都保持在50个以上，环保滤料产业新产品销售量占全产业销售总量的比重已超过30%。

2014 年江苏支塘非织造布产业发展情况

江苏省常熟市支塘镇人民政府

一、2014 年非织造布行业运行主要情况

支塘镇已有非织造布企业 290 家，其中非织造布机械企业 35 家、非织造布生产企业 255 家，另有协作配套企业 20 家，总资产超过 25 亿元，全年实现工业产值 30.16 亿元，销售额 29.55 亿元，销售各种非织造布机械设备达 970 多台套，销售各类非织造布 21.55 万吨，非织造布机械和非织造布的生产能力、产量分别占全国总量的 60% 和 7% 以上。具体指标见下表。

2014 年支塘镇非织造布产业统计表

指标名称	单位	集群全行业企业		其中：规模以上企业	
		本月止累计	去年同期累计	本月止累计	去年同期累计
产业集群企业数	个	290	296	27	27
其中：开工企业数	个	272	271	27	27
工业总产值（当年价格）	万元	30.15	28.06	24.58	22.87
工业销售产值（当年价格）	万元	29.55	27.50	24.08	22.41
其中：出口交货值	万元	1.80	1.70	1.80	1.70
主营业务收入	万元	28.65	26.66	23.35	21.72
主营业务成本	万元	26.96	25.08	21.97	20.44
主营业务税金及附加	万元	0.07	0.07	0.08	0.05
利润总额	万元	1.19	1.10	0.97	0.90
本年应交增值税	万元	0.70	0.65	0.57	0.53
全部从业人员平均人数	人	3468	3435	2826	2800

（一）经济运行

2014 年非织造布产业的整体运行情况较好，延续了 2013 年第四季度产销两旺的发展势头。体现在：一是春节过后开工早；二是订单多。到 9 月底与去年同期相比增长率在 7% 左右。但从行业看，非织造布机械好于非织造布产品，非织造布机械的增长率在 7%~8%，非织造布产品则低于 6%。主要是化纤原料价格下降，导致非织造布产品的销售价格下降，其生产量也有所下降。但在非织造布中，因其品种不同，销售量的差距也很大，合成革基布、油毡基布、土工布还处于低潮，而汽车内饰、医用卫材、水刺布则有所增长。

（二）规模企业发展情况

2014 年规模企业总数与 2013 年持平为 27 家，但其在工业产值、销售收入、外贸出口、利润总额等方面均比 2013 年有所增长，规模企业的销售占总量的 80%。规模以上企业拥有较好的信誉和良好的产品质量，故业务量充足，包括如合成革基布等市场需求量不很好的产品，大企业业务量还可以。

（三）技改投入

通过调研，2014 年非织造布行业计划技改投入约 5000 万元，主要是一些规模以上企业因为产能扩张和产品升级而进行的设备更新和厂房扩建投入。从 2014 年前三季度情况来看，由于受大环境的影响，许多骨干企业在等待、观望，到目前为止大约已投入 2500 万元左右。大部份的小微企业由于业务量的不足和资金等原因只能保持现状。

（四）科技创新

科技创新一直是集群内非织造布企业，尤其是非织造布设备企业发展的灵魂。近年来，支塘镇非织造布企业的快速崛起，究其原因，主要是积极与大、专、院校开展产、学、研合作。到目前为止，支塘镇中有国家级高新技术企业 1 家、省级高新技术企业三家，省高新产品 62 个，承担国家火炬计划 5 项，拥有国家发明专利 80 多件。

（五）外贸出口

支塘镇非织造布产品的外贸出口量历年来一直不是很大，非织造布出口以日本为主，非织造布机械设备主要出口澳大利亚、俄罗斯、泰国、印度等一些国家，在今年外贸出口下滑的情况下与去年同期相比还是增长了 5.8%，究其原因是近年来企业加快了科技创新的步伐，设备的质量和档次与发达国家的差距在缩小，且价格便宜，因而赢得了发展中国家的一些客户的青睐。

二、2015 年预测

2014 年集群发展面临的挑战和主要困难。一是没有土地指标，这是严重影响集群发展的瓶颈，也是难于解决的主要问题。二是小微企业的贷款问题难于解决，即使贷到，其高昂的利息也难以承受，严重影响了小微企业的发展。三是科技创新能力缺乏，这也影响着行业的快速发展和产业档次的进一步提升。

从 2014 年的经济运行状况看，我国经济增长阶段转换的征兆更趋明显。2015 年，全球经济仍处危机后的调整期，国际环境充满复杂性和不确定性；国内原有竞争优势、增长动力逐渐削弱，新优势尚未形成，市场信心和预期不稳，经济运行处在寻求新平衡的过程中。

就非织造布机械来看，下半年已出现下行的发展态势，就目前各企业尤其是规模企业手头订单也稍显不足，原因是：一，非织造布产品企业由于受宏观经济影响，市场需求不足，原有生产设备已满足生产需求，不再增添新的设备；二，非织造布产品企业劳动力成本的不断增加必将推涨企业综合成本，压缩经济效益空间。有些小微企业出现难于为继的现象，从而也导致了非织造布机械企业市场需求不足。

非织造布企业，只要国家能继续加大基础设施建设，环境治理，卫生保健等方面的投入，对产业用纺织品的发展将提供广阔的国内市场，土工布、油毡机布及卫材等企业将会有一个比较好的前景。汽车内饰企业，由于国家对汽车产业发展政策倾斜，所以内饰企业仍能保持一定比例的增长。所以，总体来看，2015 年非织造布产业能否保持平稳发展，将依赖国家相关产业政策的出台。

2014年浙江天台产业用布行业运行分析报告

浙江省天台县产业用布行业协会秘书处

从现行纺织业结构分析来看，浙江省天台县生产的纺织品，除了极少部分属于民用、橡胶骨架外，绝大部分则属于产业用纺织品里的过滤分离系列。天台还是全国最大的机织过滤布生产基地，针刺非织造过滤布也有一定的市场份额。现就本行业2014年运行情况给出如下分析。

一、2014年天台产业用布行业运行特点

（一）全行业下行压力较大，增幅明显回落

总体看来，天台过滤分离用纺织品以内销为主，外贸依存度为10%左右。由于2014年全国房地产售价、需求、投资的全面回落，引发与本行业关系密切的钢材、水泥、冶金、矿产等行业市场需求大幅下滑，产能过剩加剧，进而连锁反应到我县机织过滤布国内需求下降，要货量减少，我县企业的应收款增加。统计资料显示，2014年天台全行业实现产值42.3亿元，同比增长8.7%，增幅明显回落，低于同期全国产业用纺织品的平均增幅。与内销相反，受我县业内几家龙头企业自营出口的强劲拉动，2014年全行业自营出口却逆势上扬，全年自营出口额达3723万美元，同比增长34.1%。其中，浙江三星特纺股份有限公司和天台西南滤布厂出口增幅分别为82.8%、21.7%。

（二）在建项目较多，全行业全年技改投入势头依然强劲

2013年，我县业内有10家企业通过挂牌，先后从花前产业用布功能区购得用地300多亩。为促进获地企业加快投入，天台县政府出台了激励性政策措施，分别以开

工、竣工、投产设定时间节点，依次给出富有吸引力的奖励政策。2014 年，是本行业有史以来技改投入最大的一年，全年合计完成投资 3 亿多元。其中获地的 10 家企业全部开工建设，累计完成土建投入达 2 亿多元。目前就有 6 家企业的主车间已揭顶。预计这 10 家企业在 2015 年下半年或 2016 年上半年将相继投产，形成本行业新的产能，必将给全行业未来持续、健康发展注入新的活力。

（三）全行业结构调整成效显著，产业链更加完善

浙江三星特纺股份有限公司与东华大学合作开发的液晶聚芳酯项目，预计总投资将达到 2 亿多元。该项目在采用熔融纺制造高强高模、高性能纤维方面，将填补国内空白。其综合力学性能高于芳纶，售价却比芳纶低，市场竞争优势明显，应用前景广阔。目前全面产业化准备工作正在紧锣密鼓进行。花市化纤公司的丙纶长丝项目，于 2013 年投产以来，2014 年产销两旺，销售收入和上交税收分别增长 37.5%、174%，该企业有望在 2015 年进入亿元行列。正灿公司原是纺纱企业，在 2012 年、2013 年连续亏损以后，于 2014 年，大刀阔斧、壮士断腕进行结构调整，转型升级，毅然彻底淘汰原有的纺纱设备，投资 1000 多万元，购置国内最先进的拉丝设备，新上了 4 条锦纶、涤纶、丙纶单丝生产线，产品质量上乘，深受市场青睐，供不应求。国力公司自行研发的广角帆布，填补了国内橡胶骨架布的空白，列入国家发改委的国债项目。该项目业已全面产业化，2014 年企业进入亿元行列。恒泽公司与德国一家公司合作，联合开发汽车用纺织品，有望于 2015 年投产，将填补我县业内汽车用纺织品的空白。

（四）地方政府对行业发展扶持力度明显加大

天台工业经济有六大主导产业。2014 年全县工业大会战领导小组将产业用布列入重点推进行业，为此特别制订了《2014 年天台县推进产业用布产业集群培育专项行动工作方案》，明确相关部门、乡镇责任，通力合作，齐抓共管，力促本行业在园区建设、技术改造、品牌建设、公共服务平台建设等方面的全面推进。为鼓励镇建成区企业向园区集聚，县政府还出台了含金量较高的退二进三政策。为了加快平桥镇产业用布一条街建设，平桥镇政府 2014 年出台了《关于鼓励企业来平桥镇友谊东路开设产业用布销售窗口的奖励意见》。2014 年，平桥镇政府不惜投入上亿资金，大力推进花前产业用布功能区的七通一平、亮化、绿化等基础设施建设。

（五）以强化服务为主旨的工业性协会改革，力度空前

2014 年，天台县委、县府将推进工业性协会改革，作为全县深化改革的一号工程，县委一把手亲自主抓。天台工业性协会改革主要有三项内容：一是政府通过购买服务方式，将部分职能转移给协会；二是政府在履行工业企业服务职能时，要求协会广泛参与，使协会能充分行使话语权，使服务的着力点更精准，质量更高，企业更满意；三是协会秘书处增添有生力量，构建一支敢担当、勇创新、善服务的工作队伍。据统计，涉及转移、委托、参与的有 13 个部门及其 59 项职能，分别举行了签约仪式。我协会秘书处在改革中向社会新招了 2 名大学生，平桥镇政府为秘书处安排了 5 间办公室，大大增强了协会服务企业的能力。

二、天台产业用纺织品行业发展中遇到的几个突出问题

与全国其它产业用纺织品产业集群相比，我县产业用布行业无论在总体规模，还是企业单体规模都明显偏小。"低、小、散"问题长期困扰着行业的发展。业内存在的突出问题，诸多是长期累积的，就是 2014 年也不例外。主要表现在以下几方面：

（一）业内有较多业主经营理念跟不上时代前进脚步，严重不适应市场经济发展的内在要求

天台产业用纺织品行业规模滞后的原因固然是多方面的，但其中一个最主要、最根本的原因是没有形成一支理念先进、目标远大、敢于创新、善纳人才的企业家队伍。部分企业长期停留在老公管业务、老婆管财务的作坊式管理阶段。满足于小打小闹，小进则满，小富即安，忧患意识不强，缺乏做精做强做大的长远谋划和战略安排。冰冻三尺，非一日之寒，业主陈旧的观念，总是根深蒂固，改变起来决非易事。

（二）缺乏强有力的主体和手段来有效遏止愈演愈烈的同质同业恶性竞争

过滤分离用纺织品行业恶性竞争无疑是一个业内共性问题，也是一个全国性的问题，单凭一个县是无法解决的。要在全国范围内有效遏止过滤分离用纺织品恶性竞争，需要一个能总揽全局、协调各方，又为业内企业众望所归的强有力组织主体牵头，也需要辽宁抚顺、江苏阜宁、河北泊头和我县的共同配合。对于那些低质低价、肆意"倾销"、扰乱市场的企业，要采取严格的惩戒措施。在全国范围内开展行业自律是一项全新的工作，涉及面广、工作量大、情况复杂，工作难度很大。2012 年成立的过

滤与分离用纺织品分会秘书处由于人手不够，目前看来还不具备担任责任主体的条件。

（三）全行业纺织专业技术人才严重匮乏，企业自主创新能力薄弱

业内广大业主普遍反映技术人才一将难求，引不进也留不住。我国各类纺织高校每年纺织类专业本科生、研究生毕业人数至少有几万人。他们就业目标指向是城市里的大企业。山区县区建制镇地域因素，偏小的企业规模，一般化的工资、福利、待遇决定了"引不进"。缺乏现代企业管理制度，没有良好的企业文化和生活环境，导致技术人才"干不好"或"留不住"。据统计，目前我县全行业真正属于纺织工程、纺织材料、纺织机械专业的全日制本科以上的技术人才只有十几人。业内大多企业几乎没有自己的技术团队，没有研发能力，没有研发经费的投入，企业生产技术只能长期停留在仿制加工上裹足不前。

（四）机织过滤布不同应用领域质量标准规范工作滞后，市场需求对供给结构调整没有起到应有的引导作用

天台作为全国最大的机织过滤布生产基地，却不清楚医化、食品、矿产、污水处理厂等应用领域对机织过滤布在过滤精度、过滤效率等方面提出的不同质量标准。全国每年发表过滤分离用纺织品研究文章数量颇丰。基本上是涉及袋式除尘的非织造过滤布质量提高的方面。关于机织过滤布的研究文章可以说寥寥无几。就是近年各地相继举办的全国性过滤分离用纺织品技术创新论坛也是如此。这种机织过滤布应用领域质量标准研究的滞后，必然带来我县广大机织过滤布生产企业技术创新方向不明，动力不足，共同面临着转型升级路在何方的巨大困惑。

（五）全行业"特微企业"发展空间拓展困难重重

这里所说的"特微企业"主要指本行业那些十几台织机年销售收入几百万的企业，要占本行业的企业家数的大部分，是我县行业发展的后续梯队，是一支不容小觑的力量。据我协会调查，天台县全行业还有近100家左右的"特微企业"，厂房建在宅基地、责任田上或家里。有的是未经审批，从现行国土政策来看，属于拆违对象。2013年开始，浙江省委、省政府在全省范围内掀起了声势浩大的"三改一拆"、"五水共治"的专项行动。在行动中，全县有近20家企业被强制拆除。随着专项行动的深入，未来将又有企业列入强制拆除对象。"特微企业"小本微利，正处原始阶段，无实力购地进入工业园区。至今为止，花前功能区还没有建设起面向此类企业入园

的标准厂房，部分被拆企业不得不退出市场。

三、今后助推行业发展的工作建议

国家要发动专业研究人员，加强对工业废水排放标准与机织过滤布质量标准辩证关系的研究，从而为机织过滤布生产企业在纤维改性、生产工艺改进等方面的技术创新指明方向，以切实改进我国日趋严重的河床、地下水及土壤的污染。恳切期盼中国产业用纺织协会及其过滤与分离分会发挥更大的作用。

国家对过滤与分离用纺织品行业开展必要的行业整治，有效遏止过度、无序甚至恶性的竞争。要在全国范围内，切实降低价格战的火药味，强制性淘汰落后设备，改进生产工艺，全面提高过滤分离用纺织品的质量。恳切期盼全国过滤分离用纺织品分会勇于担当，发挥行业自律的主体性作用，通过深入各地调查研究，制订出全国性的行业整治计划，并有效协调抚顺、阜宁、泊头、天台等地的行业协会、地方政府及相关企业，狠抓落实。为此，过滤分离纺织品分会秘书处的力量亟待加强，尽快配备专职的工作人员队伍。

为了加快促进地方产业集群广大业主解放思想，转变观念，国家协会应发挥组织优势，构建一支面向过滤分离用纺织品产业集群的讲师团队伍。精心组织，周密安排。精准确定讲课专题，力求做到针刺非织造、机织、金属网等过滤材料的全覆盖，切实提高讲课专题的针对性、实效性和系统性，由国家级技术专家担任，有组织、有计划到地方进行巡回宣讲，专家的出差经费及补贴由地方负责。通过产业集群广大业主的思想大解放，增强技术创新的危机感、紧迫感，进一步激活全行业的生产要素，推动全行业加快转型升级。

国家协会应建议浙江省政府在"三改一拆"和"五水共治"的专项行动中，对涉及小微企业的生产空间作出合理的安排。要力促县、镇两级政府，将在本产业集群工业园区内建设面向小微企业的标准厂房作为一场硬仗来打，科学规划，有效落实投资主体、土地、资金，限时完成，确保业内小微企业在专项行动中能继续生存下来，并在政府今后的精心培育中，让业内龙头、龙尾企业都能茁壮成长，大小企业在构建纺织强国的伟大进程中，都能各得其所，相得益彰，发挥更大的作用，作出更大的贡献。

2014 年河北安平丝网产业集群发展报告

河北省安平县丝网产业局

一、产业集群运行情况

安平隶属于河北省衡水市，辖 3 镇 5 乡 230 个行政村，人口 33 万，总面积 505km²，东距京九铁路 10km、大广高速 7km，南距石黄高速 25km，既属环渤海、环京津经济圈，又属沿京九、大广经济开发带。

安平丝网起源于明朝弘治元年（公元 1488 年），迄今已有 500 多年的历史。目前，丝网已成为安平的特色主导产业和支柱产业，先后被命名为"中国丝网之乡"、"中国丝网产业基地"、"中国丝网产销基地"、"中国丝网织造名城"、"中国丝网之都"，全省"特色经济示范县"、"轻工特色产业名县"、"丝网出口基地县"。

（一）产业集群运行特点

一是集群大。县内丝网工贸企业 1.3 万家，从业人员 21 万人，年消耗各种板材 80 多万吨、线材 450 多万吨，织网 10 亿平米。2013 年，全县丝网产业产值突破 400 亿元，规模以上丝网企业总数达 123 家，完成总产值 83 亿元，同比增长 17.9%；实现主营业务收入 79.2 亿元，同比增长 18.2%。

二是品种全。产品分为拉拔类、编织类、焊接类、冲拉类、非织造类、制品类等 6 大系列、400 多个品种、6000 多种规格，广泛应用于石油、化工、建筑、造纸、医药、汽车制造、畜牧养殖等工农业生产、生活以及航空、航天、国防等高精尖领域，汽车的三滤、神九、神十的整流罩、过滤器等都用到安平的丝网。

三是市场广。安平丝网营销网络遍及世界各地，在国内外设有 13000 多家销售门店、1000 多家贸易公司，在外经商人员达 4 万多人，拥有出口权证的企业 678 家，产品销往美、日、澳、意、中东等 190 多个国家和地区，编织类丝网产销量、出口量均占全国的 80% 以上。

四是贡献高。丝网是全县民营经济的主体，全县 85% 以上的民营企业都与丝网有关，对生产总值、财政收入、农民人均纯收入的贡献率均达 70% 以上，对整个经济的拉动作用日益增强。

五是前景宽。安平丝网被誉为"有业必有网，有粒必有筛"，除传统的工农业生产领域外，目前，已成功向生物医药、新能源、新材料等战略性新兴产业和节能环保、生态建设等领域拓展，属于典型的成长型朝阳产业。

（二）完善公共服务平台

为加快丝网产业升级步伐，安平县完善建设了九大平台。

1. 政策平台

对引进国内外尖端丝网设备的企业，给予设备价格 5%~10% 的资金补贴。截至目前，全县已订购到位各类先进设备 1000 多台套。对企业引进的各类管理、技术、科研人才，除享受企业正常工资待遇外，县财政每月再直接补贴 500~1000 元。

2. 园区平台

2010 年，我们规划建设了起步区 10km²、规划面积 2010km² 的安平县经济开发区，现已入驻亿元以上企业 54 家，总投资 400 多亿元。

3. 物流平台

总投资 52 亿元、占地 3000 余亩的聚成国际物流产业园区，是全省首批 16 家重点现代物流园区之一。面向全国开通运线达 800 多条，年货物吞吐量超过 1600 万吨。

4. 研发平台

成立了丝网产业服务局，建立了丝网研究院，与国内 8 家高等院校，签订了合作协议，并针对已征集的 120 余项课题，着手进行研发攻关。去年共研发新技术、新产品 36 项，申请专利产品 50 多项。

5. 检测平台

投资 1600 多万元，引进各类检测设备 133 台套，建成省级丝网产品质量检测中心，实现了从丝网原材料到成品的检测全覆盖，进一步提高了安平丝网的话语权。目前，国家级丝网检测中心正在加快创建，申报材料已上报国家质检总局。

6. 市场平台

丝网大世界 2013 年市场交易额达 65 亿元。2014 年,我们又吸引民营企业 500 强的隆基泰和集团,投资 172 亿元,建设总占地 1200 亩,建筑面积 130m^2 的国际丝网商贸城。全部建成后,可容纳 1 万多家商户入住。

7. 会展平台

中国·安平国际丝网博览会,是国家商务部重点支持的展会,2001 年以来已连续成功举办了 14 届。第十四届博览会累计到会客商 2 万多人,其中外商 600 多人,涉及欧美、中东、北非等 50 多个国家和地区。会上共达成销售意向 28.5 亿元,实现展览成交额 11.6 亿元,其中外贸成交额 1 亿美元。

8. 信息平台

着力打造了"中国搜丝网"和"旺达物流网"两大网络信息平台,玛世公司被商务部确定为全国 83 家电子商务示范企业之一。去年,我们又开工建设了总投资 10.5 亿元的中国(安平)国际丝网信息中心,重点建设丝网及滤器滤材国际国内贸易等 8 大电子商务平台。

9. 人才平台

建成了投资 1.6 亿元,占地 180 亩的职教中心,开设数控工程、电焊、编织工艺、电子商务等专业,每年为丝网产业提供中、高级实用技术人才 3000 多名。

二、四点主要感受

(一)政府发挥导向作用,企业家在全球范围内配置资源的能力有所提高

主要表现在以下几个方面:

一是一批全球顶尖装备落户安平,企业一跃成为国内行业龙头。骄阳公司从有着百年历史的瑞士苏莱特公司引进两台焊网机,通过消化吸收再创新,使焊网机技术向前推进了几十年前,不但缩短了与国外的差距,而且成为国内最大的焊网机制造企业,其产品被神华集团等国内外企业采用。国润公司投资 1000 多万元从德国耶格公司引进两台重型不锈钢网织机,填补了安平空白。

二是企业家以全球的视野捕捉、掌控和运用信息,为科学决策奠定了坚实的基础。安平红星丝网制造公司是高端轧花矿筛网的龙头企业,老板对全球产业布局、装备水平、生产能力、市场需求了如指掌,通过与加拿大工程技术人员联合攻关,集成

欧美先进设备及工艺，成功研制新型高效矿筛网机，改写了安平不能生产高档矿筛网的历史，其产品80%进入欧、美等高端市场，成为力拓、必和必拓、淡水河谷等世界五百强的配套商。

三是集成创新，小产品做成大市场。"只有落后的技术，没有落后的产品"，耀华公司是专业生产铝合金窗纱的外向型企业,通过对意大利企业生产线缜密调研，择优引进，集成创新，形成了全球排名第三的生产能力，成为澳大利亚最大的铝合金、玻纤窗纱供应商。目前，该企业又引进战略投资，购置德国织机，投产后产值可达1500万美元，成为该行业亚洲最大的专业生产商。康利达公司把电脑编程应用到1300台织机上，使普通的铁网质量上了一个大台阶，成为宝马、奥迪车辆气囊网的重要供应商，仅此一个小产品年销售就接近千万元。

（二）整合产业链优质资源，企业研发能力不断提升

盛发公司是我县重型不锈钢网、密纹网生产企业。目前，日本密纹网已织到800目。受制于设备和原料，我国仅能做到400目，还不能实现高水准批量生产。为攻克织机稳定性这一世界性难题，该企业与中国钢铁研究总院、西北有色金属研究院、中国航空航天研究院联合攻关，成功研制出密纹网织机，同时，通过欧洲第三国转口破解了日本304N不锈钢线材对华封锁等贸易壁垒。目前，密纹网织机已研制成功，并投入使用。平织400目密纹网已形成批量生产能力。我县最大的滤器生产企业新特公司高薪聘请国外专家成功研制关键设备烧结炉，使烧结网质量上了一个大台阶，产品广泛用于石化、航空、航天等尖端领域。

（三）积极转换角色，企业逐步由原料供应商向产品集成商转变

编织网，特别是不锈钢网、铜网、稀有金属网是各种滤器的核心材料。为提高附加值，不再当"配角"，企业根据市场需求，开始做设计研发、做部件、做总成、做标准、做系统、做售后，向产业链"微笑曲线"两端延伸。英凯模公司80%的卷网经初加工或深加工后销售。达瑞化纤机械研发的化纤生产冷却系统是化纤设备整理气流的关键部件，被中石化下属企业采用，并成为行业定点企业。恒英公司是生产不锈钢网的重点企业，目前该厂生产的泥浆震动筛和防沙网等产品已经占到销售收入的90%，实现了成功转型。红星公司参与制定了轧花矿筛网国家标准，提高行业话语权。产品与五百强三一重工、中联科技、徐工等大型机械配套。安平敬思织网厂与国内专业从事体育文化场馆设计的北京建筑设计院三

所合作，联合县内重型铝板装饰网生产企业，研制开发了铝板装饰网生产及安装标准，解决了设计单位无法解决的诸多难题，成为设计院的紧密协作伙伴。获得"鲁班"奖的邯郸市文化艺术中心采用该产品一万多 m²，开创了铝板装饰网在国内建筑领域大量应用之先河，并得到了总包商北京建设集团（五百强企业）首肯。

（四）维权意识有所提高，开始拿起法律武器捍卫自身权益

产业集群内部侵犯知识产权的违法行为多发、易发。发明专利不注册，不维护，对侵权行为视而不见，听之任之等现象十分普遍。违法成本低，创新氛围不佳，严重削弱了集群的整体创新能力。调查显示，近年来，这一现象有所改观，企业开始勇于拿起法律的武器与违法行为抗争。英凯模公司在欧盟近 20 个国家注册商标。骄阳公司仅去年就注册发明专利十几项。思固尔、新特等公司委托律师对两家侵权企业提起诉讼。

三、几个问题

（一）产业布局发生变化，新兴市场国家快速崛起，部分产品外迁势头明显

以编织网为例，全球最大的窗纱生产企业美国纽约丝网公司旗下的玻纤、化纤两大类产品被全球最大的建材制造商、五百强企业法国圣戈班公司收购。部分金属网生产已转迁到江苏吴江。新兴市场国家，特别是印度、俄罗斯、巴西、越南丝网业以低廉的人工成本快速发展。据江阴祥乐拔丝机械生产厂介绍，每年销往上述国家的不锈钢拔丝机近 300 台套，这种势头已保持了多年。骄阳、思固尔的焊机辐射面更宽，每年有 150 台，且比重逐年增加。另据浙江伟发公司介绍，乌克兰、波兰、东欧国家融入西方后，利用德、法等国的二手设备及本国劳动力优势，使丝网业得以快速发展。在华沙分布着很多这样的工厂，其产品大量销往俄罗斯和欧洲市场。另外，埃及依靠印度技术，最近发展也较快。

国内以我县为例，钢板网、六角网、勾花网、电焊网等产业链条相对较短、利润水平较低的产品也出现了明显外迁势头。一是迁往周边市县的饶阳、深泽、深县、定州、武强等；二是迁往安平人在外开设丝网门店的城市。有实力的门店为降低物流及人工成本，在当地开办工厂，产品不再从安平市场采购。从物流中心发货量及丝网大

世界门店销售量减少也能证明这一点。

人工成本激增是造成这一问题的主要原因。其次税负不均是另一个原因。与深泽、定州、黄骅等地相比，我县税负普遍高出 1%~3%。三是镀锌企业关停，生产成本增加，定单大量转移也是重要因素。综合分析，目前，我县中低碳钢丝网的竞争优势正在消弱，安平做为国内外产业资本转移首选之地的优势明显弱化。

（二）龙头企业成长缓慢，示范引领作用不明显

龙头企业既是经济发展的重要支撑，又肩负"示范外溢"的重任。金融危机暴发后，我县龙头企业虽然较快地走出了低谷，但多数仍未恢复到历史最好水平，特别是 2014 年上半年不少企业还出现了负增长。相比之下，有些外地同行业企业却逆势而上，巨人般成长。天津华源公司是国内最大的镀锌丝、包塑丝生产企业，产品主要销往欧、美市场。2008 年销售收入近 10 亿元，金融危机暴发后也一度陷入危机，但 2014 年销售额已经达到 18 亿元，而 2015 年有望突破 20 亿元。主管销售的副总于喜胜说，感觉今年是有史以来形势最好的一年。我县企业与该公司相比形成巨大的反差。

（三）装备落后，产能过剩，转型升级任务艰巨

近年来，尽管国家以及县委、县政府出台一系列扶持企业技术改造政策，我县也出现了一批国内外顶尖设备，但装备水平落后，产业层级低，产能利用率不高，低水平重复建设等问题始终没有从根本上解决。既便是最具优势的滤材滤器核心材料—不锈钢网同样也存在这些问题，全行业主体设备仍沿 20 多年前的 1300 无梭织机，有一部分产自德国、日本的进口设备也是二手产品，加之高档线材受制于人，致使不锈钢密纹网始终与高端产品有很大距离。

受房地产，公路、铁路等基础设施两大经济引擎减速影响，以及一次性能源消费结构变化，电、煤用量减少，吸附着众多人员就业，已形成全国最大规模的护栏网、电焊网、勾花网等产品销量锐减，利润大幅收窄，产能严重过剩。随着科技的进步，生产工艺的优化，部分优势产品也将进入衰退期，几年后将风光不在。如目前已拥有 300 台进口织机，年销售收入超亿元的印刷网行业，由于电脑喷涂的兴起，广告业、陶瓷业、纺织业已逐步淘汰这种介质工艺。据业内专家介绍，预计七年内聚酯印刷网将退出这一领域。

（四）企业家视野不宽，理念不新，严重影响了队伍素质

主要表现在三个方面：

一是用人观。家族式管理盛行，专业人才无位、无为，进不了核心决策层。

二是财富观。只愿作老板，不愿做股东，对现代企业制度不感兴趣，没有危机感。某企业一名优秀业务员每年能给企业拿到4000多万的订单，而老板给她的年薪只有十万元，巨大的利益反差造成人才的流失。

三是发展观。企业家没有从一般性事务中解放出来而精心谋划企业的未来和发展，没有科学的战略目标定位，只靠"内生滚动"，排斥战略投资，拒绝上市融资，延误了企业发展的大好时机。某企业250台1300织机，20年一贯制，设备没有任何更新换代，由于人工成本的大幅攀升，虽能维持生产，每台织机每天只能盈利30元。人工费上升不可逆转，企业如果再不更新设备必死无疑。恰恰我县拥有为数不少的此类企业，并且集中在过去利润较高的不锈钢编织网行业。

（五）产业发展秩序较乱，无序竞争严重

企业对品牌创建的意义认识不足，宁愿花上百万买豪车，不愿花几十万创品牌，全行业至今没有驰名商标和中国名牌。企业间打价格战、无序竞争、偷工减料、掺杂使假、不履行合同、坑害用户，更有甚者几家联合起来"骗贷"。

四、几点应对措施

（一）引进战略投资，推动企业上市，重塑行业龙头

通过对接战略资本和券商培育，使企业尽快建立现代企业制度，尽快制定完善发展战略。以扩股融资拓宽渠道，降低成本，增强企业凝聚力和员工归属感。以精良的设备和过硬的产品，抢占市场制高点，摆脱集群内产品同质化困绕，实现错位竞争。以劳动生产率的提高和品牌效益的释放对冲生产成本，特别是人力成本不可逆转的上升。为形成难以复制的核心竞争力打下坚实的基础。加强与中国贸促会、轻工业联合会、建材联合会、纺织工业联合会、五金制品协会联系，对接京津，力争在京津冀一体化进程中谋上一批大项目、好项目。

（二）科学推进公共服务平台建设

在新型业态不断壮大，实体经济倍受关注，企业竞争日趋激烈，环保压力空前巨大的背景下，要继续完善电子商务、技术研发、质量检测等已有平台。加速创建环保监测预警平台，尽快使河北省环境质量检测中心在安平落地，发挥作用，为产业"导航"，为民生"保驾"。在安平、饶阳、深县丝网经济协作区建设上，要从全局出发，树立一盘棋思想，突出"成本为王，资源共享"的理念，做好"加法和减法"两篇文章，即，有利于降低产业运行成本的事多做，反之，则少做，避免重复建设，劳民伤财，最大限度地降低成本。

（三）抓好以拉丝、表面处理及丝网深加工为重点的产业链建设

针对我县拔丝企业耗能高，效率低，经营分散；表面处理有污染；丝网产业链短，附加值低等问题，借鉴江苏戴南不锈钢产业"统分"结合的成功经验，扶持企业大胆采用智能高效、节能环保设备，实现规模化、集约化、一条龙式生产，彻底改变拔丝企业"处处点火，村村冒烟"，治污难度大，资源消耗高等问题，为产业转型升级赢得时间和空间。目前，江阴生产的辊模六连贯直进式拉丝机已批量生产，关键部件及材料分别从德国、美国引进，生产过程无粉尘、无噪音、节能50%，效率提高五倍。去年曾参加我县丝网博览会。在延伸产业链条上把滤器及总成做为先导产业来抓，优先解决企业占地问题，根据企业需求合理确定占地面积，避免人为划定门槛，让企业把资金真正用在刀刃上；同时，加强"政、产、学、研、用"合作，促进全产业链紧密融合。

（四）大力实施以企业为主体，政府积极推动，全民踊跃参与的"诚信安平"创建工程

围绕激发企业创新活力，优化创新环境，严厉打击各类侵犯知识产权违法行为。对于诚信缺失，造成严重后果的，除追究法律责任外要探索实行"黑名单"制度。要建立工商、工信、商务、宣传、产业等部门参加的联席会议制度，定期通报情况，研判形势，出台措施，让诚信之风吹遍安平大地。

（五）搞好产业调研，为科学决策提供依据

组织专业力量，通过多种渠道对全球丝网产业生产力布局、重点企业、设备状况、生产规模、研发能力、技术水平、工资待遇等进行综合调研，为企业及领导决策提供科学依据。

2014 年浙江义乌线带产业集群发展报告

浙江省义乌市线带行业协会

一、线带产业集群简介

　　义乌是浙江中部地区崛起的一座国际性商贸城市，是中国最具潜力的会展城市，位于浙江金衢盆地东部，东邻宁波港，南接广东、福建，北连上海，距浙江省会城市杭州 120km，总面积 1105km²，总人口 217.4 万，其中外籍常住人口 143 万，是全国百强县市。义乌，以"中国小商品城"这一称号而名扬世界，改革开放 30 多年来，义乌市委市政府创造性地贯彻中央精神和浙江省委省政府的决策部署，积极探索具有浙江特色和义乌特点的发展路子，坚持"兴商建市"发展战略，弘扬"勤耕好学、刚正勇为、诚信包容"的义乌精神，从义乌鸡毛换糖、马路市场起步，繁荣发展小商品市场，积极推进市场化、工业化、城市化，走出了一条独特的区域经济社会持续快速协调、健康发展的成功道路，义乌小商品市场已成为国内外中小企业产品展示、交易、洽谈、信息交流的重要平台，是全球最大的小商品采购基地。

　　近几年，义乌市委、市政府先后出台了一系列扶持纺织产业发展的政策，使纺织产业实现了持续、快速、健康发展。市政府办公室专门设立工业和产业集群管理科，在市经济和信息化委员会成立了行业管理办公室。在机构设置和人力、物力的配备上做到布局完备、专人专责、联系沟通便捷。市政府每年鼓励纺织产业（企业）发展投入巨额资金。70 家金融机构（银行 18 家、证券公司营业部 9 家、保险机构 36 家）对纺织行业的发展也给予了大力支持和保障。

　　研发设计方面，市政府全力投资创办工业设计院、产业创意园，现已投入正常运营；引导规模企业完善层级技术中心（研发中心）、规上企业建立研发中心等，鼓励小企业配备专门的科技和设计人员；在市委、市政府的高度重视下，2008 年组建了"国家日用小商品质量监督检验中心"，中心质量监督检验业务范围覆盖线带、纺织品等七大类，为社会提供委托纺织品的检测、技术分析、技术咨询、质量鉴定、出口产品检验和现场技术服务；义乌市经济和信息化委员会每年组织纺织品行业企业主和专业人员的培训，组织企业主到经济发达地区参观考察学习。

与此同时，物流体系进一步完善，已与全国各大城市之间建立了较为完善的物流体系。"义乌—宁波北仑"海铁联运双向对开处于常态化运行，"义乌新欧"中欧班列全线开通运行，"义乌保税物流中心（B型）"封关运行，"义乌航空口岸"对外开放，义乌编织了一张海、陆、空"三位一体"的国际物流网络，方便快捷的物流网络通达全国各地乃至全世界。义乌海关、民航站和检验检疫等均能为纺织品企业提供方便服务；义乌电子商务广泛普及，无论在纺织品企业还是国际商贸城，都有电子商务平台和网络体系覆盖，业已成为企业的重要营销工具。

二、2014 年产业集群运行的主要情况

为加快义乌工业经济和线带产业集群发展，市委市政府从 2005 年开始狠抓工业园区建设，截止 2014 年度，先后建成国家级经济技术开发区 1 个、省级工业园区 1 个、镇街工业园区 9 个，线带生产企业 95% 以上都集中在经济技术开发区和镇街工业园区。2014 年线带产业集群工业企业 316 家，有各种宝塔绕线机和织带机 25000 多台，其中：宝塔绕线机 5000 多台，织带机 20000 多台，企业从业人员达 22000 多人。年产各种线、带产品产量 26.6250 万吨，实现线带工业总产值 62.1 亿元，比去年同期增长 6.5%；线带工业销售额 60.08 亿元，比去年同期增长 6.3%，其中：出口交货值 4.8 亿美元，比去年同期增长 2.0%；实现利润总额 15.3 亿元，比去年同期增长 3.0%，上交国家税金 4.11 亿元，比去年同期增长 3.0%。其中，2000 万元以上的规模以上线带企业 51 家，实现规模以上线带企业工业总产值 37.26 亿元，比去年同期增长 7.5% 左右；线带工业销产值 36.06 亿元，比去年同期增长 7.3% 左右。

为全力推动全市工业经济转型发展，着力提升工业对全市经济社会发展的支撑能力，深入实施工业强市战略，加快推进工业经济转型升级，2014 年，制定了市委 [2014]17 号文件《关于实施工业强市"五大工程"加快工业转型发展的政策意见》，调整加大了技改贴息扶持政策，对工业企业加大了科技投入和技术改造贴息扶持，线带产业集群 2014 年科技和技术改造投资达 1.2 亿元，达产后可新增线带工业产值 3 亿多元。与

此同时，通过技术改造淘汰了部分落后的宝塔绕线机、织带机和与线带行业配套的印染设备，提升了线带织机和染色设备的先进水平，并且将有配套印染设备、染色工序且染缸规模在 1500km 以下的制线企业，全部整合入园生产，改善了环境，达到了污水处理稳定达标排放，为线带产业集群发展奠定了良好的基础。

三、2014 年线带产业集群面临的市场环境

首先看宏观经济环境。从投资需求看，我国经过 30 多年的快速发展，纺织品传统产业相对饱和，对创新投融资方式提出了新要求。从生产能力和产业组织方式看，过去供给不足是长期困扰我们的一个主要矛盾，现在纺织品传统产业供给能力已大幅超出需求，产业结构必须优化升级。从生产要素相对优势看，过去劳动力成本低是最大优势，现在农村富余劳动力减少，要素的规模驱动力日趋减弱，纺织工业经济增长将更多依靠人力资本质量和技术进步，势必让创新成为驱动纺织工业经济发展新引擎。从消费需求看，过去人民消费有明显的模仿型排浪式特征，现在是个性化、多样化、经济化消费渐成主流。从市场竞争特点看，过去主要是数量扩张和价格竞争，现在正日趋转向质量型、安全型、差异化为主的竞争。从出口和国际收支看，国际金融危机发生前国际市场空间扩张很快，出口成为拉动中国经济快速发展的重要功能，现在全球总需求不振，中国低成本比较优势也发生了变化。从资源环境约束看，过去能源资源和生态环境空间相对较大，现在环境承载能力已经达到上限，严重影响人住环境和人的身体健康，势必推动形成绿色低碳循环发展新方式。从这些趋势性变化说明，我国纺织工业经济发展进入新常态，从高速增长转向中高速增长，纺织工业经济发展方式从规模速度型粗放增长转向质量效率型集约增长，要求在今后的纺织工业经济发展中必须坚持以提高质量和效益为中心。

其次看原材料情况，棉、化纤、染料和能源动力以及工业用水价格上涨，而且不确定性因素增加等。

再次看下游应用市场情况。线、带产品主要供应制造服装、玩具、包装、礼品、圣诞、饰品、酿酒、装饰、汽车等行业，受上述市场环境的影响，迫使线带产业转型升级，向精、新、特、优、专方向发展。

（四）2014 年线带产业集群发展面临的挑战和主要困难

义乌线带产业集群发展既面临发展新机遇，同时也面临着严峻的挑战。当今全球经济下行风险仍然突出，预计主要经济体复苏缓慢，发达经济体经济持续低速，就业状况难以有效改善，失业率居高不下，制约了消费者信心的提高，不确定因素增多；国内经济正处于增长速度换档期，过去由 2 位数目增长现在产生个位数增长，我国纺织工业在长期快速发展的进程中，存在技术、工艺、质量等问题日渐凸显，加之近几年纺织行业产能扩张较快，市场需要增速低于产能扩张速度，集群内缺乏具有核心竞争力的高端优质品牌产品，同质化竞争仍然激烈，原材料、能源和劳动力成本不断上涨，而产品价格基本保持不变等多种因素导致产品净利润下降；与此同时，随着国际军事、政治、信息化、进出口贸易等不确定风险因素增多，产生市场经济波动性大，影响纺织品出口创汇，势必要着力推进线带集群企业转型升级。

线带产业集群面临的主要问题与困难，企业综合成本大幅上升，利润下降，职工工资平均涨幅在 10%~25% 左右，有的企业工资涨幅高达 30% 左右，节能减排的能耗、水耗、污染物排放以及环境治理成本加大等等。

其次，线带产业自主创新总体能力不强，专业人才匮乏，线带产业集群拥有线带生产企业 300 多家，而超亿元以上企业占比较少，并且组建市级以上技术（研发）中心占比不足 20%，高层次线带专业技术人才、产品设计人才、研发创新人才严重缺乏，企业科技基础条件普遍较差，科技经费投入不能满足企业技术创新和新产品、新品种开发的需求。

再次，义乌人多地少，工业用地资源严重不足，在转型升级时期，发展传统的线带产业争取工业用地指标十分困难，而现有租用厂房的线带企业也不愿技术改造扩大生产规模，目前有些企业转移到外地生产，导致产业发展后劲不足，影响线带产业集群健康发展。

五、线带产业集群今后发展的展望和预测

经改革开放 30 多年来，义乌工业经济线带产业发展特点比较明显，优势比较突出，就在义乌国际商贸城占有 1700 个国际标准的线带摊位，从事线带产品销售人员达 6800 多人，2014 年市场销售额达 65 亿元，形成了一定规模，线带产业已成为义

乌工业经济增长的主要动力之一。然而,历经几十年的快速发展后,市场需求形势不断在变,人民的生活方式也在变,如劳动力、土地、能源、环境治理等成本不断上涨,国内外市场需求趋向减缓和有效需求不足,产能过剩和同质化竞争激烈等等,线带产业高速增长时代已很难再现。与此同时,受宏观经济结构调整的影响,预测2015年乃至"十三五"期间线带产业增速会放缓,增速大约在3%~9%之间,力求稳中求进,进中求新,新中求精,精中求强的发展趋势。

2014 年福建尤溪纺织产业集群发展报告

福建省尤溪县纺织行业协会

一、基本情况

自 1987 年我县创办第一家纺织服装企业以来，我县纺织产业经历起步—发展—兴盛三个发展阶段，时间较短，发展速度较快，现已基本形成纺纱—织布—染整—服装（涂层）的产业链和具有地方特色的革基布集群，纺织业成为我县三大支柱产业之一。2009 年我县被中国纺织工业联合会、中国产业用纺织品协会、中国棉纺织协会联合授予"中国革基布名城"集群称誉，2013 年顺利通过复评，这对推进我县纺织产业的发展和壮大意义重大。

近年来，我县以政策推动和产业招商为抓手，在鼓励扶持本地企业做大做强的同时，大力承接沿海发达地区高端纺织企业转移，特别是 2011 年以来引进的总规模 40 万锭的顺源纺织，总规模 50 万锭的隆源纺织，年产 20 万吨锦纶 6 切片的德为聚纤、德坤织染项目，以及年产 12 万吨锦纶 6 切片的鑫森合纤等重大项目，加速了尤溪纺织规模总量的扩张，拓展了我县纺织产业链，产业结构得到进一步调整与优化。

2014 年，我县共有规模以上纺织企业 104 家，累计完成产值 146.53 亿元，同比增长 22.2%，占规模工业总量的 60.4%；累计用电 3.45 亿千瓦时，比增 2.6%，保持逆势增长。

二、主要做法

（一）制订规划，明确发展目标

县委、县政府高度重视纺织产业发展，为进一步明确产业定位、发展目标、工作

125

重点、调整方向、保障措施等，我县专门聘请福建省纺织服装行业协会等专家到我县考察调研，编制《尤溪县纺织工业发展规划（2010~2015 年）》，突出规划引导，防止和杜绝在区域品牌下的低档次盲目扩张和重复建设，使我县纺织业步入有序推进和可持续发展格局。

（二）加大扶持，优化发展环境

为优化纺织业投资发展环境，我县先后制定出台了《关于进一步扶持纺织企业加快发展的若干办法》、《关于进一步扶持工业企业加快发展的若干意见》、《关于扶持工业企业发展贷款贴息实施办法》、《尤溪县工业企业还贷周转金实施办法》和《进一步加快纺织产业转型升级实施方案》等一系列扶持政策，从财政扶持、金融支持、信用担保、降低税费、鼓励创新、企业用工、优化服务等方面对工业企业给予大力支持。去年，我县又出台《纺织企业技术改造专项行动计划》，县财政连续三年每年安排 500 万元资金专项用于纺织企业技术改造，同时还制定了鼓励企业多生产多用电奖励措施，推动纺织产业不断做大做强。

（三）强化招商，培育骨干企业

充分发挥"中国革基布名城"品牌优势，进一步加大纺织行业的招商力度，特别是加大对接福建长乐纺织企业的招商与承接力度，引进一批规模大、产品档次高的龙头骨干企业入驻我县。比如顺源纺织总投资 15.5 亿元，目前已全面投产；隆源纺织总投资 18 亿元，目前一期已投入生产，明年二期将投入生产；由上海金特集团投资建设的德为聚纤、德坤织染，总投资 60 亿元，主要生产导电纤维、锦纶、长丝织造、服装面料等，建成后将成为集"聚合—锦纶—经编花边织物—印染加工—高档面料"于一体的专业化配套、产业化相联的大型纺织企业。

（四）多措并举，加快产业升级

一是加强产学研合作。2010 年以来，我县加强与高等院校、科研院所的对接合作，先后与福建省闽江学院建立教学实践基地、三明市技术职业学院建立技术研发协作，提升纺织企业创新能力。2013 年我县纺织协会与福建省纺织工业技术研究所签署"纺织技术创新服务平台建设合作"协议，组织专家多次到我县"把脉会诊"纺织业，为企业解决生产及产品开发过程中存在的问题，推进我县纺织产业转型升级，提高产业技术水平和新产品的开发能力。

三、存在的主要问题

我县纺织产业发展存在的主要问题有：

（一）创新力量匮乏

多数企业缺乏专业技术人才，没有明确的技术研发目标，对开发具有自主创新的新一代产业用基布产品方向不明。国际上比较先进的紧密纺、喷气纺等新型纺纱技术在我县几乎空白，国内市场高档的精梳纱、高支纱及高支、高密、宽幅织布等高附加值的纺织产品还不能生产，企业缺少核心竞争力。

（二）产品档次较低

目前，我县纺织还主要停留在以生产低档次化纤纱、机织革基布为主的阶段，品种较为单一，技术含量不高，无明显竞争优势。高支纱、精梳纱及针织、无纺革基布比重偏低，产品附加值低，品牌运作能力不足。

（三）企业规模较小

除了顺源纺织、隆源纺织、德为聚纤、鑫森合纤等大项目外，大部分本地纺织企业规模均为纱锭1万~2万锭，气流纺几百头，布机一两百台，规模偏小，与其他发达地区的纺织集群相比，存在较大差距。

（四）资金周转困难

近年来，受全球经济下行趋势以及金融政策影响，我县纺织企业也存在资金周转困难等问题，给企业正常生产经营带来了一定的影响。

四、未来计划

下一步，我县将着重从以下三个方面促进纺织产业发展：

（一）着手规划纺织产业"十三五"规划

进一步调整完善我县纺织产业发展规划，着手编制纺织工业"十三五"发展规划，以市场为导向，以项目为载体，延伸产业链条，完善产业布局，推进产业用布大基地的形成，实现资源最优配置，最大限度地提升我县纺织业竞争优势。力争至2020年，纺织产业总产值突破500亿元。

（二）进一步促进转型升级

继续鼓励有条件的企业加大研发资金投入，建立企业技术开发中心，与国内高等院校、科研院所建立利益共享、风险共担的产学研共同体，积极运用新技术、新工艺改造老企业，促进产业升级。

加大招商力度，承接产业转移。充分利用好招商引资的各种优惠政策，加快开放步伐，营造更为宽松的环境，吸引境内外客商，特别是大企业、知名企业来尤溪投资合作，促进产业结构升级，增强集群发展后劲。

（三）培育龙头企业带动的产业链条

突出纺织业骨干企业龙头作用，重点引导本地纺纱、针织企业与德为聚纤、鑫森合纤等企业对接合作；重点引导本地织造企业与顺源纺织、隆源纺织等纺纱企业对接合作，形成以骨干企业带动，具有地方特色的上、下游产业链条，增强我县纺织产业整体竞争力。

2014 年浙江长兴衬布产业集群发展报告

浙江省长兴县经济和信息化委员会

衬布产业是长兴县的特色主打产业，在全国也占有一席之地，近年来取得了长足发展。长兴县衬布产业链完善，具有一定的差异化和特色化效应。当前产业集群全行业企业共有 562 家，其中仅非织造（衬布）生产企业 88 家，其中，规上企业 29 家，各类生产装备 1497 台套（热轧设备 53 台、纺粘生产线 21 条、水刺生产线 9 条、涂层线 87 条、喷水织机 785 台、经编机 44 台、圆机 41 台、剑杆织机 284 台），产业规模达到 37 亿元以上，产品应用领域涵盖卫生、医药、服装、建筑、包装、家具、农用等，终端产品有湿巾纸、尿不湿、壁纸等。

一、经济运行情况

总体来说，在全县整体工业经济下滑的情况下，衬布产业逆市增长，2014年，全行业实现产值 43.5 亿元，同比增长 16%；实现销售约 40.4 亿元，同比增长 16.6%；实现利税约 4.6 亿元，同比增长 15.6%。长兴县金三发集团是全国非织造布（衬布）行业的龙头企业，近年来，金三发集团改变战略，大量投资非织造布，使其在非织造布方面独占鳌头，共拥有 11 条非织造生产线，年产能大约 5 万吨。2014 年产值超 17.5 亿元，同比增长 19.8%，实现利税 1.45 亿元，同比增长 27.2%。

二、主要设备与技术分析

长兴县衬布产业大量采用热轧非织造布、经编和机织基布，涂层工艺大多采用双点涂层。此外，也有以生产湿巾等卫材为主的非织造布企业。

从纵向工序来看，长兴衬布产业涵盖原材料生产、基布生产、装备制造、涂层加工、终端产品的完整产业链，其中以基布生产和涂层加工为主。共有基布生产企业 51 家，涂层加工企业 40 家，原材料（热熔胶）生产企业 2 家，终端产品（湿巾纸、尿不湿）生产企业 1 家，涂层设备生产企业 1 家。

从横向工艺来看，经编（针织）基布生产企业 7 家，喷水（2 家）、剑杆（1 家）机织基布生产企业 3 家；热轧非织造生产企业 19 家，纺粘 4 家，水刺 2 家，浸渍 1 家；双点涂层加工企业 37 家，粉点涂层 1 家，浆点涂层 1 家。

三、存在的问题

（一）总量规模小

我县衬布产业 2014 年完成规上产值在全国细分行业的占比不到 10%，县内规上纺织行业的 9.4%，全县规上工业总量的 3.5%，产品单打冠军更是不多。

（二）产业层次低

我县衬布产业以普通基布生产和涂层加工为主，产品以普通衬布为主，附加值低、同质化严重，处在价值链的低端。

（三）工艺装备差

除少数纺粘、水刺、湿巾纸生产线外，涂层机、热轧机、分卷机、复合生产线等绝大多数为国产中低端装备。

（四）企业规模小

我县多数衬布企业规模较小，规上企业仅 29 家，除金三发外，其余企业的平均规模不到 2000 万元，"低小散"的现象比较突出。

（五）创新能力弱

多数企业缺乏自主研发设计的能力，产品技术含量低，特别是普遍缺乏专业人才，职工以农村劳动力为主，知识储备不高，技术和人才严重缺乏。

（六）终端产品少

我县衬布产业涵盖原材料生产、基布生产、装备制造、涂层加工、终端产品的相对完整产业链，但生产终端产品的企业不多、产量不大。

四、集群发展的展望和预测。

目前我县正着手开展非织造布（衬布）产业转型升级，相信随着此项工作的深入推进，我县将用3~5年的时间把该产业打造成百亿级现代非织造布 (衬布) 产业集群。

2014 山东惠民绳网产业发展报告

山东省惠民县经济和信息化局

一、基本情况

绳网产业是惠民县民营经济的传统支柱产业，已有近 300 年的历史。经过最近十几年发展，已成为全国最大的化纤安全绳网生产基地。整个产业主要呈现出以下特点。

（一）产业规模不断壮大

全县化纤绳网生产或加工业户已达 6900 个，从业人员 7.3 万人，占全县人口的 11.5%。有一定规模的企业达 580 多家，其中规模以上企业 55 家，占全县规模以上企业总数的 26.5%；绳网织机 3000 余台（套），技术装备水平国内领先。2014 年，各类绳网产量 150 万吨，实现销售收入 150 亿元，利税 15 亿元。

（二）集群辐射能力逐步增强

经过多年的持续发展，化纤绳网产业已由原来的李庄和姜楼两镇辐射到淄角、胡集、清河、辛店、孙武和大年陈等 8 个镇办，占全县 14 个镇办的一半以上。

（三）龙头企业带动作用明显

围绕"壮大传统产业，打造全省特色民营经济园区"的目标，依托李庄、姜楼中小企业孵化园，进一步膨胀骨干企业规模，拉伸产业链条，涌现出了金汇网业、金冠网具、恒迈化纤、波涛化纤等一大批企业规模大、创新能力强、发展前景好的骨干龙头企业，有效带动了产业集群的快速提升。截至目前，年销售收入过亿元企业 6 家、过 5000 万元企业 17 家、过 3000 万元企业 37 家、过 2000 万元企业 55 家，过 1000 万元企业超过了 77 家。

（四）质量管理体系逐步健全

我县高度重视产品质量和品牌建设，致力于打造"惠民绳网"品牌，严格按照国家标准生产依靠过硬的产品质量赢得了客户。现有 55 家全国工业产品生产许可证企业，国际质量体系认证企业 35 家，拥有自营进出口权企业 12 家；注册商标 45 个，其中"安惠"和"金冠"为山东省著名商标，"恒迈"和"金冠"为山东省名牌。

（五）产品结构调整步伐加快

惠民县化纤绳网产品由单一型向多种类、多性能、多用途的系列化方向发展。在原来建筑安全网的基础上，通过不断创新，开发出了防护网、防尘网、运输网、农用网、体育网、休闲网、渔业用网等 24 个系列 200 余种规格的绳网产品，广泛应用于建筑、运输、体育、种植、养殖等行业领域。在品种横向扩展的同时，围绕安全防护用品，产品种类进一步纵向延伸，开发安全带、消防安全绳、攀岩绳等产品，形成系列产品。

（六）自主创新能力显著增强

经过多年的精心培育，部分化纤绳网企业自主研发能力逐步增强，绳网产品制造技术及质量水平进一步提高。目前，我县拥有省市研发服务平台 3 家，市级企业技术中心 2 家，绳网产业专业技术研发人员已达 50 余人，其中，本科以上学历 35 人，研发经费年均超过 500 多万元。分别与东华大学、齐鲁工业大学、山东省塑料工业检测中心建立了长期的战略合作关系，定期对惠民绳网产品进行研发、检验检测、技术指导。同时，依托县企业家俱乐部与中小企业咨询管理中心对企业管理人员进行专题培训，进一步提升研发和管理人员创新能力。

（七）集群服务平台建设日趋完善

一是山东滨州绳网产业集群服务中心已挂牌运营。服务中心主要面向全县绳网中小企业的一站式、专业性、综合性服务平台，旨在完善解决绳网检验检测、电子商务、研究开发、法律咨询、人才培养、投融资咨询、品牌推广、项目对接等企业发展瓶颈。二是中国（李庄）绳网会展中心项目是我县的重点建设项目。该项目主要集研发、展销、网购、物流和服务五大功能。项目建成后，将通过专业市场、会展贸易中心、标准化生产基地、物流配套及相关配套服务等模块建设，依托惠民县优势绳网产业资源打造集产业研发培育、商贸流通、营销服务及相关产业配套服务为一体的综合性产业发展平台。

（八）市场销售区域不断拓展

惠民化纤绳网在全国的市场占有率越来越高，截至目前，国内各大城市均设立了办事处和代理机构。同时，我县还积极开拓国际市场，在美国和中东设立办事处2家，并重点出口到德国、日本、阿联酋、意大利、美国等20多个国家和地区。据统计，全县销售队伍达6600余人，市场份额占全省的90%以上，占全国的70%以上。

（九）产业社会效益显著提升

化纤绳网产业已成为我县民营经济的传统支柱产业之一，财政贡献占到全县的五分之一，其中李庄镇、姜楼镇有80%的税源和当地群众80%的收入来源于绳网加工业。李庄镇绳网园区占地面积15km^2，园区内注册企业360家，就业人员29000余人，其中农村富余劳动力28000余人，安置下岗失业人员500余人，大中专毕业生500余人。姜楼镇绳网园区占地面积10平方公里，园区内注册企业210家，就业人员22000余人，其中农村富余劳动力21300余人，安置下岗失业人员400余人、大中专毕业生300余人。

（十）组织机构逐步健全

成立了惠民县塑料安全绳网产业领导小组，县中小企业办公室具体负责塑料安全绳网产业的指导协调工作，有关镇办均设立了绳网产业办公室，分管经济的副科级领导兼任办公室主任。县政府出台了《惠民县塑料安全绳网产业"十二五"专项规划》，按照转方式、调结构要求，在扶持政策、工作措施、领导精力等方面予以重点倾斜和支持，有效促进了绳网产业的发展。

二、主要做法

（一）不断强化组织领导

我县历来高度重视化纤绳网产业发展，县委、县政府主要领导定期调度，积极围绕产业招商引资，将其列入全县优先发展的"八大产业"之一加以重点培育，将化纤绳网主产区李庄镇、姜楼镇各作为全县四大经济板块之一进行提升，并成立产业领导小组和行业协会，聘请专家编制产业发展规划，出台专门的产业政策和考核办法，各有关镇（办）也设立了绳网产业办公室，有效调动了化纤绳网企业发展的积极性。

（二）努力推动集群发展

全面提升李庄、姜楼化纤绳网园区标准，大力开展李庄镇中小企业孵化器、姜楼镇创业辅导基地建设，积极打造沿 220 国道的绳网经济隆起带，不断鼓励绳网企业由村进园、离乡进园，推动化纤绳网企业实现了"抱团"发展、集约化发展。同时，立足拉长产业链条，积极培育行业龙头骨干企业，开展产业招商。其中，凯力机械制造公司填补了我省在绳网机械制造领域的空白。

（三）逐步破解融资难题

积极开展政银企对接活动，狠抓授信评级工作，不断拓展绳网企业的融资渠道。针对绳网企业规模较小、可抵押资源较少的现实，创新金融服务模式。成立了绳网业工银商友俱乐部，政府主导的绳网产业基金，为企业融资搭建桥梁，解决了绳网产业企业发展资金困难。

（四）全面夯实质量基础

有关部门积极帮助建立绳网质量保证体系，所有企业均实现持营业执照合法经营，国家实施生产许可证管理的安全网、密目式安全立网持证企业达 55 家，产品标准覆盖率达到 96% 以上。在区域专项整治基础上，建立化纤绳网产品质量监督检查机制，定期抽查绳网质量，严厉查处不合格企业，并积极通过司法途径，查处盗用、冒用我县绳网品牌的产品。

（五）持续创优发展环境

多年来，当地政府、中小企业主管部门通过多种形式的培训、现场演练、技术操作等做法，积极开展了面向绳网产业的各类培训，有效提升了职工素质。坚持安全生产，狠抓企业安全生产设施建设，并在李庄镇成立了消防中队，组建了应急分队，配备了消防车、消防栓等防火器材，为企业生产提供了安全的环境。

（六）积极加强品牌宣传

采取政府牵头、企业参与的形式，举办绳网产业论坛和推介会 70 余次，参加广州中博会 8 次、广交会 10 次，有效宣传了惠民绳网。绳网企业也积极利用网络开展宣传，500 余家企业建立了自己的网站或网页，100 余家企业实现了电子商务交易。同时，每年都邀请省市有关专家进行产业论证、诊断，有效推动了惠民绳网产业知名度的稳步提高。先后荣获"山东省塑料绳网产业基地"、省级产业集群、"中国塑料绳网之都惠民"等荣誉称号。荣誉称号的获得进一步放大了我县的绳网产业优势，提高了惠民在全国的影响力和知名度。

总体看，我县化纤绳网产业虽然有了长足发展，产业链条延伸及产品结构调整也有了可喜变化，但仍存在一些不容忽视的问题亟需解决。一是集群发展的整体水平有待进一步提高；二是自主创新能力还需加强；三是公共技术服务平台建设有待提升，社会化服务体系建设亟待完善。

三、下一步重点工作与措施

"十三五"期间，我县将抢抓"一路一带"建设、黄河三角洲开发、国家省市促进中小企业发展的战略机遇，以产业结构调整为主线，以科技创新、品牌建设为重点，推动资源整合，延伸产业链条，建设服务平台，促进化纤绳网产业做精、做优、做强，努力打造全国独具特色的产业集群。力争有一定规模的绳网企业达到 800 家，绳网织机达到 5000 台（套），总产量、主营业务收入、利税分别达到 200 万吨、200 亿元、20 亿元。

（一）建立完善公共服务平台

一是加快建设中国（李庄）绳网会展中心。化纤绳网产业建设大市场的条件已经成熟，整合现有绳网资源，将中国（李庄）绳网会展中心项目尽快建设成一个集展销、批发、仓储和服务等相配套的大市场。二是发挥山东滨州绳网产业集群服务中心作用，增强公共服务平台能力，全面跟踪行业前沿技术和新兴领域市场发展趋势。

（二）积极培育骨干企业

以金冠网具公司等企业为重点，分梯队培育 30 家骨干企业。金冠网具、波涛化纤、恒迈公司为第一梯队，安惠集团、金汇网业、黄河网厂、鲁鹏化纤、茂盛化纤为第二梯队，红牛网业、合力劳保、巨成公司、和信集团、恒顺公司等 22 家企业为第三梯队。通过梯次培育，进一步壮大产业整体水平。

（三）加快发展重点产品

加快建立与高校、科研院所合作的产学研联合体，形成以市场为导向的研究开发体系和开放式的产学研合作机制，积极与国内高校、科研机构开展多层次、多方位的技术合作，建立起紧密的"产学研"合作体系。根据国内外经济发展态势，重点发展安全网、防尘网、养殖网、遮阳网、防鸟网、火车网、安全带、运输网、橄榄网、高空软梯、涤纶长丝和土工格栅等12类产品。开发包括游艇绳、水上救生包、安全绳、消防绳、深海探测、深海捕捞、高楼逃生及火场逃生等中高端产品。形成核心竞争力，逐步在专利、标准、品牌及技术方面占有强大优势，为占领国际高端市场奠定基础。

（四）大力拓展两个市场

一是拓展国际市场。重点帮扶合力、金冠、安惠、黄河、金汇、波涛7家企业积极开拓国际市场，鼓励其他绳网企业积极办理自营进出口权证，扩大外贸出口，提高产业外向度。

二是拓展新兴市场。鼓励胜利加固、久安塑化、兴华劳保、龙峰网业等绳网企业重点向铁路运输、水利交通工程，休闲装饰和保安防护产品等新兴市场领域发展，在巩固现有市场份额的基础上，做到异军突起，后来居上。

（五）提升研发创新水平

一是成立研发机构。以企业为主体，选择5~10家基础好、规模大的企业作为试点。由县、镇两级财政给予一定配套资金，通过内引外联，引进一批技术研发人才。根据市场需求，制定出近远期的研发目标，长期从事新产品研发工作，主动引领市场消费。

二是健全完善姜楼和李庄两镇绳网产业孵化器。进一步完善健全两镇创业辅导基地服务体系，了解掌握创业辅导基地存在的困难和问题，积极帮助研究对策。发挥两镇创业辅导中心作用，创新工作方法，着重在中小企业的传统产业提升方面开展工作。

（六）推进信息化与产业化融合

加强企业信息化建设,积极研究和推广适合化纤绳网产业的生产流程和管理要求。突出抓好信息技术与化纤绳网产品设计、制造过程、经营管理、流通体系、人才培训等方面的融合。加强绳网网站建设，大力开展应用电子商务，提升行业服务水平。

（七）强化人才队伍建设

完善用人机制，加强管理人才、研发人才、市场营销人才等引进，进一步带动产业提升。鼓励符合条件的人员参加质量专业技术人员资格考试，使高级质量工程师、质量工程师等质量管理专业技术资格人员的人数占管理人员总人数的 10% 以上。与相关高校合作，通过设立专项奖学金、提供人才培训和实践基地等办法方式，为绳网企业量身打造实用型人才。

（八）加强绳网行业自律

通过政府引导，充分发挥行业协会职能，有效开展行业发展自律、生产自律和营销自律。通过发展自律积极引导企业投资走向，避免盲目发展；通过生产自律监督企业规范、安全生产、避免不规范产品扰乱市场秩序；通过营销自律监控国内与国际市场低价竞销、无序竞争和恶性竞争。

第三章　相关产业

- 2014 年中国化纤行业运行分析与 2015 年运行预测

- 2014 年纺织机械行业经济运行报告（节选）

- 2014 年中国玻璃纤维／复合材料行业经济运行分析

2014 年中国化纤行业运行分析与 2015 年运行预测

中国化学纤维工业协会

2014 年，在"新常态"下，我国化纤行业运行也出现了一些新的特征：化纤产量增长速度继续放缓，化纤市场价格下行、库存增加；企业在困境中求生存，生产经营更加理性，主动控制生产负荷，投资意愿下降；行业积极适应"新常态"，进一步深化结构调整，加大研发和品牌推广的力度。在全行业的共同努力下，行业运行态势总体平稳，经济效益有所回升。

一、2014 年化纤行业运行情况

（一）生产

据国家统计局统计（表 1），2014 年化纤产量继续保持增长，全年共完成产量4389.75 万吨，同比增长 5.5%，比 2013 年下降 2.4 个百分点，与我们年初的预测基本吻合。

表 1 2014 年化纤行业生产情况

	2014 年（万吨）	同比（%）	2013 年增速（%）
化学纤维	4389.75	5.50	7.90
人造纤维	372.29	- 2.81	17.07
其中：粘胶短纤	309.67	0.62	20.73
粘胶长丝	24.09	- 9.97	- 10.05
合成纤维	4017.46	6.20	7.02
其中：涤 纶	3565.80	6.48	6.64
涤纶短纤	930.67	944.36	- 1.45
涤纶长丝	2635.12	2404.43	9.59

锦　纶	259.16	10.21	12.44
腈　纶	67.57	－2.69	0.43
维　纶	11.07	9.75	15.83
丙　纶	26.70	－0.83	－3.02
氨　纶	49.30	9.50	27.31

数据来源：国家统计局

和前几年相比（图1），化纤产量增长速度继续回落，和GDP增速变化的走势基本保持一致，但降速快于GDP，说明一方面宏观经济降速影响了对化纤产品的需求，一方面行业确实存在阶段性和结构性的产能过剩。

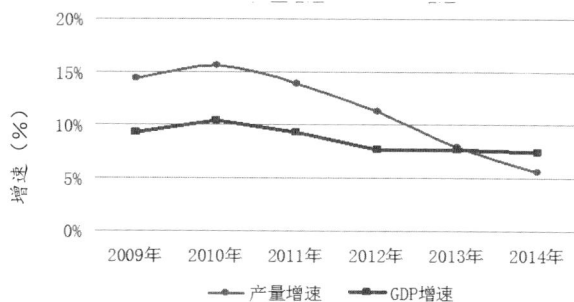

图1 2009年以来化纤产量增速与GDP增速变化

数据来源：国家统计局

分月来看（图2），上半年化纤产量增速逐月提高，从1~2月份的0.86%提高到1~6月份的7.52%，下半年呈现回落趋势，特别是7、8月份的淡季表现比较明显，全年增速为5.5%。

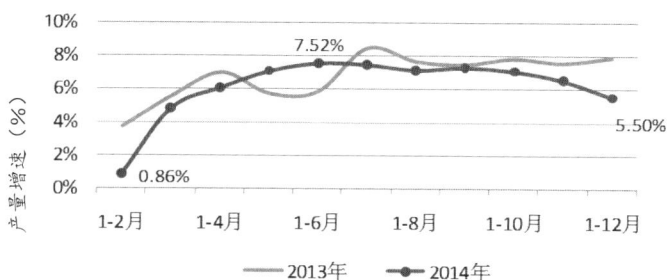

图2 2014年化纤产量增速与2013年对比

数据来源：国家统计局

从行业开工率来看（图3），2014年化纤主要子行业的开工负荷分化明显。表现最好的是氨纶行业，全年平均保持在90%以上的高负荷运行；粘胶长丝和粘胶短纤的开工率基本也位于80%以上；涤纶短纤和锦纶行业相对较差；涤纶长丝受供需面变化的影响，开工率波动较大，在春节和7月底时出现两个底部，春节期间的调整比往年都要深，7、8月份由于淡季需求减弱而造成的开工率下调幅度也比较大，最低降至65%，8月份开工率逐步提升，四季度基本恢复到正常水平。涤纶切片纺企业开工率仅3~5成。

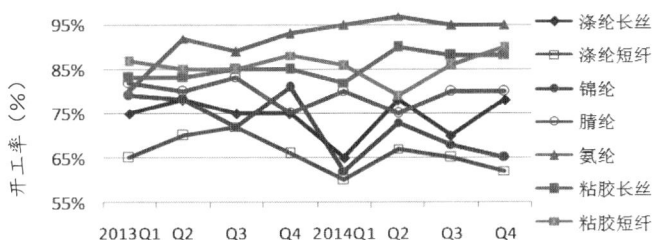

图3 2013~2014年化纤主要子行业开工情况

数据来源：中国化学纤维工业协会

（二）市场

2014年化纤市场需求较为平淡，化纤产品价格上半年相对平稳，受棉价和市场需求不旺的影响有一定下跌，下半年随着石油价格的大跌，涤纶、锦纶、氨纶等石油链化纤产品价格也出现了大幅下跌，粘胶短纤价格也受原辅料成本下降和棉花价格下跌的影响而弱势下行。粘胶长丝和腈纶由于供需相对平衡，加上行业自律，价格走势相对平稳（图4~图9）。

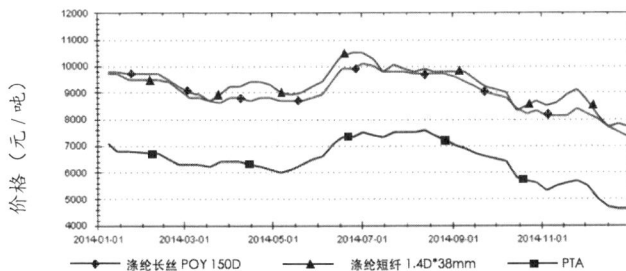

图4 2014年涤纶长丝、涤纶短纤与PTA价格走势图

数据来源：中纤网

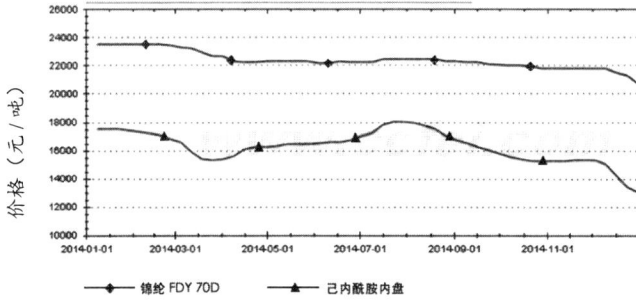

图 5 2014 年锦纶与 CPL 价格走势图

数据来源：中纤网

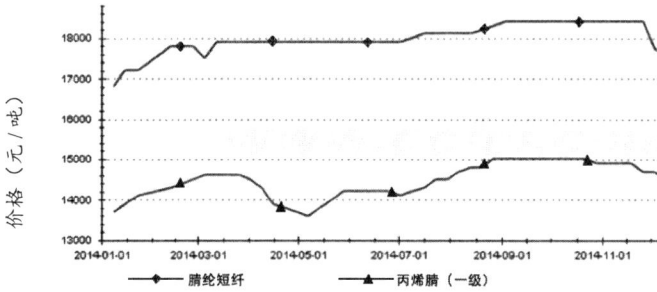

图 6 2014 年腈纶与 AN 价格走势图

数据来源：中纤网

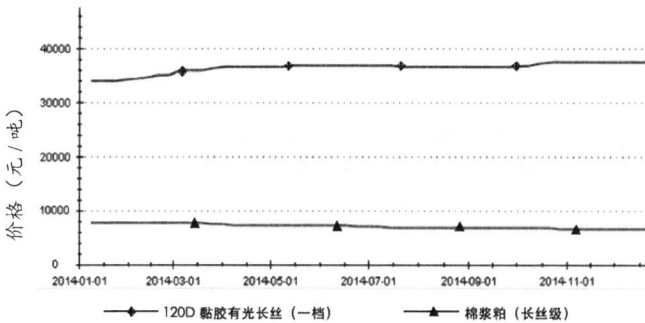

图 7 2014 年粘胶长丝与长丝级棉浆价格走势图

数据来源：中纤网

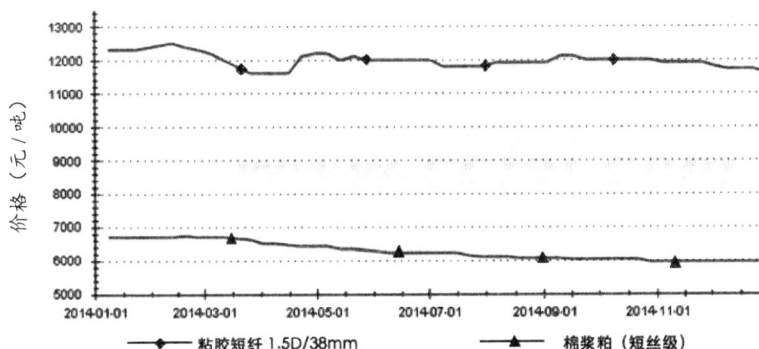

图 8　2014 年粘短纤与短纤级棉浆价格走势图

数据来源：中纤网

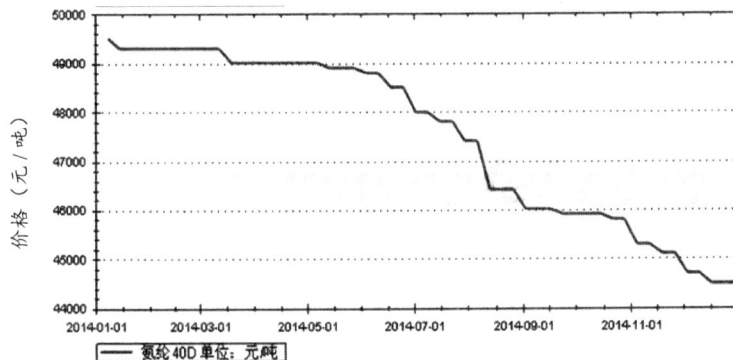

图 9　2014 年氨纶价格走势图

数据来源：中纤网

2014 年，除粘胶长丝外，化纤主要产品价格出现不同程度的下跌，涤纶短纤跌幅最大，达 25.51%，涤纶 POY 跌幅也达 20.62%，锦纶 FDY 和氨纶 40D 产品价格跌幅在 10% 左右，粘胶短纤下跌 5.69%，腈纶由于供需平稳，价格变化不大。和原料价格变化相比，除腈纶外，其他化纤产品价格跌幅均小于原料，因此加工区间有所放大。但在价格下跌通道时，会造成原料和产品的库存跌价损失，影响企业利润的放大（表 2）。

表2 2014年化纤主要产品价格变化表

	单位	年初	年末	涨幅
PX	美元/吨	1418	848	－40.20%
PTA	元/吨	7420	4610	－37.87%
涤纶POY 150D	元/吨	9700	7700	－20.62%
涤纶短纤 1.4D×38mm	元/吨	9800	7300	－25.51%
CPL	元/吨	17600	12900	－26.70%
锦纶切片	元/吨	19400	14850	－23.45%
锦纶FDY 70D	元/吨	23500	20700	－11.91%
AN	元/吨	13300	14000	5.26%
腈纶短纤	元/吨	16800	16700	－0.60%
棉浆	元/吨	6700	6000	－10.45%
粘胶长丝 120D 一档	元/吨	34000	37500	10.29%
粘胶短纤 1.5D×38mm	元/吨	12300	11600	－5.69%
PTMEG	元/吨	25800	20600	－20.16%
氨纶 40D	元/吨	49500	44500	－10.10%

数据来源：中纤网

（三）库存

3、4月份的春季旺季是化纤产品去库存化的过程。涤纶长丝和涤纶短纤在3月份去库存很成功，到6月底库存处于正常偏低水平，7、8月份淡季上升明显，9、10月份再次回落；锦纶库存持续处于高位，9月之后才略微有所下降；氨纶行业虽然整体运行不错，但由于一直保持较高开工率，因此库存上升明显，应当引起警惕（表3）。

表3 化纤主要产品月末库存天数变化

单位：天

	1月	2月	3月	4月	5月	6月	7月	8月	9月	10月	11月	12月
涤长POY	14	25	30	17	18	16	15	15	15	16	16	15
涤长DTY	29	36	35	25	25	26	26	27	27	26	25	24
涤长FDY	18	26	29	15	16	17	16	18	21	24	21	18
涤短	10	18	21	17	19	19	17	15	20	26	20	12
锦纶	18	26	30	32	31	31	31	33	35	36	37	36
腈纶	7	10	10	14	15	15	15	14	10	9	9	10
氨纶	31	36	23	17	18	19	16	10	14	15	19	21
粘长	76	82	77	80	82	84	84	85	82	81	78	80
粘短	4	5	17	14	13	13	12	13	15	16	15	20

数据来源：中国化学纤维工业协会

（四）进出口

2014 年，共进口化纤 82.21 万吨，同比减少 5.68%，虽然下降，但降幅不大（可能与出口复进口的贸易方式有关）。分品种看，粘胶短纤进口量超过腈纶，成为最大进口品种，进口量 17.12 万吨，同比增加 8.72%，占化纤进口总量的 20.82%，分析显示主要是来自奥地利和印度的莫代尔纤维进口量增加；腈纶进口受反倾销申诉消息的影响大幅减少 25.22%，结束了自 2005 年以来进口量始终保持第一的历史（表4）。

表 4　2014 年化纤产品进口情况

	进口数量			进口金额		
	2014 年（万吨）	去年同期（万吨）	同比（%）	2014 年（亿美元）	去年同期（亿美元）	同比（%）
化学纤维	82.21	87.17	－ 5.68	29.94	32.09	－ 6.71
其中：涤纶长丝	10.76	11.02	－ 2.31	3.20	3.54	－ 9.73
涤纶短纤	13.25	12.85	3.15	2.40	2.42	－ 0.60
锦纶长丝	14.00	16.16	－ 13.35	5.89	6.79	－ 13.17
腈纶	15.86	21.21	－ 25.22	5.20	6.68	－ 22.09
粘胶长丝	0.66	0.87	－ 25.07	0.59	0.74	－ 20.35
粘胶短纤	17.12	15.74	8.72	4.13	4.27	－ 3.32
氨纶	2.46	2.02	21.82	2.23	2.03	9.99

数据来源：海关总署

2014 年，化纤出口 324.59 万吨，是进口量的 4 倍，同比增长 21.13%，比 2013 年增速提高 12.56 个百分点。化纤出口市场以土耳其、巴基斯坦、美国、越南和印度尼西亚为主，对美出口占我国化纤出口比重依然保持在 10% 左右，对土耳其、巴基斯坦、越南、印尼等国出口量继续增长，说明这些新兴国家的纺织产业快速发展加大了对化纤的需求。在全球经济弱复苏的情况下，我国化纤出口能取得这样的成绩，反映出我国化纤产品的开发能力在提高、国际竞争力进一步提升。分品种看，涤纶长丝出口 157.33 万吨，占化纤出口总量的 48.47%；涤纶短纤出口 89.1 万吨，占 27.45%；粘胶短纤出口量大幅增长 45.6%；腈纶出口市场取得明显突破，出口量近 2 万吨，比 2013 年翻了一番（表 5）。

表 5　2014 年化纤产品出口情况

	出口数量			出口金额		
	2014 年 （万吨）	去年同期 （万吨）	同比 （%）	2014 年 （亿美元）	去年同期 （亿美元）	同比 （%）
化学纤维	324.59	267.97	21.13	68.98	62.33	10.65
其中：涤纶长丝	157.33	129.22	21.75	28.39	25.18	12.76
涤纶短纤	89.10	73.37	21.43	11.32	10.14	11.60
锦纶长丝	14.81	13.66	8.44	5.99	5.62	6.48
腈纶	1.93	0.94	105.76	0.52	0.31	66.88
粘胶长丝	8.60	8.19	5.06	4.86	4.84	0.28
粘胶短纤	26.30	18.06	45.60	4.55	3.53	29.05
氨纶	4.55	4.67	－ 2.69	3.17	3.30	－ 3.87

数据来源：海关总署

（五）投资

2014 年，化纤制造业新开工项目数同比减少 4.53%，是 2009 年之后再一次出现负增长。实际完成投资 1081.16 亿元，同比增长 4.92%，增速比 2013 年回落 11.73 个百分点，比 2012 年回落 15.42 个百分点。其中，涤纶行业新开工项目数和实际完成投资额同比均出现明显下降，说明行业投资热潮正在悄然消退（表 6）。

表 6　2014 年化纤行业固定资产投资情况

	新开工项 目数	同比 （%）	实际完成投资 额（亿元）	同比 （%）	2013 年增速 （%）
化学纤维制造业	654	－ 4.53	1081.16	4.92	16.65
纤维素纤维原料及纤维制造	153	－ 12.07	209.07	－ 6.79	17.38
化纤浆粕制造	23	－ 25.81	31.06	－ 36.95	62.63
人造纤维制造	130	－ 9.09	178.01	1.70	8.85
合成纤维制造	501	－ 1.96	872.09	8.18	16.45
锦纶制造	44	－ 29.03	161.20	42.82	28.18
涤纶制造	167	－ 16.50	316.88	－ 13.51	14.00
腈纶制造	10	66.67	12.33	234.55	－ 32.68
维纶制造	8	－ 11.11	45.07	149.60	54.08
丙纶制造	13	－ 38.10	21.99	8.84	－ 17.73
氨纶制造	33	50.00	48.57	20.64	54.55
其他合成纤维制造	226	18.32	266.06	8.73	13.79

数据来源：国家统计局

（六）质效

国家统计局数据显示（表 7），2014 年化纤行业工业增加值增长速度为 8.5%。化纤行业实现利润总额 277.3 亿元，同比增长 11.21%。行业亏损面 18.01%，同比提高 0.63 个百分点，并且亏损企业亏损额同比增加 9.46%。说明行业内企业盈利能力两极分化态势明显。

分行业看，涤纶行业实现利润总额 104.09 亿元，同比增加 10.64%，增速提高 13.71 个百分点；氨纶行业效益继续增长，但增幅明显回落；人造纤维盈利主要表现在醋酸纤维，实际上粘胶纤维行业运行比较困难。

从行业实际感受来看要困难许多，我们分析主要是 PTA 因素所造成。去年是有史以来 PTA 行业最困难的一年，按国家统计局归类，PTA 不在化纤行业，而在现实中又多数在化纤企业生产，因而导致生产在化纤行业、亏在石化行业的局面。

表 7 2014 年化纤行业经济效益情况

	利润总额			亏损企业亏损额		
	2014 年（亿元）	去年同期（亿元）	同比（%）	2014 年（亿元）	去年同期（亿元）	同比（%）
化纤	277.30	249.34	11.21	49.80	45.50	9.46
其中：人造纤维	83.26	81.89	1.67	12.42	11.30	9.92
锦纶	40.10	38.93	3.00	3.70	2.22	66.54
涤纶	104.09	94.08	10.64	25.64	21.60	18.72
腈纶	－ 0.95	－ 1.47	—	1.59	2.13	－ 25.49
维纶	2.40	－ 0.15	—	0.45	0.88	－ 48.73
丙纶	2.54	2.81	－ 9.80	0.34	0.23	48.14
氨纶	26.17	18.52	41.30	0.78	1.45	－ 45.80
其他合成纤维制造	12.09	10.22	18.25	1.80	1.62	10.73

数据来源：国家统计局

从化纤行业运行质量来看（表 8）：行业平均负债水平有所下降，偿债能力略有提高；资金使用效率与 2013 年相当；盈利能力有所提高，主营业务利润率为 3.85%，同比略微提高 0.27 个百分点；发展能力增长放缓；百元销售收入三项费用均有不同程度的增加。

表 8 2014 年化纤行业运行质量情况

	项目	2014 年	去年同期	同比
偿债能力指标	资产负债率（%）	61.87	63.53	－ 1.65
	产权比率（%）	162.28	174.18	－ 11.90
	已获利息倍数	3.21	3.09	0.12
营运能力指标	应收账款周转率（次）	15.02	16.28	－ 1.26
	产成品周转率（次）	17.39	16.12	1.26
	流动资产周转率（次）	2.31	2.26	0.05
	总资产周转率（次）	1.12	1.14	－ 0.02
盈利能力指标	主营业务利润率（%）	3.85	3.58	0.27
	成本费用利润率（%）	3.99	3.69	0.30
	总资产报酬率（%）	5.59	5.36	0.23
	净资产收益率（%）	11.27	11.15	0.12
发展能力指标	销售增长率（%）	3.46	8.46	－ 5.00
	总资产增长率（%）	5.23	10.13	－ 4.90
百元销售收入三项费用	销售费用（元／百元）	1.0385	0.9667	7.42
	管理费用（元／百元）	2.4615	2.2746	8.22
	财务费用（元／百元）	1.8001	1.5998	12.52

数据来源：国家统计局

近十年来，化纤行业利润率有很大波动（图 10），2010 年是行业效益最好的一年，利润率高达 7.16%。自 2012 年开始，在中国经济的"三期叠加"作用下，化纤行业也进入了调整期，可喜的是近三年来行业利润率在逐渐恢复，2014 年 3.85% 的利润率水平基本达到十年来的平均水平，这是行业努力提质增效的结果。

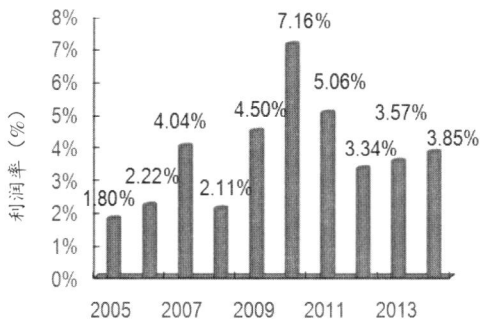

图 10 2005~2014 年化纤行业利润率

数据来源：国家统计局

二、关注的几个问题

（一）新增产能

2014 年，行业投资热潮逐渐消退，部分项目建设计划推迟或取消，也有部分项目虽已建成，但根据市场情况并未释放全部产能。初步统计，2014 年聚酯新增产能 348 万吨，仅占年初统计的计划投产项目的一半，其中，薄膜 50 万吨，瓶片 30 万吨，新增涤纶产能 246 万吨。预计 2015 年，计划投产的聚酯涤纶项目有 340 万吨，大部分是从 2014 年延迟建设或投产的，根据实际情况，估计约 50% 的产能可以实际达产。

（二）原油价格大幅下跌

2014 年国际原油市场受多重因素影响，出现暴跌（图 11）。2014 年底 WTI 油价跌至 55 美元 / 桶，比 6 月高点几近腰斩，相关石化产品受此拖累，价格也一路下滑。合成纤维原料失去成本支撑，价格也大幅下跌。

2015 年影响油价的因素依然集中在供需基本面、金融属性、地缘政治等。供应面可能继续保持宽松，OPEC 减产可能性不大，需求或许随着全球经济的弱复苏而有所改善，但仍难达到供需平衡。美元仍可能维持强势格局。预计 2015 年油价可能呈先抑后扬的走势，上半年将继续下探寻底，当低价格把美国页岩油公司逼至破产减产，或者地缘政治危机出现转机，原油市场才有反弹机会。

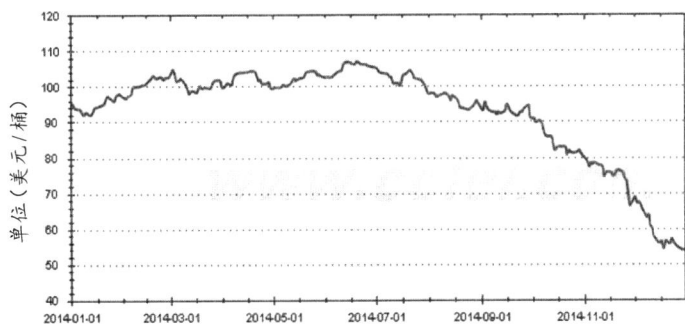

图 11 2014 年 WTI 原油价格走势图

数据来源：中纤网

（三）短纤与棉价差缩小

受国内棉花政策调整的影响，国内棉价大幅下跌，与涤纶短纤和粘胶短纤价差不断缩小，形成一定的价格比较优势，对化纤短纤的市场用量会产生一定影响（图12）。

但棉价放开后，对于我国纺织工业整体竞争力的提升是重大利好，从长远看化纤行业也将受益于纺织行业的整体进步。

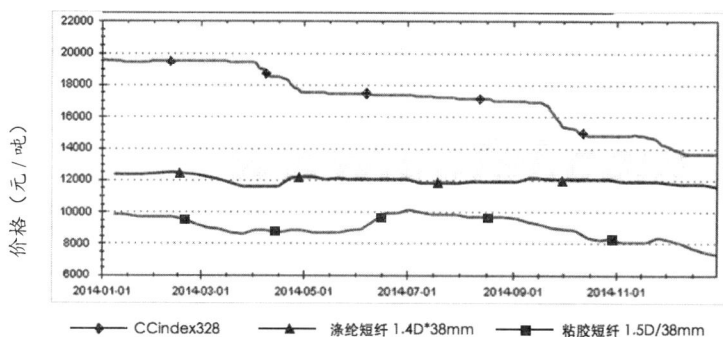

图 12 2014 年涤纶短纤、粘胶短纤与棉花价格走势图

数据来源：中纤网

（四）重组和退出

2014 年，依靠市场调节和行业引导，资本市场出现了同行业间、上下游产业链间的资产流动和重组，化纤行业并购重组取得进展。同时，PTA 行业开启淘汰落后产能序幕，天津石化、洛阳石化等四家国有企业的 PTA 装置，由于设备陈旧、单线产能小，加工成本高，与业内其他企业相比没有竞争优势，已分别于 2014 年下半年开始停产，进入落后产能淘汰阶段。

（五）产品开发和品牌建设

2014 年，由工信部和化纤协会推动的"纤维流行趋势发布"取得实质成效，入围产品平均销售利润率超过 18%，是行业产品平均销售利润率的 4.8 倍。在"纤维流行趋势发布"的带动下，预计行业内将有更多企业将注意力从扩能转移到新产品开发和品牌建设。

三、2015 年化纤行业运行预测

（一）宏观经济形势和纺织化纤行业走势判断

世界经济仍处于国际金融危机后的深度调整期，2015 年增速可能略有回升，但总体复苏疲弱的态势难以明显改观。美国经济复苏的势头较为强劲，明显好于欧日等其他发达经济体，新兴经济体的潜在增长率也可能出现下降。联合国和 IMF 分别预计 2015 年世界经济增长为 3.1% 和 3.8%，均比 2014 年提高 0.5 个点。

2015 年，是中国实施"十二五"规划的收官之年，是承接"十三五"创新发展的关键之年，也是中国大改革和大调整全面推进的一年，中国继续处于经济增长速度换挡期、结构调整阵痛期和前期刺激政策消化期"三期叠加"之时，中国经济发展也将延续新常态模式。中国经济下行压力依然较大，但是随着稳增长再次成为政府经济工作的首要任务，GDP 仍有希望保持在 7% 以上。

从纺织行业来看，部分纺织服装产品全额退税、棉花市场相对平稳等，有利于纺织行业提高竞争力，预期 2015 年纺织行业运行将保持平稳增长的发展态势。

化纤行业在运行发展中，要主动把握和积极适应经济发展新常态，着重引导化解产能过剩，优化存量、控制增量、拓展应用；继续做好行业自律工作，保障行业平稳运行；节能减排压力仍然突出，行业要大力推广节能减排先进技术，色丝也要抓住发展机遇；加快推动兼并重组，提升集中度，加快落后产能退出。

（二）化纤行业运行具体预测

根据上述判断，2015 年全球经济将继续保持弱复苏态势，中国经济保持中高速平稳增长，将为化纤行业创造平稳运行的宏观环境。纺织行业平稳运行使化纤需求有望好转。国际油价可能前抑后扬，化纤产品价格可能随之反弹，但 PTA 过剩局面难改，仍需要依靠减产来稳定市场，加上聚酯涤纶新增产能的压力，预计涤纶产品反弹力度不大。化纤行业整体运行略好于 2014 年。

预计 2015 年化纤产量 4600 万吨，增长 5% 左右；利润总额比上年有所增长，运行质量有所好转。

（撰稿人：端小平 吴文静）

2014 年纺织机械行业经济运行报告（节选）

中国纺织机械协会

一、纺织机械行业运行情况

据国家统计局数据显示，2014 年，纺机行业实现主营业务收入 1147.10 亿元，同比增长 2.37%；实现利润总额为 72.36 亿元，同比减少 6.92 亿元；进出口总额增长 4.42%，其中进口同比下降 7.69%，出口同比增长 24.64%。固定资产投资同比下降 4.57%，其中，新开工项目数量同比下降 10.37%，纺织机械行业整体运行呈现微弱增长的态势。

（一）行业基本情况

1. 行业规模（表 1）

2014 年，纺机行业实现主营业务收入 1147.10 亿元，同比增长 2.37%；资产总额为 1011.38 亿元，同比增长 7.91%；企业数为 720 户。

表 1　纺织机械行业规模

时序	企业户数（户）	主营业务收入（万元）	同比（%）	资产总额（万元）	同比（%）
2012 年 1~12 月	726	10933732	4.34	8562967	4.63
2013 年 1~12 月	720	11205182	2.48	9372594	9.45
2014 年 1~12 月	720	11471022	2.37	10113755	7.91

2. 成本费用结构（表 2）

2014 年，纺机行业成本费用总额为 1073.22 亿元，同比增长 3.08%，其中，主营业务成本 966.56 亿元，同比增长 3.20%，主营业务成本占成本费用总额的比重为 90.06%；营业费用为 32.51 亿元，同比增长 5.30%，营业费用占成本费用总额的比重为 3.03%；管理费用为 62.13 亿元，同比增长 0.55%，管理费用占成本费用总额的比重为 5.79%；财务费用为 12.02 亿元，同比增长 1.63%，财务费用占成本费用总额的比重为 1.12%。

表 2 纺织机械行业费用结构

时序	成本费用总和（万元）	同比（%）	主营业务成本（万元）	营业费用（万元）	管理费用（万元）	财务费用（万元）
2012 年 1~12 月	10176931	4.95	9175634	297008	583091	121198
2013 年 1~12 月	10411183	2.30	9366255	308728	617916	118284
2014 年 1~12 月	10732167	3.08	9665578	325095	621287	120207

3. 盈利情况（表3）

2014 年，纺机行业实现利润总额为 72.36 亿元，同比减少 6.92 亿元；亏损企业亏损额为 6.90 亿元，同比增长 49.34%；亏损面为 13.47%，其中：天津市、河北省、广东省、上海市、河南省、广东省等地区亏损额的同比增幅高于行业平均水平。

表 3 纺织机械行业盈利情况

时序	利润总额（万元）	同比增减（%）	亏损额（万元）	同比增减（%）	亏损面（%）
2012 年 1~12 月	709761	412652	39704	29704	13.40
2013 年 1~12 月	792830	83069	46220	6516	13.09
2014 年 1~12 月	723621	- 69210	69026	22807	13.47

4. 投资情况（表4）

2014 年，纺机行业固定资产投资额为 270.75 亿元，同比下降 4.57%，纺机行业固定资产投资额占纺织业固定资产投资额的比重为 2.61%。

2014 年，纺机行业新开工项目为 337 项，同比下降 10.37%。

表4 纺织机械行业投资情况

时序	累计投资总额（万元）	投资同比（%）	占纺织行业投资总额（%）	新开工项目（个）	同比（%）
2012 年 1~12 月	2038866	0.07	2.62	312	49.28
2013 年 1~12 月	2837218	39.16	3.10	376	20.51
2014 年 1~12 月	2707508	- 4.57	2.61	337	- 10.37

5. 纺机行业重点地区产业运行情况（表5~7）

表5 纺织机械行业重点地区规模情况

时序	总计（户）	三省企业户数占全行业（%）	江苏省（户）	浙江省（户）	山东省（户）	其他省市（户）
2012 年 1~12 月	726	68.04	227	144	123	232
2013 年 1~12 月	720	67.92	233	160	96	231
2014 年 1~12 月	720	67.92	233	160	96	231

表6 纺织机械行业重点地区主营业务收入

时序	总计（万元）	三省主营业务收入占全行业比重（%）	江苏省（万元）	浙江省（万元）	山东省（万元）	其他省市（万元）
2012 年 1~12 月	10933732	66.95	3209564	1288160	2822481	3613526
2013 年 1~12 月	11198741	63.53	3767820	1263334	2083851	4083735
2014 年 1~12 月	11465501	65.42	3925127	1163761	2411428	3965185

表7 纺织机械行业重点地区利润总额

时序	总计（万元）	三省利润总额占全行业（%）	江苏省（万元）	浙江省（万元）	山东省（万元）	其他省市（万元）
2012 年 1~12 月	681467	68.97	235357	84611	150067	211431
2013 年 1~12 月	792195	62.78	282108	90391	124827	294870
2014 年 1~12 月	722823	65.12	262720	82362	125618	252124

6. 重点企业运行情况

2014 年，纺机协会对 98 户重点企业进行了数据跟踪调查。2014 年 1~12 月，纺机协会重点企业实现工业总产值 329.49 亿元，同比下降 9.61%；工业销售产值

314.31 亿元，同比下降 11.87%，产销率为 95.39%，同比下降 3 个百分点；主营业务收入共计 322.45 亿元，同比下降 13.33%，占纺机全行业的比重为 28.11%。

2014 年 1~12 月，纺机协会重点企业的利润总额为 52.12 亿元，同比下降 3.78%，占纺机全行业的比重为 65.74%。其中企业亏损额为 2.71 亿元，同比增加 108.12%；亏损面为 19.57%。

2014 年 1~12 月，纺机协会重点企业成本费用总额为 338.58 亿元，同比下降 6.81%，占纺机全行业的 31.55%；其中主营业务成本为 261.18 亿元，同比下降 9.15%，占成本费用总额的 77.14%，占比降低 1.99 个百分点，主营业务成本占纺机全行业的比重为 27.02%；营业费用为 15.45 亿元，同比增长 5.86%，占成本费用总额的 4.56%，占比增加 0.55 个百分点，营业费用占纺机全行业的比重为 47.53%；管理费用为 55.10 亿元，同比增长 0.37%，管理费用占成本费用总额的比重为 16.27%，占比增加了 1.16 个百分点，管理费用占纺机全行业的比重为 88.69%；财务费用为 6.85 亿元，同比增加 7.99%，财务费用占成本费用总额的比重为 2.02%，占比增加 0.28 个百分点，财务费用占纺机全行业的比重为 56.95%。纺机行业的成本费用呈减少的趋势，详见表 8。

表 8　2014 年 1~12 月纺织机械行业重点企业成本费用变化情况表

指标名称	2014 年 1~12 月（亿元）	占纺机全行业比（%）	同比（%）
成本费用总额	338.58	31.55	- 6.81
其中：主营业务成本	261.18	27.02	- 9.15
营业费用	15.45	47.53	5.86
管理费用	55.10	88.69	0.37
财务费用	6.85	56.95	7.99

（二）纺织机械产品进出口情况

2014 年纺织机械发展基本实现了稳中有进，其中对外贸易形势向好，进出口累计总额为 70.43 亿美元，同比增长 4.42%。其中：纺织机械出口 31.48 亿美元，同比增长 24.64%；进口 38.95 亿美元，同比下降 7.69%，表 9 反映了我国纺织机械进出口的情况。

表 9 2014 年纺织机械进出口总额表

名称	累计数量（件）	累计金额（亿美元）	数量同比（%）	金额同比（%）
进出口总计	42382106	70.43	108.36	4.42
其中：进口	2959179	38.95	56.93	- 7.69
出口	39422927	31.48	113.61	24.64

1. 纺织机械产品进口概况

2014 年，共从 66 个国家和地区进口纺织机械，进口总额为 38.95 亿美元，同比下降 7.69%。

从进口产品类别看，化纤机械的进口排在第一位。进口总额为 9.65 亿美元，同比增长 17.43%；其中合成纤维长丝纺丝机位居首位，进口金额 5.92 亿美元，同比增长 94.32%，占化纤机械进口总额的 61.36%；非织造布机械进口总额同比增幅最大为 42.85%，具体情况如表 10 所示。

表 10 纺织机械行业分产品进口情况

产品类别	累计金额（美元）	所占比重（%）	金额同比（%）
总额	3895369297	100.00	- 7.69
化纤机械	964669797	24.76	17.43
辅助装置及零配件	687652596	17.65	- 11.10
纺纱机械	669958122	17.20	- 7.27
印染后整理机械	507646471	13.03	- 8.83
织造机械	504311823	12.95	- 30.59
针织机械	477482387	12.26	- 14.80
非织造布机械	83648101	2.15	42.85

2014 年，纺织机械进口的主要国家和地区以德国、日本、意大利、中国台湾和瑞士为主，进口前五位国家和地区的贸易总额为 32.96 亿美元，同比下降 6.82%，占进口总额的 84.62%，主要情况如表 11 所示。

表 11 纺织机械行业进口产品来源地情况

国别和地区	累计金额（亿美元）	所占比重（%）	金额同比（%）
总额	38.95	100.00	－7.69
德国	13.80	35.44	3.79
日本	11.82	30.35	－12.93
意大利	3.84	9.87	－7.74
中国台湾	1.77	4.53	－24.38
瑞士	1.73	4.43	－13.49
其他国家和地区	5.99	15.38	－12.19

以进口德国纺织机械居首位，进口额为 13.80 亿美元，同比增长 3.79%，其中：进口化纤机械 5.70 亿美元，同比增长 38.92%，占比达到 41.43%，以合成纤维长丝纺丝机进口额居首，进口额为 4.46 亿美元，同比增长 192.45%，占比达到 78.24%；织造机械同比增幅最大为 54.39%，贸易额为 5731.72 万美元。

2. 纺织机械产品出口概况

2014 年，纺织机械出口 31.48 亿美元，同比增长 24.64%。详见表 12 所示。

表 12 我国纺织机械出口情况

产品名称	累计金额（亿美元）	所占比重（%）	金额同比（%）
总额	31.48	100.00	24.64
针织机械	8.48	26.93	30.13
辅助装置及零配件	6.58	20.89	17.05
纺纱机械	5.15	16.36	35.72
印染后整理机械	4.86	15.43	15.10
织造机械	3.95	12.56	62.24
化纤机械	1.74	5.51	－10.91
非织造布机械	0.73	2.31	0.64

针织机械出口额为 8.48 亿美元，同比增长 30.13%，占比 26.93％，位居第一，依次为辅助装置及零配件、纺纱机械、印染后整理机械、织造机械、化纤机械、非织造布机械，除化纤机械为负增长外，其余均为正增长，织造机械出口同比增

速位居首位，同比增长 62.24%，其中织物宽度＞30cm 的剑杆织机出口位居首位，出口额为 1.62 亿美元，同比增长 48.84%，其中出口到印度的剑杆织机达到 6983 台，同比增长 54.32%，占比达到 45.24%。

2014 年，我国共向 177 个国家和地区出口纺织机械产品，出口金额前五位的国家和地区如表 13 所示。

表 13 纺织机械行业主要贸易伙伴情况

国家、地区名称	累计金额（亿美元）	所占比重（%）	金额同比（%）
总额	31.48	100.00	24.64
印度	5.36	17.02	16.60
越南	3.36	10.69	68.26
孟加拉国	3.29	10.44	101.33
印度尼西亚	1.98	6.27	－ 14.82
巴基斯坦	1.54	4.89	18.56
其他国家和地区	15.96	50.70	18.97

2014 年，我国纺织机械出口的主要国家和地区前五位总额为 15.52 亿美元，同比增长 30.68%，占比为 49.30%。出口排第一的印度总额为 5.36 亿美元，同比增长 16.60%，占全部出口总额的 17.02%。其中，出口针织机械位居第一，出口额为 1.93 亿美元，同比增长 12.74%，细分产品中绣花机出口占 1.11 亿美元，其余出口额为 8158.48 万美元，同比增长 69.12%。

随着国内制造业费用的不断上涨，东盟地区和后发展中国家成为中国纺织企业的投资热点。

综上所述，2014 年在我国纺织工业增速降低、内需市场下降的情况下，我国纺织机械行业发展变缓。但全行业积极面对纺织行业产业升级的要求，不断持续的进行产品开发和结构调整，企业自主创新能力得到提高，2014 年行业收获出众多科技成果，科技进步成绩明显。近年来，在纺机内需市场不足的形势下，企业积极开拓出口市场，2014 年我国纺织机械产品出口首次突破 30 亿美元大关，弥补了国内市场的不足，促进了全行业的平稳发展。

二、纺织机械分行业情况

（一）织造机械

2014 年以来，一方面受到国内经济增速整体放缓、下游市场需求乏力，纺织产品出口放缓的影响，织造与准备机械行业面临较大压力。棉纺行业全年运行欠景气，纱、布价格随棉花价格一路下行，棉织物进出口均呈下跌态势；家纺行业普遍萧条，出口放缓，库存压力增大，市场略显低迷；长丝价格也受到新棉政策与国际原油大幅下跌影响呈现下滑趋势，长丝织造业面临融资难、库存高、需求差等不利局面。以上三大块织造机械下游行业的运行现状决定了相关领域用户在 2014 年加大去库存力度的同时，对新增设备投资持谨慎态度，也因此在 2014 年 11 月以后，在稳定市场预期及库存大大减少的情况下，市场需求有所好转。另外，产业升级转型带来一定新需求，国内的无梭化率继续进一步提高、设备进入更新换代阶段，无梭织机的市场空间、尤其是高端设备的需求前景乐观，突出表现在喷水织机的治理、淘汰以及毛巾织机的升级上。

从外部环境看来，国际金融形势变换带来新变数，挤压国产织机生存空间。2014 年除了日元汇率继续困扰喷气织机市场之外，下半年尤其是年末开始的欧元汇率暴跌对剑杆织机的销售带来极大影响。2012 年下半年以来的日元贬值，造成 13 年日本喷气织机进口量大增，却在 2014 年，尤其是 2014 年下半年迎来日本喷气织机进口量大幅滑坡，显示前一年度喷气织机新增产能过猛；进入 2015 年以来，这一幕是否会在剑杆织机上重演，值得观察。目前汇率下，外资企业进口产品与国内生产产品已接近价格倒挂，也因此国产剑杆织机市场空间被进一步压制。

最后，产业转移速度加快。据统计去年 12 月以来欧洲及日本销往印度的织机数量是同期中国的 2 倍，显示出目前产业正加速向印度及东南亚市场转移。

从 2014 年无梭织机进出口和销售情况表（见表 14）可以看出，目前织造类企业生产与经营形式十分严峻，几乎所有的机型的销售都出现了一定幅度的下降，其中剑杆织机下降幅度超过 11.8%；喷气织机下降幅度达 14.37%，除了少数企业大单拉抬，绝大多数企业下滑幅度较大；喷水织机环保压力进一步增大，销售更是不容乐观，据统计产量与去年同期相比，下降幅度达 1/3。另外，统计数据中的销售数量包含了部分企业的出口数量，2014 年以来，个别企业出口占比已达 40%~50%，如果剥离出口数，可以看出内需下降幅度非常大。

进出口方面，所有机型进口均出现较大幅度下跌，反映出国内内需惨淡。喷气织机的进口在第三季度出现逆转后，下降幅度 9% 进一步扩大至 30.39%，基本上反映出尽管日本织机在前年依靠汇率占据了较大国内市场优势，但在整体市场需求进一步下滑之后，销量大幅萎缩。出口方面，剑杆、喷水、喷气三大机型的出口分别取得 46.52%、142.07%、119.58% 的数量增长。

表 14 2014 年无梭织机进出口和销售情况

产品名称	1~12 月进口数量（台）	数量同比（%）	1~12 月出口数量（台）	数量同比（%）	1~12 月销售数量（台）	数量同比（%）
剑杆织机	1216	－ 41.62	15433	46.52	5160*	－ 11.8
喷水织机	2344	－ 15.26	7674	142.07	21000	－ 32.26
喷气织机	6264	－ 30.39	1357	119.58	5779	－ 14.37

＊高端剑杆织机

（二）非织造布机械

经过二十多年高速增长，我国各类非织造布年产量已超过 400 万吨。非织造机械市场也进入了一个平稳发展期。

据纺机协会统计，2014 年针刺线 2.5~3m 幅宽销售约 50 条线， 3m 幅宽以上销售近 100 条线，其中 6m 以上幅宽销售近 40 条线，订单有向优势企业集中的趋势。值得注意的是其中出口比重约占 30%。纺熔受市场形势引导，2014 年销售形势较好，全年纺粘及纺熔复合线销售约 120 条线，出口 20 多条线。未来多模头复合生产线有望形成新的销售热点，而部分双组分纺粘品种尚需在市场开拓上加大力度。水刺设备全年销售约 21~22 条线，纯棉水刺、木浆复合水刺增长明显，可冲散全降解环保水刺材料生产线有望成为未来热点。

预计 2015 年行业增长水平可能接近两位数，但部分行业受下游市场影响不确定因素影响较大，企业应适当关注以规避风险。

三、纺织机械行业经济运行及市场预期

2015 年，我国纺织行业仍将面临较为复杂的整体外部环境。全球经济在美国复苏的支撑下，增速有望略有提升，但总体缓慢的复苏态势难有明显改观，金融市场波动、地缘政治风险等不确定因素仍然较多。发达国家的经济复苏对纺织服装产品需求增长的带动作用有限，新兴市场因宏观经济波动较大，需求增速难有显著好转，总体将维持 2014 年的增长水平。国内方面，随着居民收入增加及城镇化稳步推进，内需规模将继续扩大，由于消费升级成为现阶段内需发展的最主要特征，作为生活必需品的衣着类消费总量增速难以大幅提升。总体来看，纺织行业内销及出口市场将保持平稳增长。但由于市场增速难有明显提振，市场竞争不断加剧，原材料价格的大幅波动，用工等要素成本继续增加，化纤结构性产能过剩等问题仍未解决，生产及效益情况难有显著改善。

伴随纺织工业的转型升级，2015 年纺织机械行业将继续加快结构调整：开发节能减排设备；加强基础专用件的研发，加快纺机产品差异化、模块化进程，提高关键零部件和器材的自主化水平。加强纺机企业的技术改造，提高两化融合水平，促进纺机企业的工艺技术进步和机床数控水平。随着纺织行业结构调整，纺机市场将更加关注那些自动化程度高、能够节省用工、提升纺织产品质量的节能减排机型，以数字化网络化智能化为代表的高端纺机市场将有较大的发展空间和需求潜力。

预计 2015 年全年纺织机械行业的主营业务收入比 2014 年小幅增长。

2014 年中国玻璃纤维／复合材料行业经济运行分析

中国玻璃纤维工业协会

2014 年，金融危机爆发后的第六年，世界经济砥砺前行，不断孕育新的发展机遇。中国经济稳扎稳打，主动调低经济增速以实施深层次的结构性改革，并实现中长期稳健增长。这一年，中国玻璃／纤维复合材料行业比翼齐飞，全行业实现：规模以上企业总收入 2370.33 亿元，利润总额 166.66 亿元。玻璃纤维纱总产量 308 万吨，同比增长 8.07%；纤维增强塑料制品总产量 433.48 万吨，同比增长 5.73%。行业经济效益大幅提升，充分体现了整合的力量。由于传统市场回暖和新兴市场需求持续增加，纤维复合材料生产企业一派繁忙景象。

一、玻璃纤维行业

（一）产量小幅增长，价格稳步回升

2014 年，玻璃纤维纱总产量 308 万吨，同比增长 8.07%。其中池窑拉丝产量 285.33 万吨，同比增长 8.7%，占玻纤纱总产量的 92.63%；坩埚拉丝产量 22.71 万吨，与去年基本持平。此外，2014 年玻璃纤维原料球总产量约为 35 万吨，同比略有增长。其中中碱球产量约为 26.7 万吨，无碱球产量约为 8.1 万吨。

2014 年，全行业主营业务收入 1507.93 亿元，同比增长 13.37%；其中主营业务成本 1286.96 亿元，同比增长 13.77%。另外值得关注的是，财务成本 27.48 亿元，增长 12.69%，相较 2013 年同期 6.1% 的增长率，反映了企业的融资成本加大。2014 年实现利润总额 96.56 亿元，同比增长 14.83%。

进入 2014 年，随着前期玻纤纱产量有效控制，以及风电、热塑等细分市场快速

回暖，玻纤纱市场供需关系出现好转，企业库存减少。由于人工、原材料成本上涨，以及企业转型升级带来更广阔的市场，2014年部分玻纤企业陆续对产品提价。

需要注意的是，当前市场形势的好转，很大一部分要归功于前期产能有效控制的结果，一旦产能无序增长，市场供求关系将很快发生变化。通观全年玻纤纱产量数据，2014年下半年产量增速过快，将在一定程度上影响市场形势，从而使企业经营压力加大。同时，未来市场需求将逐步由普通产品逐步转向中高端产品。2015年，企业一定要抓住机遇，做好产品结构的调整升级。

（二）进口小幅增长，出口快速升温（图1和表1）

1. 进口数量增速减缓，均价小幅回升

2014年，玻璃纤维及制品进口数量24.49万吨，同比增长4.98%，进口增速减缓；进口金额9.7亿美元，同比增长2.69%。玻璃纤维及制品进口均价3970.35美元/吨，低于2013年同期4059.12美元/吨的均价88.77美元/吨，但相较于2014年上半年，进口均价有小幅回升。

玻璃纤维粗纱进口量30615吨，同比增长51.47%，增长率从6月持续提高；其进口均价885.59美元/吨，较2013年同期803.72美元/吨的价格，上涨了81.87美元/吨。玻璃纤维细纱进口数量45979吨，较2013年同比下降6.08%，均价2876.4美元/吨，略高于2013年同期价格。

2. 出口增长，贸易顺差10.92亿美元

玻纤及制品的出口经历连续两年下降之后，2014年玻璃纤维及制品出口形势欣欣向荣，出口自年初以来持续增长，5月以后出口数量的增长率更是一直保持在8%以上，到12月累计出口数量129.05万吨，同比增长8.38%之多，达到2004年以来出口量最高值；出口金额20.65亿美元，同比增长7.44%。玻璃纤维及制品出口均价1599.75美元/吨，与2013年同期1613.84美元/吨的价格相较，出口均价稍有回落。玻璃纤维及制品的贸易顺差突破10亿美元，达到10.92亿美元，同比增长12%。

玻璃纤维粗纱出口量58.45万吨，同比增长9.52%，出口均价948.41美元/吨，高于进口均价62.82美元/吨。玻璃纤维细纱出口量52182吨，出口金额1.09亿美元，出口均价2093.99美元/吨，相较于2013年同期1681.33美元/吨的价格，增长了25.54%之多。深加工制品出口方面，各主要产品均保持增长势头，其中玻璃纤维席出口量56844吨，同比增长36.03%。

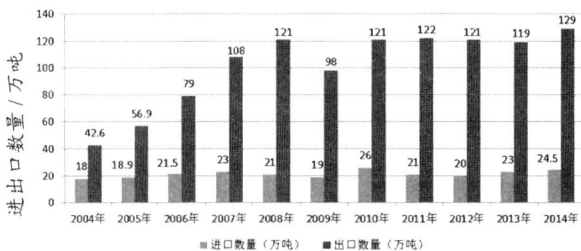

图 1　2004 年 ~2014 年我国玻璃纤维及制品进出口量

表 1　2014 年玻璃纤维及制品进出口数据

商品名称	进口商品数量		进口商品金额		出口商品数量		出口商品金额	
	累计（吨）	增长率（%）	累计（万美元）	增长率（%）	累计（吨）	增长率（%）	累计（万美元）	增长率（%）
玻璃纤维原料球	57	- 64.4	22	- 70.4	9186	4.4	614	13.9
玻璃纤维及制品	244910	5.0	97238	2.7	1290533	8.4	206453	7.4
玻璃纤维纱	76594	10.7	15937	4.1	636667	10.1	66360	15.8
1. 玻璃纤维粗纱	30615	51.5	2711	66.9	584485	9.5	55433	11.2
2. 其他玻璃纤维	45979	- 6.1	13225	- 3.3	52182	17.4	10927	46.2
玻璃纤维织物	68415	- 0.5	47431	2.9	187145	12.4	53444	10.6
1. 玻璃纤维制机织物（30cm 以下）	240	7.1	743	18.0	3231	3.3	1092	- 2.5
2. 玻璃纤维制机织物（30cm 以上）	53209	0.8	22617	- 2.0	14179	- 9.7	5889	- 10.7
3. 粗纱机织物	3322	17.8	1212	- 0.4	45326	10.8	7109	4.7
4. 玻璃纤维布	9434	- 5.4	19600	10.6	22501	29.8	16220	25.2
①玻璃纤维布（450g 以下）	8891	- 7.0	18552	10.9	21010	31.7	14757	24.5
②玻璃纤维布（450g 以上）	543	32.1	1048	6.4	1491	8.1	1463	32.7
5. 其他玻璃纤维制机织物	2210	- 24.5	3258	- 5.8	101908	14.0	23135	11.0
玻璃纤维席	284	- 23.9	144	- 20.1	56844	36.0	8385	34.0
玻璃纤维薄片（巴厘纱）	973	- 20.6	982	- 3.5	7413	- 13.9	1565	- 19.6
玻璃纤维制纤维垫	6057	- 19.9	5327	- 28.4	200707	- 9.6	34311	- 11.0
短切玻璃纤维	78433	6.8	12205	9.4	133836	23.1	14579	21.2
其他玻璃纤维制品	14154	11.0	15213	12.8	67921	4.7	27808	0.1

二、纤维增强塑料制品行业

2014 年，纤维增强塑料制品行业总产量约为 433.48 万吨，同比增长 5.73%。其中，纤维增强热固性产品产量为 271.98 万吨，同比降低 0.4%；纤维增强热塑性产品产量为 161.5 万吨，同比增长 17.9%。玻璃纤维增强塑料制品制造业规模以上项目投资完成 148.92 亿元，同比降低 2.74%。2014 年，规模以上 422 家纤维增强塑料制品生产企业：主营业务收入 862.4 亿元，同比增长 14.1%；主营业务成本 737 亿元，同比增长 14.4%。实现利润总额 70.1 亿元，同比增长 12.1%。在积极开展挖潜改造和实施转型发展的基础上，随着 2014 年国际国内经济的持续好转，尤其是风电、轨道交通、城市基建、环保等领域市场需求旺盛，带动行业经济效益快速提升。

（一）热塑性复合材料

2014 年，国内热塑性复合材料加速发展，各大玻纤生产企业纷纷加大了热塑性玻纤品种的研发与生产力度。纤维增强热塑性产品全年产量为 161.5 万吨，同比增长率高达 17.9%，远远高过 2013 年 5% 的增长率，在复合材料应用总量中的比例呈逐年增长趋势，占国内纤维增强塑料制品行业总产量的 37.3%。

热塑性复合材料具有出色的设计适应性、良好的功能集成性及较高的生产效率，逐渐成为众多高性能应用领域的首选材料。其重量轻、可回收并可循环利用的特性，对构建我国"资源节约型、环境友好型"和谐社会也具有重大意义。为此，玻纤生产企业不断推出专为热塑性复合材料应用设计研发的新产品。2014 年，热塑性复合材料成型装备销售情况良好，并在装备企业和下游应用企业的共同努力下，不断开拓热塑性复合材料制品的应用领域。

热塑性复合材料制品在国内的应用，尽管数量上还不能与热固性相匹敌，但在汽车轻量化及航空航天方面拥有巨大潜力，国外纤维复合材料企业 2013 年就结成联盟，共同开发汽车用热塑性复合材料。据中国汽车工业协会数据统计，2014 年我国汽车销量达到 2349 万辆，再创历史新高，继续保持世界第一。而随着政府全面出台支持发展新能源汽车的政策，企业对产品的升级改进和社会对新能源汽车认可度的提升，2014 年新能源汽车呈现高速发展态势。

全年新能源汽车销量为 7.5 万辆，同比增长 324%，其中纯电动汽车销售 4.5 万辆，同比增长 208%，插电式电动车销售 3 万辆，同比增长 878%。国家对发展新能源汽车高度重视，2014 年出台了一系列的促进新能源汽车发展的政策措施，由于政策的延续性，会继续对 2015 年的新能源车市场产生影响。

（二）缠绕制品

2014 年缠绕制品总产量 71.5 万吨，同比下降 2%。复合材料缠绕制品主要包括各种玻璃钢管道、贮罐等，主要应用于基础设施工程中。我国地下管网建设严重滞后，复合材料在地下管网中应用前景广阔，地下管网领域应用快速增长。但市场竞争加剧，市场秩序有待规范。在未来市政建设中，检查井、化粪罐一定会发挥复合材料的特性，占领这个巨大市场。以全国地市为例，333 个地市行政区域，未来会为我们创造 33 亿利润空间。

（三）模压制品

2014 年复合材料模压制品（含压制板材制品）产量约 41.6 万吨。模压制品主要应用于汽车、建筑、电力设备等领域，受相关行业降速发展及结构调整的影响，市场整体需求出现小幅萎缩。其中：

1. 汽车部件类产品

受商用车需求持续回落、热塑性复合材料快速发展等因素影响，SMC/BMC 汽车部件的产量和效益均有所下降，而压制板材制品在汽车领域的应用，仍有待进一步开拓。

2. 绝缘类产品

电器（电力）用 SMC/BMC 制品作为一个传统复合材料产品，包括电力开关柜、电表箱和绝缘零部件等，产量基本稳定。

3. 公共设施类产品

高铁、地铁轨道交通的项目建设带动公共设施类模压制品的需求增长。随着国家微刺激政策的出台，铁路和城市地铁投资已逐步恢复。2014 年铁路建设取得创纪录的成绩，完成投资 8088 亿元，新线投产 8427 千米，创历史最高纪录，目前我国铁路营业里程已达 11.2 万千米，其中高铁 1.6 万千米。历经三年低位徘徊后，中国铁路一举突破 8000 亿以上投资高位。2015 年全国铁路的固定资产投入预计与 2014 年相当。这意味着从 2014 年开始，铁路车辆用复合材料市场将从低谷中恢复增长。玻纤复合材料以其优质的材料特性，合伙人、合作者获取的高额利润空间，被市场接纳。

4. 建筑家居类产品

建筑、新能源和新农村建设成为模压制品新的市场增长点。

（四）拉挤制品

2014 年复合材料拉挤制品产量约 39.1 万多吨。由于拉挤制品具有轻质、高强的优点，逐渐受到电力工程、基础设施建设、化工防腐等应用领域的青睐。复合材料电缆、复合材料桥梁、复合材料杆塔、聚氨酯拉挤型材、连续拉挤板材等制品的市场需求稳步提升。

（五）风电复合材料制品

2014 年，以风电叶片为主体的液体模塑成型制品产量 26.98 万吨，同比增长高达 42%。经过前期市场竞争和洗牌，风电叶片产能逐步集中，目前能够批量供货的企业不足 10 家，中材科技、中复连众、保定惠腾等几家具备产品与应用研发实力的大型风机叶片生产企业占据了市场的主要份额。目前，风力发电逐渐向大功率机组发展，从而要求叶片越来越长，扫风面积更大，并通过结构优化设计，实现叶片低载荷和高效率相结合。

据中国可再生能源学会风能专委会初步统计，2014 年中国风电新增装机达到 2335.05 万千瓦，出厂吊装容量创造了新的历史记录；截至 2014 年底中国累计装机达到 11476.339 万千瓦（图 2）。2011 年以来，风力发电已经成为继火电、水电之后的第三大电源。2014 年 6 月国务院办公厅印发《能源发展战略行动计划（2014~2020 年）》指出，从现在到 2020 年，是我国全面建成小康社会的关键时期，是能源发展转型的重要战略机遇期。《计划》指出，到 2020 年，我国风电发展目标为：风电总装机容量达到 2 亿千瓦，其中海上风电装机容量达 3000 万千瓦，年发电量达 3900 亿千瓦时，风电发电量在全部发电量中的比重超过 5%。重点规划建设酒泉、内蒙古西部、内蒙古东部、冀北、吉林、黑龙江、山东、哈密、江苏等 9 个大型现代风电基地以及配套送出工程。以南方和中东部地区为重点，大力发展分散式风电，稳步发展海上风电。环境的不断恶化促使我国对绿色能源的需求持续增长，在国家和区域的能源部署政策的驱动下，将使中国风能产业的发展铿锵有力，从而带动多轴向织物、风电叶片、轮毂、机舱罩、导流罩等玻纤、复合材料制品的发展。

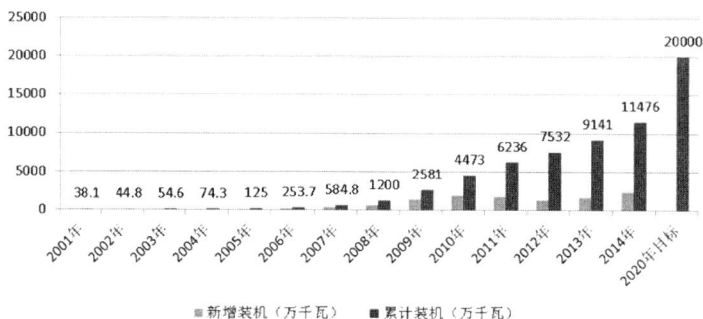

图 2 2001~2014 年中国新增及累计风电装机容量

数据来源：CWEA，图中显示数据为累计装机容量

（六）手糊成型工艺制品

2014 年手糊成型工艺制品产量 92.8 万吨，同比下降 9%，但仍占纤维增强塑料制品行业总产量的 21.4%。复合材料行业要明确打造机械化、自动化工艺装备的发展方向，手糊成型工艺将来只用于做异型产品，其他可用机械化生产替代的手糊产品将逐步取缔。

三、展望

一年来，中国经济发展更加追求增长质量，更加尊重市场力量，更加注重社会公平，更加推崇法治精神。在这种大环境下，玻璃纤维、复合材料行业，更亟待建立一个合理的产业组织结构，并要质量趋同、产品求异。玻璃纤维行业从 2000 年后进入快速发展期，产业结构相对合理集中。而复合材料行业尚缺乏具有规模优势的企业，我们要以复材行业准入条件为切入点，拒绝污染，保护环境；以自动化、机械化推动行业发展，用三到五年的时间发展大型复合材料制品生产基地，在国家政策引导下实施兼并重组，做优做强做大，把中国的复合材料企业推向国际。

2014 年的中央经济工作会议着重指出，2015 年是"全面深化改革的关键之年"，是"十二五"规划的收官之年，还是"全面推进依法治国的开局之年"。在国家的宏观调控下，我国经济的高速增长时代已结束，随之而来的产业结构调整会带来阵痛。但是如何在阵痛之后笑傲江湖，就要看产业结构调整期间，我们是否能够把握材料更替的历史演进潮流，以勇气和信心在玻璃纤维和复合材料的广阔天地大干一场；我们是否能够找准并定位行业的发展方向，脚踏实地地进行结构调整；我们是否能够学习先进技术，外为中用，学为己用。唯此，才能做到产品升级、产业升级，走出一条适合国情的纤维复合材料发展之路。也只有这样，才能抓住百年一遇的发展机会，共创中国玻璃纤维复合材料的辉煌明天！

第四章 专题研究

- 2014 年中国产业用纺织品行业上市公司年报分析

- 产业用纺织品全球贸易报告

- 2014 年中国高性能纤维现状分析及 2015 年发展前景

- 国内外碳纤维及其复合材料产业现状及发展趋势

- 2014/2015 年我国超纤合成革行业发展报告

2014 年中国产业用纺织品行业上市公司年报分析

中国产业用纺织品行业协会

近年来我国产业用纺织品行业得到了快速发展，各项主要经济指标在纺织行业中处于领先位置，已经成为纺织行业新的增长点和转型升级的重要方向之一；产业用纺织品的发展，与生命健康、基础设施建设、环境保护、新材料和新能源、国防军工等产业密切相关，产业用关联度高，社会关注度高，其发展也越来越引起资本市场的重视。行业内的骨干企业通过上市的方式，解决了企业发展的资金问题，规范了企业的内部管理，使得企业的技术创新能力、人才队伍的层次、信息化水平、品牌运作和产能规模都得到了明显提升，逐步形成了企业的核心竞争能力。

一、基本情况

目前，我国产业用纺织品行业内的上市公司有 14 家（产业用纺织品相关业务收入占总收入的比重超过 50%）。与 2013 年相比，增加了从事膜材料业务的津膜科技和从事复合材料、过滤材料业务的中材科技，剔除了福建南纺和中国汽车内饰。福建南纺反向收购福能科技后，公司的业务结构发生了重大变化，产业用纺织品业务占其主营业务收入的比例降低到了 10.95%；而中国汽车内饰在 2013 年从事橡胶贸易业务，产业用纺织品业务收入占全部收入的比重也降低到了 50% 以下。14 家上市公司主要从事交通工具用纺织品、过滤用纺织品、结构增强用纺织品、非织造布、革基布及合成革等，具体情况见表 1。

表 1 我国产业用纺织品行业上市公司概况

序号	公司名称	上市时间	上市地点	主要产品
1	江苏旷达	2010 年	深交所	纺织汽车内饰
2	津膜科技	2012 年	上交所	超、微滤膜及膜组件
3	三维丝	2010 年	深交所	过滤用纺织品
4	华峰超纤	2011 年	深交所	超纤革基布、超纤革
5	同大股份	2011 年	深交所	超纤革基布、超纤革
6	欣龙控股	1999 年	深交所	水刺非织造布
7	汉麻产业	2004 年	深交所	服装衬布、里布
8	宏达高科	2007 年	深交所	交通工具用纺织品
9	九鼎新材	2007 年	深交所	结构增强用纺织品
10	中节能海东青	2010 年	港交所	非织造布、过滤用纺织品
11	中材科技	2006 年	深交所	结构增强用纺织品、过滤用纺织品
12	新纶科技	2010 年	深交所	安全防护用纺织品、医疗卫生用纺织品
13	华懋科技	2014 年	上交所	交通工具用纺织品
14	思嘉集团	2010 年	港交所	篷帆纺织品

数据来源：根据各公司报告及财经网站数据整理

另外，还有不少上市公司从事产业用纺织品相关业务，但是企业营业收入占总收入的比重比较低，这些公司包括申达股份、福能股份、太极实业、巨力索具、航民科技、海利得、尤夫股份等，业务主要分布在交通工具用纺织品、帘子布、帆布、绳索、篷帆材料、非织造布、革基布等。

二、业绩情况

2014 年，14 家上市公司的主营业务收入合计 144.5 亿元，利润总额 12.6 亿元，分别同比增长 12.27% 和 10.09%，其中 12 家在大陆境内上市的企业的主营业务收入和利润总额的增速则分别达到了 18.91% 和 28.60%，在港股上市的两家企业的收入和利润增速均低于境内上市公司。2014 年，14 家上市公司的毛利润率为 25.49%，比去年略有回落；2014 年 14 家上市公司的平均营业利润率 8.94%，平均净利润率 7.61%，均比去年有所增长，高于产业用纺织品行业规模以上企业的水平。详见表 2.

表 2 2014 年产业用纺织品行业上市公司业绩（单位：亿元，%）

公司名称	营业收入（亿元）	营业收入增速（%）	毛利润率（%）	营业利润率（%）	营业利润增速（%）	净利润率（%）	基本每股收益（元）
汉麻产业	4.02	- 6.28	16.85	2.83	- 36.75	3.8	0.06
宏达高科	5.45	- 6.96	28.49	24.17	60.96	21.54	0.66
华峰超纤	9.70	33.55	27.16	12.96	29.00	11.9	0.73
华懋科技	5.31	33.99	38.34	25.56	31.41	22.31	1.04
江苏旷达	17.44	22.36	28.54	12.49	17.24	9.81	0.67
津膜科技	5.24	37.33	37.83	17.32	3.60	16.26	0.33
九鼎新材	7.44	18.75	20.72	0.65	- 171.44	1.44	0.05
三维丝	4.55	4.74	34.11	14.34	27.60	13.44	0.39
同大股份	4.91	12.35	17.51	6.5	3.20	5.93	0.66
欣龙控股	2.60	14.93	10.79	- 20.28	- 2.09	1.83	0.01
新纶科技	13.49	- 0.06	32.58	7.75	- 16.60	6.7	0.23
中材科技	44.24	28.50	21.12	2.88	2526.39	3.9	0.38
中节能海东青	13.23	- 11.48	32.47	26.75	- 9.39	20.14	0.34
思嘉集团	6.83	- 25.09	7.05	- 8.44	- 361.43	- 23.37	- 0.19
平均	144.45	12.27	25.34	8.94	13.40	7.61	—

数据来源：根据公司年报整理

在 14 家上市公司中，营业收入超过 10 亿元的有 4 家，中材科技的营业收入 44.2 亿元，行业最高；江苏旷达由于收购电力企业，2014 年的营业收入也达到了 17.4 亿元；四家公司的营业收入低于 5 亿元，其余六家企业的收入高于 5 亿元。总体上看，产业用纺织品行业上市公司的规模还偏小。

14 家上市公司中，9 家的营业收入上涨，且增长的幅度比较大，3 家企业的增幅超过 30%，2 家企业的增幅超过 20%，三维丝的营业收入增长虽然只有 4.74%，但是企业营业利润大幅增加了 27.6%。华峰超纤、华懋科技、江苏旷达和中材科技的营业收入和了营业利润在 2014 年均出现大幅度的增长，发展势头良好。

14 家上市公司中，5 家公司的营业收入出现不同程度的下降，其中思嘉集团和中节能海东青的下降幅度比较大，宏达高科的营业收入随有所下降，但是营业利润的增幅超过了 60%；九鼎新材和思嘉集团的营业利润出现了大幅的下降。汉麻产业、中节能海东青和思嘉集团的营业收入和营业利润则都出现不同程度的降低。

从盈利能力看，5 家公司的毛利润率超过了 30%，依次是华懋科技、津膜科技、三维丝、新纶科技和中节能海东青，分别从事汽车安全气囊、水过滤和空气过滤、安全防护等产业用纺织品的研发和生产，这些企业所在的领域发展比较快，而且企业在领域中处于领先位置，能够获得较高的收益；此外，华峰超纤、江苏旷达和宏达高科的毛利润率水平也处在比较高的水平。

也有一些企业因为所在领域市场逐渐饱和、竞争日趋激烈，导致毛利润率水平比较低。从营业利润看，欣龙控股和思嘉集团出现了亏损。从净利润率看，宏达高科、华懋科技、中节能海东青均超过了 20%。

而根据国金证券数据，2014 年纺织服装板块内上市公司的总体收入同比下滑2.9%，净利润下滑 11.9%；毛利率 24.4% 与 2013 年持平；净利率 6.0%，较 2013 年微降 0.9 个百分点。由此可以看出，产业用纺织品上市公司的收入和利润的增速以及盈利能力均高于纺织服装板块的上市公司。从最终股东收益看，华懋科技、宏达高科、华峰超纤、同大股份的基本每股收益均超过了 0.5 元，其中华懋科技达到 1.04 元，给股东比较大的回报。

三、运营分析

2014 年，产业用纺织品行业 14 家上市公司的平均总资产增速 16.37%，其中华懋科技的增长速度接近 90%，同大股份、欣龙控股和思嘉集团则出现不同程度的下降。企业的平均资产负债率 45.1%，处在比较安全的区间，汉麻产业、华峰超纤和华懋科技的资产负债率均低于 20%；而九鼎新材和中材科技的资产负债率则分别达到了 73.90% 和 65.91%，这两家公司的流动比率分别只有 0.98 和 1.05，低于 1.42 的平均水品。

从运营效率看，14 家上市公司 2014 年的平均存货周转率为 5.10，中节能海东青的存货周转率最高，三家主要为汽车行业配套的上市公司华懋科技、江苏旷达和宏达高科的存货周转速度明显高于平均水平，存货周转速度快，一方面表明市场需求比较旺盛，产销两旺，另一方面，也与企业所处的行业有关，按照订单组织生产的行业的存货水平会明显偏低。虽然服装、箱包、制鞋等合成革应用行业不景气，但是由于超纤合成革及基布产品科技含量高、市场需求持续增长，同在超纤合成革及基布行业的华峰超纤和同大股份的应收账款周转率均在 12 左右，远高于行业平均水平；而津膜科技、新纶科技、三维丝的应收账款周转率都低于平均水平。

从资产收益率看，中节能海东青、华懋科技和三维丝的总资产收益率和净资产收益率均远高于平均水平，宏达科技、江苏旷达、华峰超纤、津膜科技等四家企业的资产收益率也比较理想，汉麻产业、欣龙股份和九鼎新材三家企业的上述两个指标则明显偏低，思嘉集团由于亏损，则指标均为负值。以上详细运营情况详见表3。

表3 2014 年产业用纺织品行业上市公司运营情况

公司名称	总资产增速（%）	资产负债率（%）	存货周转率（%）	应收账款周转率（%）	净资产收益率（%）	总资产收益率（%）	流动比率（%）
汉麻产业	17.88	13.64	2.52	4.24	1.94	1.81	3.84
宏达高科	0.55	21.51	9.18	5.04	6.83	5.37	1.83
华峰超纤	27.27	19.74	5.22	12.45	8.14	7.32	4.63
华懋科技	89.63	17.72	10.22	4.02	12.85	13.84	4.33
江苏旷达	21.09	44.75	7.65	3.93	8.97	5.43	1.15
津膜科技	19.61	29.21	1.79	1.90	9.65	7.44	2.78
九鼎新材	30.59	73.90	4.59	3.57	2.50	0.74	0.98
三维丝	21.24	45.70	5.21	2.04	12.95	7.71	1.49
同大股份	－ 0.21	26.09	5.25	11.71	5.46	4.03	1.97
欣龙控股	－ 0.67	29.59	4.96	9.73	0.67	0.47	1.57
新纶科技	11.85	51.85	4.89	1.57	5.56	2.83	1.08
中材科技	24.06	65.91	4.71	3.22	6.29	2.37	1.05
中节能海东青	8.05	28.66	10.98	3.58	16.61	12.31	3.73
思嘉集团	－ 11.47	48.07	5.65	2.28	－ 18.19	－ 8.87	1.01
平均	16.37	45.10	5.10	3.19	6.61	3.90	1.42

数据来源：根据公司年报整理

四、主要产品生产和盈利情况

部分上市公司在年报中披露了主要产品的生产情况（表4）。在披露的 22 个产品中，16 个产品在 2014 年的产量增加，部分产品产量高速增长。其中，江苏旷达、申达股份的交通工具用纺织品大部分都有不同程度的增长，特别是申达股份的相关产品产量快速增长。中材科技的三大主要产品产量高速增长，由于风电市场复苏和国家环保标准趋严，风力叶片产量增加 72.73%，过滤材料增长 65.09%。高温过滤用纺织品领域最大的企业三维丝的产量在 2014 年也增长了 10.95%。汉麻产业的服装辅料的产量降幅达到了 20.68%，主要是由于下游服装产业不景气，需求不旺。宏达高科的面料和巨力索具的合成纤维吊装带索具产量也都出现近 9% 的降低。整体上看，上市企业 2014 年主要产品的产量增长情况要好于上一年度。

表 4 2014 年部分产业用纺织品上市企业生产情况

公司名称	产品名称及单位	2014 年	2013 年	产量变化（%）
汉麻产业	服装辅料（米）	46,368,711	58,461,128	－ 20.68
宏达高科	面料织造（吨）	4,663	5,122	－ 8.96
江苏旷达	机织类产品（万米）	1,925	1,875	2.66
	经编类产品（万米）	1,159	1,106	4.78
	纬编类产品（万米）	1,006	1,016	－ 0.90
	汽车座椅吊面套（万米）	159	125	27.49
巨力索具	合成纤维吊装带索具（吨）	11,648	12,756	－ 8.69
同大股份	人造革、合成革（万平米）	1,379	1,248	10.49
欣龙控股	非织造布（吨）	10,860	6,675	62.71
中材科技	过滤材料（万平方米）	350	212	65.09
	玻璃微纤维纸（吨）	11,554	9,238	25.07
	风电叶片（兆瓦）	4,947	2,864	72.73
申达股份	卡车蓬布（万平方米）	1,065	1,085	－ 1.84
	船用布（万平方米）	144	155	－ 7.10
	膜结构材料（万平方米）	25	25	0.00
	衣帽架面料（万平方米）	49	44	10.25
	顶棚面料（万平方米）	488	377	29.36
	针刺产品（万平方米）	2,120	1,679	26.24
	成型地毯（万套）	211	190	10.57
神马股份	帘子布（吨）	58,399	51,025	14.45
津膜科技	帘式膜平方米	527,349	485,194	8.69
三维丝	滤袋、滤毡（平方米）	4,976,300	4,485,000	10.95

数据来源：根据公司年报整理

　　19 家上市公司在年报中披露其产业用纺织品的销售和毛利润率情况（表 5）。2014 年，36 个产品的销售收入 148 亿元，同比增长 16.81%。36 个产品中，有 23 类产品的销售收入增加，其余的 13 个产品则有不同幅度的降低。在销售收入增加的产品中，华懋科技的安全气囊袋、华峰超纤的绒面革的销售收入分别增长了 248.6% 和 136.96%，这两个产品分别是两家企业新研发的项目，不仅销售收入快速增长，其盈利能力也非常可观，毛利润率分别达到了 40.25% 和 38.38%，在所有统计的产品中最高。海利得和神马股份的帘子布产品、津膜科技的帘式膜、中材科技的特种纤维复合材料、华峰超纤的超细纤维合成革的销售收入的增长也都超过了30%。销售收入大幅增加，一方面是企业新投资项目陆续达产，产量迅速增长，更重要的是这些产品符合市场对性能和成本的要求，具有自主技术，对进口产品形成了有效替代。而服装衬布、帆布等传统产品由于市场的原因，销售收入则有比较大幅度的降低。

36个产品的毛利润率20.42%，与2013年相比基本持平；其中，20个产品由于市场竞争加剧和原材料价格下跌，毛利润率水平出现下滑。华懋科技的安全气囊袋和气囊布、华峰超纤的绒面革、江苏旷达的机织产品、宏达高科的内饰面料、三维丝的滤袋和虑毡、新纶科技的无尘室耗品和宝通带业的耐高温带等产品的毛利润率均超过了30%，这些产品主要集中在高端汽车用纺织品、高温过滤用纺织品、高档超纤革等。帆布、帘子布等传统产品的毛利润率则一直处在较低的水平。但是我们也要注意到，同类产品在不同生产企业内，其毛利润率也存在较大的差别，这与企业的管理能力、技术创新能力和市场开拓能力有较大的关系。

表5 2014年产业用纺织品上市企业产品销售情况（按毛利润率排序）

公司名称	产品名称	2014年收入（亿元）	收入变化（%）	2014年毛利率（%）	毛利率变化（百分点）
华懋科技	气袋	2.32	248.6	40.25	－0.23
华峰超纤	绒面革	2.35	136.96	38.38	－0.59
江苏旷达	机织类产品	4.15	10.25	38.3	3.64
华懋科技	安全气囊布	2.69	－10.99	37.58	－0.92
宏达高科	汽车内饰面料	2.01	－4.7	34.72	－5.11
三维丝	滤袋、滤毡	4.50	4.51	34.2	0.76
新纶科技	无尘室耗品	2.19	－3.82	30.44	5.16
宝通带业	耐高温带	1.36	－38.7	30.28	－6.33
新纶科技	无尘室人体装备	4.49	1.34	29.89	5.67
江苏旷达	纬编类产品	1.35	－10.44	28.31	－2.96
津膜科技	帘式膜	3.77	35.47	28.24	4.05
华峰超纤	超细纤维底坯	3.81	3.63	27.57	2.45
巨力索具	合成纤维吊装带索具	2.86	－6.83	26.74	1.64
江苏旷达	经编类产品	2.32	3.78	26.2	－2.48

续表

同大股份	超纤绒面革	1.40	13.51	25	0.86
申达股份	产业用纺织品	2.26	- 7.14	23.06	- 0.35
汉麻产业	服装辅料	2.36	- 25.48	22.04	3.56
中材科技	特种纤维复合材料	39.42	33.74	21.73	- 1.05
宝通带业	聚酯带	0.97	1.39	19.73	- 5.54
江苏旷达	汽车座椅面套	4.33	17.96	19.43	- 6.03
海利得	灯箱布	4.65	- 5.26	19.31	1.78
华峰超纤	超细纤维合成革	2.95	32.8	18.72	- 3.25
同大股份	超纤光面革	1.78	18.04	18.29	1.19
九鼎新材	纺织型玻纤深加工制品	4.21	- 2.03	17.9	- 1.64
尤夫股份	特种纺织品	3.35	8.35	16.68	2.19
欣龙控股	水刺产品及其制品	1.45	27.22	15.04	- 0.64
欣龙控股	无纺深加工	0.36	- 6.1	15.03	- 3.29
尤夫股份	线绳产品	0.52	19.5	13.51	- 3
太极实业	帘子布	3.33	1.51	12.84	4.77
同大股份	超纤基布	1.05	10.87	12.52	- 1.21
申达股份	汽车内饰	11.55	23.79	11.48	- 1.56
太极实业	帆布	1.45	- 22.02	11.41	1.83
神马股份	帘子布	19.20	33.57	8.82	1.22
海利得	帘子布	1.78	35.97	4.61	5.92
欣龙控股	热轧产品及服衬产品	0.12	- 40.3	4.23	- 0.59
欣龙控股	熔纺熔喷产品	0.28	10.34	- 0.65	- 2.01

五、技术创新能力

产业用纺织品的技术含量高，持续的技术创新是获得和保持竞争优势的重要方式，业内企业都非常重视研发工作（表6）。12 家在境内上市的产业用纺织品企业 2014 年的研发费为 4.56 亿元，比 2013 年增加了 11.44%，2014 年研发费用占主营业务收入的比例为 3.66%。2014 年 12 家上市企业的技术人员占员工总数的比例为 14.38%。

12 家企业中，华峰超纤、津膜科技、三维丝、新纶科技和中材科技的研发费用比例均超过了 4%。从绝对投入量看，有 10 家企业的研发费用超过 1000 万元，中材科技的研发费用最高，达到了 1.83 亿元。

续表

表 6　2014 年产业用纺织品上市企业研发投入情况

公司名称	2014 年研发费用（元）	研发费用增速（%）	2014 研发费用占比（%）	2014 年技术人员占比（%）
汉麻产业	3,641,673	- 21.09	0.91	15.73
宏达高科	18,278,918	12.59	3.35	22.07
华峰超纤	41,000,233	80.34	4.23	28.09
华懋科技	20,604,613	51.06	3.88	10.67
江苏旷达	30,160,975	9.13	1.73	10.15
津膜科技	38,928,386	51.11	7.42	15.04
九鼎新材	21,113,550	7.60	2.84	31.42
三维丝	20,124,064	16.39	4.43	11.38
同大股份	16,250,011	17.95	3.31	15.71
欣龙控股	7,850,000	4.53	3.02	14.77
新纶科技	54,335,416	20.45	4.03	12.87
中材科技	183,511,196	- 5.92	4.15	11.10
平均	455,799,034	11.44	3.66	14.38

数据来源：根据公司年报整理

六、上市公司简况

（一）中材科技

2014 年公司主营业务收入较上年同期增长 29.03%，主营业务成本较上年同期增长 30.19%，主要是由于公司风电叶片、气瓶、膜材料等产业产品市场份额持续扩大，销售收入稳步增长，其中：风电叶片主营业务收入同比增长 52.00%、膜材料产业主营业务收入同比增长 24.32%。

公司围绕新能源、新材料、节能减排等战略性新兴产业方向，坚持集中优势资源发展复合材料风电叶片、高压复合气瓶和膜材料三大主导产业。2014 年，公司的叶片产品产销量大幅增长并继续领跑国内市场；膜材料产业积极开拓市场，在山东购建高端化纤毡生产线，拓展电力行业产品需求。新产业培育方面，山东寿光再生水回用项目在 2014 年内转入运营阶段；LNG 及锂电池隔膜产业化试点项目预计 2015 年建成投产。

2014 年，公司作为第一完成单位完成的"耐烧蚀复合材料用碳纤维多向预成型体结构设计、控制、制备及应用"项目，荣获 2014 年度国家技术发明二等奖。风力发电机组叶片（45.2m/1.5MW）及汽车发动机用复合材料摇臂室盖两项产品列入"2014 年度国家重点新产品计划"。公司目前共拥有有效授权专利 269 项，其中发明专利 155 项，实用新型 113 项，外观设计 1 项。

（二）江苏旷达

江苏旷达是国内规模最大的汽车内饰面料生产企业，在成本和质量控制能力、研发能力、规模化产业链生产能力等方面具有较为突出的竞争优势。2014 年公司实现营业收入 17.44 亿元，较上年同期增长 22.36%；营业利润 2.18 亿元，较上年同期增长 17.24%；研发项目总支出 3016.10 万元，同比增长 9.13%，占公司营业收入的 1.73%。

公司面料板块业务发展稳定，延伸产品汽车座套已形成一定的生产能力，汽车座垫二级市场业务的开发进一步延伸了企业的产业链。随着汽车保有量增加，汽车织物更换将给汽车座垫市场带来更多的增长空间。公司在原材料有色差别化涤纶丝的生产、面料的后整理等方面具有技术优势，同时，公司还是汽车内饰面料国家及行业标准的制订发起人之一。2014 年还收购和自建光伏电站 100 兆瓦并全部实现并网发电，产生一定的经济效益。

规模化和专业化的技术装备有效地保证了公司先进、完备的产品质量控制体系，及时同步跟进汽车制造商的新产品开发，实现快速供货，极大地提升了公司的竞争力。基于完整的产业链，公司在合理安排生产计划、成本管理、原材料管理、满足下游客户需求、提高产品质量等方面具有明显的竞争优势。

（三）津膜科技

2014 年公司实现营业收入 5.24 亿元，同比增长 37.33%；实现利润总额 9975.59 万元，同比增长 3.31%；实现归属于母公司所有者的净利润 8543.15 万元，同比增长 6.21%。

2014 年，公司成立了东营津膜环保科技有限公司，并开拓了当地市场。公司成功开发出复合热致相分离法高性能 PVDF 中空纤维膜产品、系列化帘式膜及柱式膜产品、中空纤维特种分离膜产品等；在新膜产品研发方面，初步突破了中空纤维纳滤膜、中空纤维反渗透膜等新型膜产品制膜工艺、组件设计等关键技术；突破了新型大尺寸热法复合膜组件饮用水净化工艺、膜法卤水精制技术用于再造纯碱行业的新工艺等；承担了国家海洋局海洋经济创新发展区域示范项目、天津市小巨人领军企业培育重大项目等 12 项国家、省部级科研项目；获得 7 项发明专利授权，其中国际发明专利授权 1 项，2 项实用新型专利授权，6 项外观设计专利授权；主持及参与制定国家标准 4 项。

（四）三维丝

三维丝主要从事袋式除尘器核心部件高性能高温滤料的研发、生产和销售。近年来高温滤料销售平均有 60% 以上属于火力发电行业，在火力发电行业具有较强的竞争力，并且市场前景广阔。目前公司正在积极开拓水泥、垃圾焚烧、化工行业等市场。

2014 年，公司实现营业收入 4.55 亿元，比上年同期增长 4.74%；营业利润 6,518.67 万元，比上一年同期增长 27.6%；实现归属于上市公司普通股股东的净利润 5,865.25 万元，比上年同期上升 18.4%；研发投入 2012.41 万元，比上年同期增长 16.39%。

公司为进军烟气脱硝领域，拟以现金及发行股份的方式购买北京洛卡环保技术有限公司 100% 的股权。此外，公司收购珀挺机械工业（厦门）有限公司 20% 股权，并择机成立控股子公司进入与环保相关的土壤修复行业，使得公司未来业务的拓展方式呈现出多样化。

2014 年，三维非对称氟醚复合滤料关键技术及应用首次获得国家环保部科技进步奖。水泥新型干法生产线窑尾袋除尘器用水刺滤料应用示范工程首次获得了国家重点环境保护实用技术示范工程。公司主编和参编的国家、行业标准首次突破 17 项，拥有 7 项发明专利、15 项实用新型专利、8 项发明专利进入实质审查程序、11 项发明专利申请权、2 项国际发明专利和 4 项实用新型专利申请权。

（五）华峰超纤

2014 年公司全年实现营业收入 9.70 亿元，同比增长 33.55%，外贸出口继续走强，实现国外销售收入 2.21 亿元，同比增长 37.74%，净利润 1.15 亿元，同比增长 30.98%。

超纤下游需求持续复苏，新应用领域不断开拓。根据市场变化与需求，公司先后研制开发出各种不同风格的定岛超纤系列品种；在汽车内饰材料的研发方面，不断提高阻燃、环保等性能指标指标，向高端发展，满足国内汽车、动车组列车等高端领域对高性能的需求，并逐步扩大在领域内的影响。

2014 年，公司在江苏启东市新建年产 7500 万米产业用非织造布超纤材料项目，并设立了江苏华峰超纤材料有限公司以及收购江苏华峰化学有限公司作为项目顺利实施的保障。公司申报"高新技术企业"通过，申报专利 5 项，获得授权 6 项；主持并参与制定了《水性聚氨酯超细纤维合成革》等三项标准的制定。

（六）华懋科技

汽车行业整体较快增长以及安全气囊配置率的提升，使公司今年收入和业绩也实现了较快增长。2014 年公司实现营业收入 5.31 亿元，同比增长 33.99%，主要原因原有客户加大对公司产品的采购；实现归属于上市公司股东的净利润 11,850.59 万元，同比增加 33.15%。

安全气囊布的生产技术要求高、生产认证周期长、前期投入大，因此进入该产品市场的企业较少，市场集中度较高。由于公司是国内较早进入安全气囊布行业的公司之一，经过多年的培育，已与多家国际、国内知名公司建立了良好的、长期的合作关系。2014 年，公司新增两项专利技术获得国家专利局授权。安全气囊布新建厂房项目已经陆续投入使用，产能得到提升，并逐步实现生产效益。工业用布新建研发中心项目于 2014 年 2 月投入使用。

公司将以安全气囊布和安全气袋为主业，加强新产品开发，如一次全成型气囊袋以及其他新型安全气囊面料。建立和推广企业品牌，提升公司在行业中的知名度，持续扩大市场份额。

（七）同大股份

2014 年，超细纤维人工革行业发展平稳，公司主导产品超纤革实现 1388.14 万平米销量，比上年同期增长 20.5%。同大股份在国际市场表现尤为突出，产品出口比上年同期增长 42.69%。全年实现销售收入 4.91 亿元，同比增长 12.35 %；营业利润为 3,190.20 万元，同比增加 3.20%；利润总额 3,286.69 万元，同比增加 5.44%；研发投入金额 1625 万元，占营业收入的比例为 3.31%。

2014 年，公司成立了"超纤产业技术联盟"，获得专利申请及授权各 2 项，申报山东省技术创新项目立项 7 项，参与行业标准制定 2 项，还获得省、市各级奖励 20 余项。通过近半年的筛选、评估、论证、试验，共完成工艺优化改进 10 余项；前期研发成果"高仿头层皮"、"超软高弹皮鞋革"、"高收缩揉纹超纤革"、"触屏超纤手套革"及鞋内里系列产品已进入市场序列，丰富了产品种类、为公司业绩增长增加了新的成长点。

（八）汉麻产业

汉麻产业主要从事汉麻纺织品生产加工以及服装辅料等生产与销售。服装辅料业务目前是公司的主要盈利业务，其中高档服装辅料产品，大部分出口到欧美和日本市场。2014 年，公司实现营业总收入 4.02 亿元，较上年同期下降 6.28%。全年实现利润总额 2,383.33 万元，比上年同期下降 24.43%。

2014 年宏观大环境进入经济新常态，内需不旺，产业结构调整缓慢，劳动力成本和环保成本上升，导致服装辅料业务营业收入比上年同期下降 25.48%，但公司汉麻系列产品营业收入比上年同期增长。由于军品及民用市场使用汉麻产品量的提高，汉麻产品销售量、生产量分别比去年同期增加 1631 吨、827 吨，增长比例分别为 38.44%、26.08%。

尽管欧美经济探底回升和外贸复苏促进我国纺织服装行业回暖，但欧美、日本等发达经济体需求变动直接影响了公司中高档服装辅料产品及未来汉麻产品的出口。

（九）思嘉集团

2014 年，公司销售收入约为人民币 6.83 亿元，较去年同期减少 25.1%。跌幅主要因为市场竞争趋向激烈导致若干产品售价下跌及终端产品销售减少所致。基于强化材料及终端产品的应用范围广泛，思嘉集团的产品能够应用于户外休闲、运动、再生能源、防护、建筑、物流、包装、医疗用途、安全用品、广告及日常用品等 11 个主要行业。公司主要收入来自强化材料销售，占总收入约 70.3%。

公司使用自主研发并获得国家发明专利的设备及工艺生产新材料,包括建筑膜材、防水卷材、气密材料、气模材料、沼气池材料、篷盖材料、涉水防护服材料等。这些材料具有抗拉伸、抗撕裂、抗剥离、阻燃、抗菌、耐腐蚀、抗老化、抗严寒、抗暴晒九大特性。

未来公司将发展上海工业厂房，以生产篷房材料、汽车窗梁材料、双膜储气柜材料；陆续扩大充气材料、下水裤材料、乙烯醋酸乙烯酯材料以及新材料的开发投产；继续减少劳动力成本高的产品，开发高附加值劳保产品，并设立海外销售公司或代理商，以加强海外市场的开拓力度。

（十）欣龙控股

2014 年，公司实现营业收入 2.60 亿元，同比增长 14.93%；净利润增加 5,832.17 万元，增幅达 109.12%，主要原因是本年度处置土地收益及获得的政府奖励等非经常性损益大幅增加、资产减值损失减少。全年研发支出为 785 万元，比去年同期增加

4.53%。

公司的主导产品是水刺产品及其制品、熔纺材料及服衬产品、化工磷酸盐系列产品，其中，公司水刺产品及其制品占公司营业收入的72.49%，熔纺熔喷产品占营业收入的11.38%。但由于水刺募投项目未能达产，开机率不足，水刺整体收入增长幅度有限。

未来公司确定了"大健康大医疗"的发展方向。将加大水刺募投生产线项目新产品的研发投入，尽快开发出更多的适销对路的新产品，并且最大限度地利用与发挥设备优势，快速提升水刺产品的产销总量；并将加快宜昌熔纺特殊纤维无纺布生产项目建设，以及湖南欣龙 SMS 项目建设。

（十一）宏达高科

2014 年，宏达高科拓展了宝马、现代等部分汽车国际品牌客户，但由于整体纺织业下游疲软，服饰类面料业务下降 7.62%。全年公司实现营业收入 5.40 亿元，较上年同期下降 6.96%；归属于上市公司股东的净利润 11,752.20 万元，同比增长 44.73%。

公司通过机器换人、技术改造、新产品开发、高端客户合作等努力，提升了公司竞争力。并且于今年成立了宏达高科企业研究院，进一步提升了经编面料的技术水平，使公司的产品进一步向轨道交通、民用航空、军工医用、运动功能等产品应用领域开拓。

汽车产业的发展，尤其是我国汽车市场的发展和中国自主汽车品牌的提升，将带动汽车内饰纺织品消费的不断增长。国内汽车内饰面料的下游市场主要为中高级轿车，未来公司将通过增加新的下游客户来拓展新市场和内部挖潜来保证汽车内饰面料业务利润的稳定增长。

（十二）九鼎新材

2014 年公司实现营业总收入 7.44 亿元，较上年同期增长 18.75%，营业利润、利润总额、归属于上市公司股东的净利润分别为 485.23 万元、1131.12 万元、1055.48 万元，分别较上年同期增长 171.44%、294.87%、500.76%。

公司 2 万吨高性能玻纤池窑生产线投产运行，第一条连续毡生产线完成工程建设并进入全面调试阶段，并且集中资源全力推进山东 5 万吨 HME 池窑生产线建设。现有 7 个产品被评为国家级重点新产品，13 个产品为江苏省高新技术产品，83 个产品（技术）取得国家专利。砂轮网片的技术、质量达到世界先进水平；公司新研发的直接织造技术使得公司纺织型玻纤深加工制品整体技术水平达到国内领先水平；高模量玻璃纤维、玻纤连续毡、二元组分高硅氧等高性能玻纤技术填补国内空白，产业化后将形成公司新的核心竞争力。

（十三）中节能海东青

2014 年，公司耐高温过滤材料的销售实现了可观的增长，较 2013 年增加了约40%，达到 1.00 亿元。公司全年实现营业收入 13.23 亿元，较去年减少了 11.5%；毛利率达到 4.29 亿元，较去年减少了约 11.7%。由于我国经济增长速度放缓，令其非织造材料和再生化纤产品的销量较去年有所下跌。但公司通过产品升级，开发新产品，提升产品附加值及调整产品结构，令非织造布材料产品、再生化纤和耐高温过滤材料的毛利率都比去年有所提升。

公司拥有福建省省级技术中心、福建新型非织造材料工程技术研究中心、中国环保过滤材料开发基地等。2014 年，完成科技项目立项 4 项、产业化项目立项 1 项；完成 8 个新产品开发及通过科技评审 2 项，其中"环境友好型高吸油再生聚酯非织造布的研究与应用"获得国际先进。主持编写行业标准 1 项，参与制定行业标准 2 项。

（十四）新纶科技

2014 年，公司所处的防静电 / 洁净室行业继续面临着产业升级换代的转型压力，下游行业增速持续放缓。公司全年实现营业收入 13.49 亿元，比上年同期减少 0.06%；全年实现营业利润、利润总额和归属于上市公司股东的净利润分别比上年同期减少16.6%、18.85%、19.71%。

经过多年的规划与布局，公司已建立了较为完善的销售及服务网络体系，围绕公司下游客户的区域分布，建立了苏州、深圳、天津、常州（在建）四大生产、储运基地及遍布全国各主要城市的办事机构。公司共申请专利 33 项，获得专利 17 项，其中含常州新纶通过授权形式取得上海理工大学 2 项发明专利 5 年的使用权。

（撰稿人：季建兵，刘东明）

产业用纺织品全球贸易报告

中国产业用纺织品行业协会

与传统的纺织服装产品不同，产业用纺织品的生产国和消费国主要集中在中国以及欧、美、日等发达国家和地区。分析产业用纺织品的全球贸易情况，对我们了解全球行业的生产和消费情况、开拓国际市场具有重要的意义。

产业用纺织品的种类比较多，分散在海关系统《商品综合分类表》的不同章节中。为了分析方便，本文仅选取以下章节的商品进行分析（详见表1）。

本报告的所有数据均来自联合国贸易数据库，该报告收集了全球主要国家的商品进出口数据，但是也有部分不发达国家的数据没有提交，所有通过该数据库查询到的全球出口总额要大于进口总额。

表1 参与分析的产业用纺织品类型

海关商品分类码	商品名称
56	絮胎、毡呢、无纺织物；特种纱线；线绳索缆及其制品
59	浸渍、涂布、包覆或层压的纺织品；工业用纺织品
621010	无纺织物做的服装
6305	货物包装袋
6306	篷帆产品
630710	擦布
630720	救生衣及安全带
7019	玻纤制品
9619	卫生巾、尿裤等
3005	软填料、纱布、绷带

一、整体情况

（一）总量

2012 年全球产业用纺织品的出口贸易额为 909.43 亿美元，2013 年达到 975.95 亿美元，同比增长 7.31%。2014 年由于统计数据不完整，录得的出口贸易额为 912.73 亿美元（见图 1），与 2013 年相比，主要的产业用纺织品出口国家均提供了出口贸易数据，未提交数据的国家中，除韩国外，其余国家对 2014 年全球产业用纺织品的贸易影响不大，所以 2014 年的出口额与 2013 年应该基本持平，不超过 1000 亿美元。

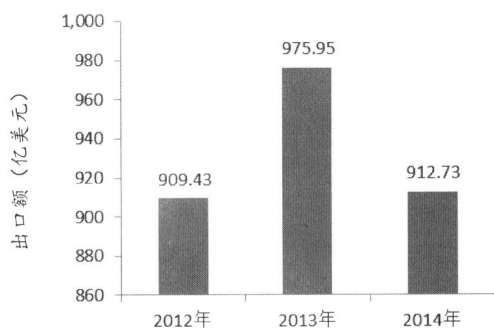

图 1 2012~2013 年全球产业用纺织品出口额

（二）主要国家

中国是全球最大的产业用纺织品出口国。2012 年的出口额为 200.7 亿美元，在全球产业用纺织品出口市场的份额为 22.06%；2013 年的出口额 217.3 亿美元，同比增长 8.3%，在全球产业用纺织品出口市场的份额为 22.27%，比 2012 年略有上升；2014 年的出口额 234.3 亿美元，同比增长 7.82%。

德国和美国在全球产业用纺织品的出口市场中的份额分别位居第二和第三。2012 年，德国和美国的出口额分别为 89.7 亿美元和 78.6 亿美元，在全球市场的份额分别为 9.86% 和 8.65%；2013 年的出口额分别为 94.5 亿美元和 84.9 亿美元，分别同比增长 5.37% 和 7.94%，增速均低于中国，在全球产业用纺织品出口贸易中的份额为 9.86% 和 8.65%。2014 年德国和美国的产业用纺织品出口额分别为 99.5 亿美元和 86.6 亿美元，增速分别为 5.24% 和 2.08%。

全球产业用纺织品的主要生产和出口国家和地区见表2。中国、德国、美国、意大利、英国、比利时、日本、荷兰、法国和韩国等10个国家的产业用纺织品出口额均超过25亿美元，2013年这十个国家的出口额站全部出口的比重达到62.85%。2013年和2014年，除比利时和日本，各国的产业用纺织品出口均保持了一定的增速。2013年，比利时和荷兰的出口增长超过13%，2014年英国的增长接近50%。土耳其、捷克、波兰、匈牙利等中东欧国家2013年的出口增长均超过10%，2014年增速有所下降，但平均增速也超过5%；处于北美自由贸易区的墨西哥2013年出口增长26.65%，2014年增长7.89%。这些国家临近美国和欧盟等全球主要的产业用纺织品消费市场，其出口的快速增长，对我国产业拓展国际市场都形成了较大的威胁。印度是全球产业用纺织品出口市场中另一匹黑马，其出口额不到中国的10%，但2013年和2014年的增速分别为20.32%和11.63%，也需要引起国内企业的重视。

表2 世界主要国家和地区产业用纺织品出口额

单位：亿美元

国家和地区	2014 年金额	2013 年金额	2012 年金额
中国[①]	234.31	217.32	200.66
德国	99.46	94.51	89.70
美国	86.65	84.88	78.64
意大利	42.93	40.86	38.10
英国	37.32	24.95	23.89
比利时	33.68	35.71	31.45
日本	31.61	33.73	34.95
荷兰	30.30	28.42	25.13
法国	28.20	27.01	25.35
韩国	—	26.02	25.65
土耳其	23.81	22.41	19.61
捷克	23.51	22.31	20.18
波兰	23.00	22.06	19.05
墨西哥	17.61	16.32	12.88
加拿大	17.27	16.21	16.28
印度	16.13	14.45	12.01
西班牙	15.89	15.81	14.76
瑞典	12.85	12.37	11.97
中国香港	12.58	22.52	21.99
泰国	12.44	11.63	10.75
匈牙利	10.19	9.32	8.10

①本文选取的商品范围比《2014年中国产业用纺织品行业发展报告》中进出口部分的产品范围要大，所以得到的出口额数据偏大一些。

在进口方面，美国是全球最大的产业用纺织品进口国，2014 年的进口额为 106 亿美元，德国和中国的进口额分别为 71 亿美元和 56 亿美元，英国的进口额为 49 亿美元，见表 3。在主要生产国家中，中国、德国、意大利、比利时、荷兰和日本都实现了不同数额的顺差，其中德国的顺差超过 28 亿美元，比利时接近 10 亿美元。

表 3　2014 年全球主要产业用纺织品生产国进出口贸易值

单位：亿美元

国家和地区	出口金额	进口金额	进出口差值
中国	234.31	56.01	178.30
德国	99.46	70.99	28.47
美国	86.65	106.30	－ 19.65
意大利	42.93	25.59	17.34
英国	37.32	48.97	－ 11.65
比利时	33.68	23.79	9.88
日本	31.61	29.51	2.09
荷兰	30.30	22.30	8.00
法国	28.20	42.86	－ 14.67

（三）主要产品

从产品看，第 59 章产品"浸渍、涂布、包覆或层压的纺织品；工业用纺织品"、56 章产品"絮胎、毡呢、无纺织物；特种纱线；线绳索缆及其制品"、9619 产品"卫生巾、尿裤等"和 7019 产品"玻纤制品"的出口额均超过了 100 亿美元，是全球产业用纺织品贸易的主体产品，见表 4。从增长速度看，应用与医疗和卫生领域的代码为"9619"、"3005"和"621010"的产品和货物包装袋出口增长较快。

表 4 全球产业用纺织品出口额

单位：亿美元

商品分类码	商品名称	2014 年	2013 年	2012 年
59	浸渍、涂布、包覆或层压的纺织品；工业用纺织品	228.72	261.15	250.16
56	絮胎、毡呢、无纺织物；特种纱线；线绳索缆及其制品	228.71	243.11	227.01
9619	卫生巾、尿裤等	149.91	151.00	131.63
7019	玻纤制品	100.52	112.22	110.00
3005	软填料、纱布、绷带	74.52	72.01	65.85
6305	货物包装袋	44.47	49.56	43.42
6306	蓬帆产品	39.33	38.71	36.29
621010	无纺织物服装	21.83	22.39	20.22
630710	擦布	20.43	21.68	20.99
630720	救生衣及安全带	4.30	4.12	3.88

二、主要产品分析

（一）浸渍、涂布、包覆或层压的纺织品；工业用纺织品

第 59 章产品"浸渍、涂布、包覆或层压的纺织品；工业用纺织品"是全球产业用纺织品出口额最大的产品，2013 年达到 261.1 亿美元，2014 年为 228.7 亿美元，分别占到出口总额的 26.8% 和 25.1%。

在 59 章的产品中，出口额最大的为塑料浸渍、涂布和层压的织物，2014 年的出口额达到 115 亿美元，占本章商品出口额的 51.8%，见表 5。排列第二的产品为技术纺织品，2014 年的出口额为 45.2 亿美元，这部分产品主要是指用于工业用途的特种纺织品，如过滤布、造纸用纺织品等。帘子布是第三大出口产品，2014 年的出口额为 20 亿美元。

1. 塑料浸渍、涂布或层压的织物

作为 59 章中出口额最大的商品，塑料浸渍、涂布或层压的织物主要是应用于服装、制鞋、家具、汽车等行业的人造革和合成革，对涂覆的 PVC 和 PU 的重量有具体的要求。

2014 年中国出口该类商品 158.8 万吨，价值 52.8 亿美元，出口额占全球的比重近一半。美国和德国的出口额位列第二和第三，出口额在 10 亿美元，见表 6。意大利、中国香港和日本该类商品的出口额也在 5 亿美元左右。

表 5 2014 年 59 章产品出口情况

单位：亿美元

代码	商品名称	出口额
5901	用胶或淀粉涂布的纺织物	5.41
5902	帘子布	20.28
5903	塑料浸渍、涂布或层压的织物	114.95
5904	列诺毡	3.53
5905	糊墙织物	1.07
5906	橡胶处理的纺织物	12.79
5907	其他材料浸渍、涂布或包覆的纺织物	8.82
5908	织物制的灯芯、炉芯等	0.43
5909	织物制水龙软管	4.62
5910	传动带或输送带	4.89
5911	技术纺织品	45.22

从出口价格看，则存在非常大的差异。日本的出口单价最高，达到 24.7 美元 /kg，美国、德国、意大利、中国香港、英国、法国、比利时等国的出口单价比较接近，均超过 10 美元 /kg，印度的出口单价为 6.44 美元 /kg。中国虽然出口额第一，但是出口单价只有 3.33 美元 /kg，不仅远低于发达国家，也比印度低 48.4%。中国出口单价低，一方面是由于我国出口的规模远高于其他国家，出口产品的结构比较复杂，不仅有高技术含量的产品，更有大量普通的产品，拉低了出口单价；另一方面，也反映了我国该类产品的技术创新能力、制造工艺、质量控制和品牌推广等方面与发达国家还有较大的差距。

表 6 2014 年塑料浸渍、涂布或层压的织物主要出口国家情况

国家和地区	重量（吨）	金额（亿美元）	单价（美元 /kg）
中国	1588090	52.82	3.33
美国	76771	10.20	13.29
德国	79210	10.11	12.76
意大利	48154	5.87	12.18
中国香港	33397	4.94	14.78
日本	18325	4.53	24.70
印度	44814	2.89	6.44
英国	23004	2.81	12.22
法国	17883	2.35	13.14
比利时	22099	2.35	10.62

中国作为全球该类商品最大的出口国，出口市场非常分散，出口额前十的国家和地区占中国全部出口的比重仅在 55% 左右。印度是中国最大的出口市场，其次是越南，两个国家占中国出口的 21%，但是对印度的出口价格比较低，平均只有 2.5 美元/kg，而对越南的出口单价则达到了 5.17 美元/kg。美国、印度尼西亚、俄罗斯、墨西哥和巴西也是我国该类产品重要的出口市场。

美国的该类产品主要出口到墨西哥，占其出口总额的 75% 左右。德国的出口市场也非常分散，主要市场是波兰、罗马尼亚、捷克等中东欧国家和中国。

从进口看，中国也是该类商品最大的进口国家，2014 年的进口额为 11 亿美元，远低于出口额，美国和墨西哥的进口额位列其后，见表 7；如果从进口重量看，美国位居第一。美国、德国、意大利在该类商品上都实现了贸易顺差，并且出口单价要高于进口单价，体现比较强的国际竞争力。

表 7 2014 年塑料浸渍、涂布或层压的织物主要进口国家情况

国家和地区	重量（吨）	金额（亿美元）	单价（美元/kg）
中国	100619	11.02	10.95
美国	123199	9.42	7.65
墨西哥	61688	7.42	12.03
中国香港	35593	5.03	14.12
印度	37931	3.81	10.06
罗马尼亚	30633	3.44	11.23
德国	30332	3.23	10.65
波兰	37344	2.94	7.87
意大利	24931	2.15	8.61
捷克	18882	2.13	11.27

2. 技术纺织品

该部分产品是纺织行业中最具技术含量的产品，主要用于各种工业环境，如造纸、过滤等。德国在该领域处于领先地位，2014 年德国的出口额为 8.7 亿美元，位居世界第一，见表 8。其后依次是美国、中国、日本和意大利等国。荷兰、日本、加拿大等国家的出口产品单价超过 40 美元/kg，特别是荷兰，产品单价达到 80 美元/kg。德国的技术纺织品出口额不仅高，其单价也处于高位，达到 31.46 美

元 /kg。中国该类产品的出口单价虽然比其他产品的出口价格要高，但是与发到国家相比则比较低，比发达国家中出口单价较低的意大利和比利时也低三分之一。

表 8 2014 年技术纺织品主要出口国家情况

国家和地区	重量（吨）	金额（亿美元）	单价（美元 /kg）
德国	27695	8.71	31.46
美国	30010	6.09	20.29
中国	53161	5.48	10.30
日本	5975	3.10	51.95
意大利	14515	2.32	15.95
荷兰	2566	2.05	80.04
加拿大	4006	1.76	43.94
比利时	9389	1.53	16.31
法国	5595	1.48	26.39
英国	4232	1.18	27.89
瑞典	3853	1.10	28.43

从进口看，美国是技术纺织品最大的进口国家。2014 年，美国进口技术纺织品 7.3 亿美元，

中国和德国紧随其后，进口额分别为 5.1 亿美元和 4.72 亿美元，见表 9。德国和意大利技术纺织品的进出口价格基本一致，美国、法国、日本、加拿大技术纺织品的进口价格基本只有出口价格的一半左右，而中国进口的价格是出口同类产品价格的 4.5 倍（见图 2），表明在这类产品上，中国与发达国家之间存在着比较大的差距，中国主要还是出口一些低技术含量产品或初级产品，高技术含量的关键产品还是需要从发达国家进口。

表 9 2014 年全球技术纺织品主要进口国家情况

国家和地区	重量（吨）	金额（亿美元）	单价（美元 /kg）
美国	59654	7.31	12.26
中国	10973	5.12	46.67
德国	15075	4.72	31.31
墨西哥	—	2.42	—
意大利	10520	1.72	16.30
法国	17075	1.70	9.97
日本	7220	1.50	20.75
荷兰	14453	1.38	9.58
加拿大	5634	1.30	23.13
泰国	—	1.00	—

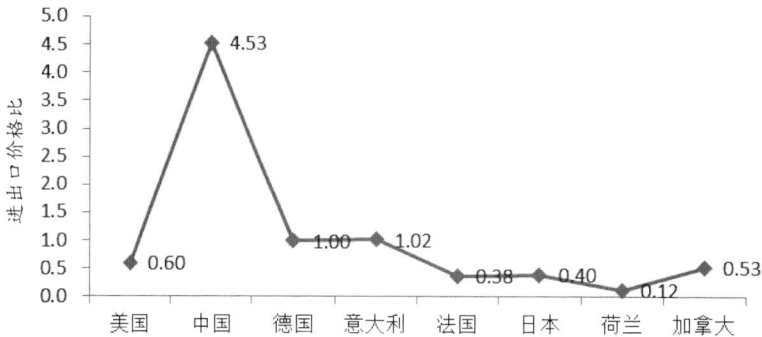

图 2 2014 年全球主要国家技术纺织品进出口价格比

3. 帘子布

帘子布是 59 章出口额第三的商品，2014 年的出口额为 20 亿美元。中国依然是全球帘子布最大的出口国家，2014 年的出口额为 6.7 亿美元，韩国和卢森堡的出口额也比较大，位列世界第二、三位，见表 10。从出口单价看，德国帘子布产品的出口价格最高，比中国高 84.9%。但是由于帘子布产品的结构比较单一，各国出口单价之间差异不是很大。

表 10   2014 年全球主要国家帘子布出口情况

国家	重量（kg）	金额（美元）	单价（美元 /kg）
中国	178205	6.69	3.75
韩国[②]	76296	3.09	4.05
卢森堡	51466	2.30	4.47
土耳其	30512	1.56	5.10
德国	18639	1.29	6.94
美国	23545	1.07	4.56
波兰	23177	1.07	4.60

美国是全球最大的帘子布进口国，2014 年进口额为 3.4 亿美元，印度、泰国、德国和日本的进口量也比较大，中国的进口额为 1.3 亿美元，进口额在全球排第六，见表 11。

[②]在本报告中，如果不做特别说明，2014 年的数据中均不含韩国相关商品的进出口数据；本处的数据为韩国 2013 年帘子布出口数据。

表 11　2014 年全球主要国家帘子布进口情况

国家	重量（kg）	金额额（美元）	单价（美元 /kg）
美国	75842	3.35	4.42
印度	50761	2.79	5.49
泰国	47302	1.99	4.21
德国	30859	1.91	6.19
日本	42509	1.63	3.83
中国	21571	1.25	5.81
波兰	21265	1.05	4.92

（二）絮胎、毡呢、无纺织物；特种纱线；线绳索缆及其制品

2014 年第 56 章商品"絮胎、毡呢、无纺织物；特种纱线；线绳索缆及其制品"的全球出口额为 228.7 亿美元，在产业用纺织品中仅次于第 59 章商品。在本章商品中，非织造布是最大出品品种，2014 年的全球出口贸易额的不完全统计值为 13,977,253,454 美元，如果加上没有提交数据的韩国、中国台湾等国家和地区的数据，估计总额将接近 150 亿美元，占本章商品出口额的比重超过 60%。其他出口金额较大的产品有线、绳、索、缆和絮胎等，见表 12。

由于非织造布的出口额在本章中占多数，本文将对非织造布的全球贸易情况进行重点分析。

表 12　2014 年第 56 章商品出口贸易额

商品代码	商品名称	金额（亿美元）
5601	絮胎；长度不超过 5 毫米的纺织纤维、纤维粉及球结	21.19
5602	毡呢	11.94
5603	非织造布	139.77
5604	用纺织材料包覆的橡胶线及绳；用橡胶或塑料浸渍、涂布、包覆或套覆的纺织纱线	4.20
5605	含金属纱线	2.65
5606	粗松螺旋花线；绳绒线；纵行起圈纱线	5.70
5607	线、绳、索、缆	22.39
5608	线绳索制的网；纺织材料制的渔网及其他网	14.95
5609	用纱线、品目 54.04 或 54.05 的扁条及类似品或线绳索缆制成的其他品目未列明制品	4.03

1. 全球非织造布出口简况

2010 年以来，全球非织造布贸易非常活跃，见表 13。2010 年全球出口非织造布 255.5 万吨，金额 115.9 亿美元，出口额增长 20%，2011 年的出口增长 17%，2012 年的出口额与 2011 年相比基本持平，2013 年则增长了近 8%。在同等统计口径下，2014 年的全球出口贸易额估计在 150 亿美元，增长 4%。总价格看，全球非织造布出口的平均价格在 4.8 美元 /kg 左右。

表 13　全球非织造布出口情况

时间	重量（万吨）	金额（亿美元）	出口单价（美元 /kg）
2010 年	255.5	115.9	4.54
2011 年	270.1	135.9	5.03
2012 年	277.4	133.7	4.82
2013 年	306.6	144.3	4.71
2014 年	289.2	139.8	4.83

2. 非织造布全球主要贸易国

2014 年以前，德国是全球最大的非织造布出口国，美国紧随其后。但是 2014 年，中国在出口金额上首次超过德国，成为全球非织造布最大的出口国家。中国、德国、美国和意大利四个国家非织造布的出口额占全球总额的比重超过 50%，出口额前 10 的国家的出口额占全球总额的比重超过 70%。

2010~2014 年间，主要非织造布出口国家中，中国的出口年均增长 20.86%，是增长最为迅速的国家，见表 14；捷克年均增长 11.86%，德国和美国也都保持了 5% 以上的增长，日本的出口基本保持零增长，但是如果考虑到总部在这些国家的跨国企业通过直接投资在其他国家设置的工厂生产的非织造布，德国、美国和日本的实际贸易值要比现在高得多。

在发展中国家中，土耳其的非织造布的出口增长非常迅速，2010 年其出口额为 1.46 亿美元，2014 年为 3.54 亿美元，年均增长 24.8%，增速已经超过中国，但其出口规模仍较小，2014 年其出口额只占全球的 2.53%。

表14 2010~2014年全球非织造布主要国家出口额

国家	2010年（亿美元）	2011年（亿美元）	2012年（亿美元）	2013年（亿美元）	2014年（亿美元）	2010~2014年平均增速（%）
中国	10.83	14.80	16.24	19.69	23.10	20.86
德国	18.17	21.70	20.13	21.77	22.49	5.48
美国	15.84	17.29	18.17	20.44	19.69	5.59
意大利	9.87	11.86	10.65	11.15	11.73	4.41
日本	6.61	6.89	6.81	6.46	6.63	0.07
法国	5.31	5.91	5.46	5.96	6.09	3.46
韩国	4.15	4.74	4.62	4.73	—	4.4[3]
捷克	2.78	4.13	3.67	3.83	4.35	11.86
比利时	3.88	4.86	4.10	4.72	4.28	2.51
荷兰	3.19	3.89	3.71	3.65	4.04	6.06

从单价看，日本的非织造布出口单价最高，达到了11.77美元/kg，是德国和美国的近2倍，是中国的3.3倍，见图3。日本通过直接投资，将一般产品的生产已经转移到其他国家和地区，本土生产的产品主要是一些小品种、高技术含量的产品，常规产品主要通过进口来满足国内需求，在国际贸易中不追求数量的增长和市场份额的提高，但是在产品附加值上基本处于全球的领先地位。中国、意大利、捷克和土耳其的出口单价明显低于全球平均水平。

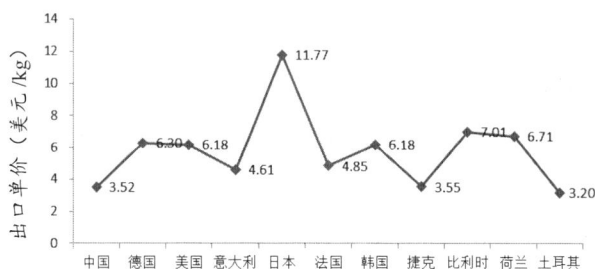

图3 2014年全球主要国家非织造布出口单价

3. 非织造布出口产品结构

从出口产品的结构看，2014年全球出口的非织造布中，按金额计算，纺丝成网的非织造布占64%，而短纤非织造布占36%。在主要出口国家中，捷克、意大利、

③ 韩国的增速为2010~2013的平均增速。

荷兰、土耳其和美国以长丝非织造布为主，按金额计算的比例均超过了 70%，其中捷克和土耳其都超过了 90%，见图 4；而德国和韩国的出口产品结构则比较平衡，两种类型的产品基本各占一半。中国、日本和比利时则以短纤非织造布为主，其中中国的短纤产品出口金额占总额的 57%，日本占 65%，比利时高达 70%。

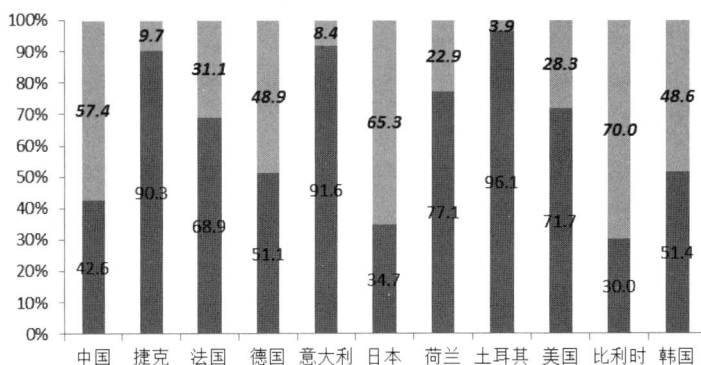

图 4 2014 年主要国家出口的非织造布产品结构④

从进口看，美国、德国和中国是全球最大的非织造布进口国家。在主要进口国家中，中国进口非织造布的平均单价为 6.24 美元 /kg，处于最高水平，是同期中国出口非织造布产品平均单价的 1.8 倍。

（三）卫生巾、尿裤

卫生巾、尿裤是全球产业用纺织品中比较重要的出口商品，也是近年来增长比较迅速的商品。2013 年全球卫生巾、尿裤的出口额达到 151 亿美元，增长 14.7%；2014 年的不完全统计是 150 亿元，如果按与 2013 年的相同统计口径，估计总额会超过 165 亿美元。

1. 主要出口国

在该类商品下，德国是全球最大的出口国，2014 年的出口额达到近 20 亿美元，3 年间年均增长 5.18%，见表 15。中国于 2013 年超过波兰成为全球第二大出口国，2014 年的出口额为 15 亿美元，三年间的平均增速达到 14.56%，并且今后还将保持较快增

---

④ 韩国为 2013 年数据

长，预计在 2 年内中国将会超过德国成为全球最大的出口国。日本在全球市场排名第四，但是出口增长速度非常可观，三年间的平均增速接近 19%。土耳其近年来也保持了 10.57% 的快速增长。

表 15　全球主要国家卫生巾、尿裤产品出口情况

国家	2012 年（亿美元）	2013 年（亿美元）	2014 年（亿美元）	平均增速（%）
德国	16.86	17.61	19.65	5.18
中国	10.10	11.76	15.25	14.56
波兰	10.88	12.16	12.49	4.65
日本	6.40	8.14	10.81	18.91
土耳其	6.53	8.22	8.86	10.57
美国	8.22	8.52	8.46	0.97
比利时	7.03	8.55	7.94	4.09
加拿大	5.93	6.34	7.22	6.70
荷兰	6.10	7.00	7.01	4.70
捷克	4.84	5.81	6.04	7.62

德国该类商品出口最大的单个市场是法国，2014 年对法国的出口额为 4.2 亿美元，德国出口额前 10 的国家除瑞士外，其余均为欧盟国家，这 9 个欧盟国家的出口占德国全部出口额的 70% 左右。

中国该类商品的出口市场则比较分散。美国是最大的市场，对美国的出口金额也只占总额的 11%，其余的出口市场主要分布在亚洲和非洲等发展中国家和地区。未来这些地区依然是我国该类商品出口增长的重要保证。

波兰该类商品的出口市场主要集中在东欧和欧盟地区。俄罗斯是其最大的市场，出口金额占总额的 15% 左右，德国和乌克兰是其第二、三大单体市场。

日本该类商品的主要出口市场是中国、俄罗斯和香港特别行政区，其中中国及香港特别行政区市场占其出口总额的比重达到 63%。

2. 主要进口国

美国、英国、德国、法国和俄罗斯是全球主要的卫生巾和尿裤的进口国，占全球进口总量的 1/3 左右，见表 16。这些国家该类产品的来源地主要集中在欧洲和北美，中国在这些国家的市场份额均低于 10%。

表 16 2014 年全球卫生巾、尿裤主要进口国

国家	进口额（亿美元）
美国	11.51
英国	11.19
德国	10.30
法国	8.79
俄罗斯[5]	8.22

三、结论

产业用纺织品主要作为工业、基础设施建设、医疗卫生、日常消费品等的原材料或者辅助材料，对产品的个性化设计、生产的工艺技术、装备等都具有特殊要求，相比于传统的纺织服装产品，产业用纺织品的国际贸易呈现出不同的特点，具体如下：

产业用纺织品的国际贸易呈现非常明显的集中化趋势，其出口国（生产国）和进口国（消费国）主要集中在中国和欧盟、美国和日本等国家。出口额前 10 的国家的合计出口额占全球总额比重超过 60%，进口前 10 的国家的合计进口额也占全球总额的 45% 左右。发达国家内部的贸易非常频繁，2014 年欧盟成员国间的非织造布进、出口额占其进、出总额的比重分别为 65% 和 54%。

美国、日本和欧盟等发达国家和地区由于要素成本的原因，已经将传统的纺织服装产业转移到中国、东南亚，甚至非洲等国家和地区，在全球贸易中的比重非常低。但是在高技术含量的产业用纺织品方面，发达国家在国际贸易中依然占据优势地位，在部分细分产品上的出口贸易额处于领先位置，特别是其出口单价要远高于中国，表明尽管经过多轮的国际产业转移，对于处于纺织国际价值链高端的产业用纺织品工业，发达国际依然将其保留在国内进行研发和生产。

发达国家跨国企业在全球直接投资设置生产加工基地的因素，全球主要的产业用纺织跨国企业在中国基本都设有生产工厂，这些工厂的产品在中国国内销售的同时也在满足全球市场的需求。如果考虑这个因素，日本、美国、德国等国的产业用纺织品优势将比贸易数据得出的结论更加明显。

中国是全球最大的产业用纺织品出口国，出口额约占全球产业用纺织品出口总额的 22%，而同期中国纺织服装的出口总额则占全球纺织品服装出口额的 37%。产

---

⑤ 俄罗斯的进口数据为 2013 年数据。

业用纺织品的全球出口额在 1000 亿美元左右，2013 年全球纺织服装的出口额达到
7661 亿美元，产业用纺织品占 13% 左右；而同期，中国产业用纺织品的出口额占纺
织服装出口总额的比重不到 10%。这些均表明，我国产业用纺织品出口比重低，与
世界的平均水平还有差距。一方面是由于发达国家在该领域的技术、品牌的竞争优
势更为明显，我国产业用纺织品虽然在重量上出口量大，但是由于价格较低，使得
出口金额偏低；二是产业用纺织品的进口国主要集中在中国和发达国家，广大发展
中国家的消费量不足，这部分市场还没有启动。

中国虽然是全球最大的产业用纺织品出口国，满足全球的产业用纺织品消费需求，
但是出口产品的价格与发达国家相比具有明显的差距；中国在大量出口的同时，也
进口了大量高价格同类产品。中国主要还是通过要素成本的优势和完整的产业链优
势来获得全球竞争优势。虽然土耳其、印度等国家的产业用纺织品的出口增长比较快，
但是与中国相比，其竞争优势还不明显。

作为全球最大的产业用纺织品生产国，中国在对外出口方面还有较大的增长空间，
我们可以从以下几个方面来开拓国际市场：对于具有一定技术优势的产业，要加大
研发和产品开发的力度，提高产品的质量，逐步与发达国家竞争，进入到全球产业
用纺织品价值链高端；非洲、东南亚等发展中国家的产业用纺织品工业比较薄弱，
产品主要依赖进口，而且对产品的需求主要集中在中档，对价格也比较敏感，中国
产品在这些市场竞争力比较强，我们要积极开拓这些国家的市场，提高市场占有率；
充分发挥我国产业用纺织品的比较优势，抓住国家"一带一路"政策的机遇，结合
沿线国家基础设施建设、环境保护和医疗卫生事业的需求，采用直接投资的方式走
出去，将我国具有优势的产业转移到这些国家，既培育国际化经营的能力，又占领
更广阔的市场。

（撰稿人：季建兵）

2014 年中国高性能纤维现状分析及 2015 年发展前景

中国化学纤维工业协会高新技术纤维专业委员会

一、2014 年高性能纤维现状分析

2014 年是全面深化改革的第一年，是完成"十二五"规划的关键一年，国内经济正处于"三期叠加"的新常态下，虽然各领域的改革措施逐渐推出，但仍面临经济增速放缓、新的经济增长力尚未形成等因素的挑战。我国高性能纤维行业经过前期的快速发展，在技术开发、技术积累、市场需求、投资热情以及宏观政策等方面，都比过去有了明显的进展。同时，在全球范围内航天航空、汽车和工业用领域创新技术不断涌现和对新材料需求快速增长的牵引下，高性能纤维出现了新一轮的扩产和布局，更加注重技术、产品、市场和服务的全方位竞争。在这种国内外发展环境下，我国高性能纤维行业在稳定生产技术、拓展应用技术和装备的研发、下游产品的开发和全产业链建设方面都有了明显的进步。

总体上，我国的主要高性能纤维已实现了规模化生产，少数品种更是达到国际先进水平，具备了一定的国际竞争力。在国家相关政策和规划的指引下，国产高性能纤维行业在规模化生产、生产及应用技术和高水平研发平台取得了较好的进展。

（一）高性能纤维规模进一步扩大，竞争力持续增强

目前，我国高性能纤维总的生产能力约 12.8 万吨，主要产品包括 PAN 基碳纤维、芳纶、超高分子量聚乙烯纤维、聚苯硫醚纤维、连续玄武岩纤维、聚酰亚胺纤维和聚四氟乙烯纤维等（表 1）。值得注意的是个别高性能纤维由于部分企业停产或倒闭导致产能有所下降。

表1 2014年主要高性能纤维产能汇总

名称	产能（吨）
PAN基碳纤维	15000
芳纶	18600
超高分子量聚乙烯纤维	12100
聚苯硫醚纤维	10500
玄武岩纤维	13000
聚酰亚胺纤维	4000
聚四氟乙烯纤维	2000

数据来源：中国化学纤维工业协会

（二）生产和应用技术进步明显

T300级碳纤维千吨级产业化运行平稳，产品性能达标，成功应用于航空航天和武器装备，民用市场逐步拓展，工业用领域市场空间巨大；T700级碳纤维千吨级生产线已经建成，产品已进入市场；T800级碳纤维已开展批量试产，高模量碳纤维正在组织攻关。间位芳纶市场、超高分子量聚乙烯纤维、连续玄武岩纤维、聚苯硫醚纤维等产品在市场需求不断增长的刺激下，产销规模有所扩大，个别品种实现出口。对位芳纶、耐热型聚酰亚胺纤维和聚四氟乙烯纤维进一步巩固产业化成果，为扩大规模、丰富系列化产品和降低生产成本奠定了坚实的基础。

1. PAN基碳纤维

PAN基碳纤维原丝方面，吉林碳谷碳纤维公司依托其强大的丙烯腈聚合能力和经验，通过采用多种节能降耗手段，进一步降低了生产成本，稳定了原丝品质，可达到T400级，为保证碳纤维质量奠定了基础；中复神鹰碳纤维有限责任公司进一步稳定了T700干喷湿法纺丝工艺，可显著提高生产效率和降低生产成本；威海拓展纤维有限公司成功突破T800级碳纤维生产工艺，目前已小批量试产，此外，高模量碳纤维的关键技术突破，达到M50J级。

国产碳纤维民用航空、风能发电、机械制造和轨道交通等领域都取得了一定的成绩，如中材科技开发的77.7m长海上风电叶片已经下线，每只叶片约使用5吨的碳纤维复合材料。虽然在工业领域的应用比例有了一定增长，但仍以建筑补强为主，约占到50%以上。以上这些在民用航空和工业领域的应用开发，都为碳纤维的推广应用奠定了工程基础。

关键装备：目前，国内西安富瑞达科技有限公司自主开发的高温碳化炉最高运行温度已可稳定在 1800℃，炉口最宽可达 3m，可满足 T300、T700 和 T800 级碳纤维的生产；石墨化炉最高运行温度已稳定在 2800℃，可满足 M 级碳纤维生产。此外，国产预氧化炉、低温碳化炉等关键装备已可满足中试线需要。

2. 间位芳纶

国产间位芳纶已实现规模化生产，应用仍以过滤材料为主，比例可达到 60% 以上，但在安全防护领域的应用已逐年增加（图 1）。

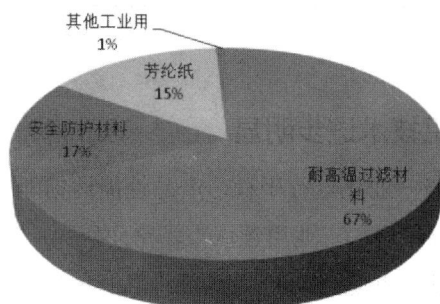

图 1 国内间位芳纶应用领域及占比

3. 对位芳纶

国产通用型对位芳纶（拉伸强度为 2.9Gpa，拉伸模量为 70GPa）生产进一步稳定，应用领域则主要集中在室内光缆、摩擦密封和橡胶领域。高强型对位芳纶（拉伸度达到 3.5GPa，力学性能与 K129 相当）已小批量生产，并通过军队搜/排爆服等装备应用的定型；高模型（模量达到 110GPa 以上，力学性能与 K49 相当）已突破关键技术。

主要应用在室内光缆、摩擦密封和橡胶增强领域，比例可达到 90%；高端防护和复合材料领域比例约为 10%（图 2）。

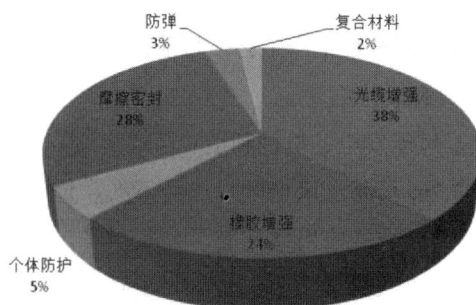

图 2 国内对位芳纶应用领域及占比

4. 超高分子量聚乙烯纤维

国内相关生产企业通过扩大产量和采取节能降耗措施，进一步降低生产成本，同时已突破着色技术，且保证强力无损，目前已实现量产，这必将对扩大应用领域有极大的促进作用。此外，超高分子量聚乙烯纤维细旦化技术进一步稳定，而短纤纺纱技术已在研发，为未来家纺领域应用奠定了技术基础。

市场情况看，国内市场依然是防弹无纬布、防切割手套和绳缆三分天下，与2013年相比，绳缆市场比例有所扩大；防割手套和养殖围网等民用应用领域获得用户肯定；近年来暴力恐怖事件、地区冲突有所加剧，防弹产品需求持续增长。

5. 聚苯硫醚纤维

目前，国内聚苯硫醚纤维通过添加改性的纳米复合硅材料到基体中，制备了具有良好的耐高温、耐腐蚀性能的纳米复合聚苯硫醚短纤维，氧化诱导温度较纯PPS纤维大大提高，在230℃下，纤维强度保持率依然大于90%，且耐酸、耐碱，较好地解决了纯聚苯硫醚纤维在高温、高腐蚀工况下极易氧化的难题，缩小了与国外产品质量的差距，可满足国内市场的需求。

6. 连续玄武岩纤维

在纤维规模化生产技术方面，已突破了1200孔漏板和"一带六"组合炉技术，可进一步扩大生产规模和降低生产成本，也为今后池窑化的大规模生产奠定了基础；在下游产品开发方面，玄武岩纤维已成功应用在汽车消音器、增强沥青路面、外墙建筑节能保温和体育休闲用品等方面，在汽车板簧、管材、阻燃织物等方面已取得实质性进展。

（三）进出口情况

根据国家海关数据（表2），2014年全年主要高性能纤维进口27435.5吨，产品主要包含碳纤维、芳纶、聚苯硫醚、超高分子量聚乙烯纤维和玄武岩纤维。

表2　2014年主要高性能纤维进口情况

名　称	金额（万美元）	金额同比（%）	数量（吨）	数量同比（%）
碳纤维及制品	37813.9	- 1.3	11726.9	- 5.3
芳纶纤维	16569.9	14.3	8754.6	25.4
聚苯硫醚纤维	7548.4	28.7	6912.6	44.1
超高分子量聚乙烯纤维	59.6	- 3.3	80.0	- 18.3
玄武岩纤维	0.5	7.1	0.2	- 46.6
合计	61,977.6	5.5	27,435.5	13.3

数据来源：海关总署

1. 碳纤维及制品

海关数据显示（图3），2014年碳纤维及制品进口量为11726.9吨，贸易方式以加工贸易为主，占59.5%，以进料加工为主，占57.2%；一般贸易占35.7%。日本仍是最大的进口国，2014年进口量为5747.1吨，同比下降6.7%，但仍占进口量的53.1%，值得注意的是，从韩国进口的碳纤维及制品已超过中国台湾，上升到第二位，2014年进口量为1646.0吨，同比增长46.9%，已占进口总量的14%，原因是韩国晓星和东丽尖端材料（韩国）公司的相继投产，导致日本进口量下降，而韩国进口量大幅增长。其后依次为中国台湾、土耳其、匈牙利、美国等。

就具体产品看（图4），碳纤维进口量1658.6吨，碳布1619.8吨，碳纤维预浸料1444.4吨，其他碳纤维制品7004.2吨，同比分别增长－17.4%、5.6%、6.0%和－6.4%。其中碳纤维进口量下降的原因是国产碳纤维的产量进一步增长和国内市场的不断认可，导致国外进口量下降，而碳布及预浸料进口量增长的原因一方面是目前国内体育休闲类产品的市场回暖，如渔具和球拍；另一方面是由于国内高档产品相对较少，绝大部分航天航空、体育用品、工业用高档碳纤维预浸料和碳布还需由国外进口，且需求还在不断增长。就价格看（图5），自2010年起，进口碳纤维价格总体呈下降趋势，碳布也有小幅下降，而碳纤维预浸料价格则较为稳定。

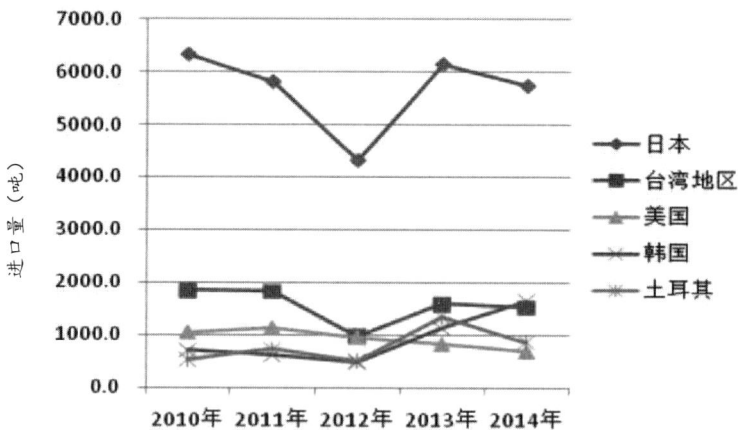

图3 2010~2014年碳纤维及制品分国别和地区进口量变化图

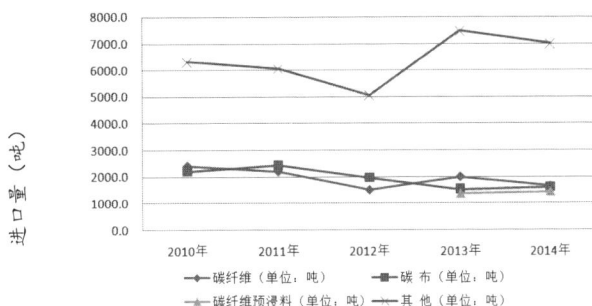

图 4 2010~2014 年碳纤维及制品分品种进口量变化图

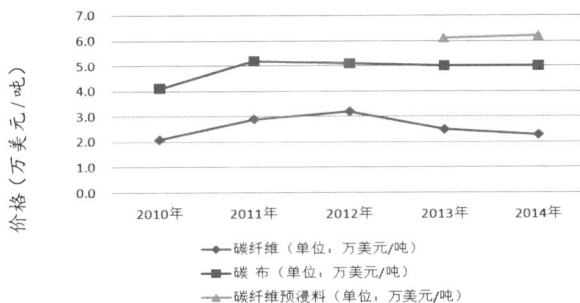

图 5 2010~2014 年碳纤维及制品进口价格变化图

2. 芳纶纤维

海关数据显示，2014 年芳纶纤维共计进口 8754.6 吨，同比增长 25.4%，进口品种以对位芳纶为主，可占到进口总量的 84%，间位芳纶进口量有所下降，同比下降约为15%。荷兰仍然是最大进口国，2014 年进口量为 2540 吨，同比增长 30.3%，占进口量的29%。其后依次为美国、英国、韩国、日本等国家。我国芳纶纤维进口国分布见（图 6）。

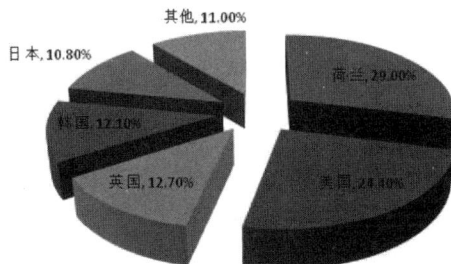

图 6 2014 年我国芳纶进口国比例（按进口量）

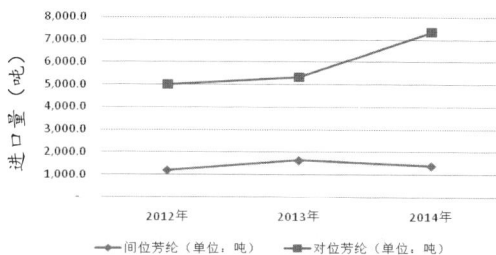

图 7　2012~2014 年我国芳纶进口量变化

从进口量来看（图 7），前五名进口国的进口量均有所增长，其中韩国涨幅最大，同比增长 52.6%，产品主要为对位芳纶。从具体企业来看，杜邦公司在国内芳纶市场仍然占据着主要份额，日本帝人份额有小幅增加。此外，我国对位芳纶需求依然旺盛，但国内产品尚不能满足需求，仍以进口产品为主。从进口金额来看，2014 年芳纶进口金额为 16595.9 万美元，同比增长为 14.3%，由此可知国内芳纶市场需求仍在不断增长。在应用领域方面，进口的对外芳纶依旧集中在安全防护材料、汽车用材料和光缆增强材料三大领域；间位芳纶则集中在安全防护材料。

3. 超高分子量聚乙烯纤维

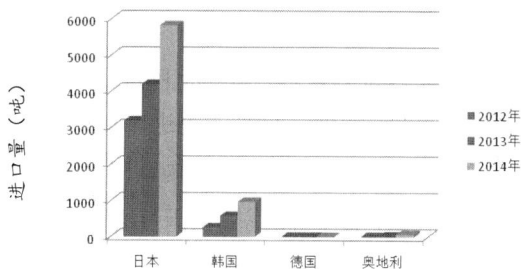

图 8　2012~2014 年超高分子量聚乙烯纤维按国别进口量

海关数据显示（图 8），2014 年超高分子量聚乙烯纤维进口量为 80 吨，同比减少 18.3%，进口金额 59.6 万美元，同比减少 3.3%。主要原因还是国产纤维品质进一步提升，得到国内市场的认可。日本由于产品价格低于其他国家和地区，依然占据进口总量的 85%，进口超高分子量聚乙烯纤维主要应用在绳缆领域。

4. 聚苯硫醚纤维

2014 年聚苯硫醚进口量为 6912.6 吨，同比增长 44.1%，是高性能纤维中进口增幅最大的品种。主要进口国仍为日本，进口量为 5817.17 吨，同比增长 40.2%，占进口总量的 84.9%（图 9）。主要原因一方面是国家相关环境保护政策的出台和治理大气污染的决心，使得聚苯硫醚纤维用量大幅增加；另一方面由于国内最大生产企业四川得阳特种材料有限公司的停产，导致国产聚苯硫醚纤维供应不足。此外，由于国外产品在质量和品牌上的优势，国内部分用户的特殊要求和指定，使得部分滤袋生产企业依然选择从国外进口，从而使得进口数量依然呈逐年上升的态势。

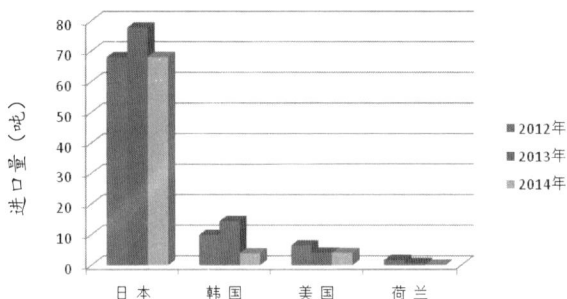

图 9 2012~2014 年聚苯硫醚纤维按国别进口量（单位：吨）

5. 2015 年高性能纤维发展前景

产业政策方面，战略性新兴产业依然是未来国家发展的重点，一系列产业政策的出台为高性能纤维的发展创造了机遇。此外，个别法律、法规的出台，如大气治理、汽车节能减排法规等，将进一步推动高性能纤维的发展。

从市场需求及应用看，随着基础设施建设、环境治理及现代交通工具等领域的不断发展，对高性能纤维的需求也将持续增长。其中碳纤维需求以钓鱼竿和自行车为代表的体育休闲用品会有一定增长，高压输电线芯材和建筑结构物补强发展迅猛，压力容器、碳／碳复合材料制品、海底油田、航空航天和国防军工的需求会大幅增长；对位芳纶主要体现在防弹、室外光缆增强和复合材料等高端需求；间位芳纶、聚苯硫醚纤维和聚酰亚胺纤维则集中应用在耐高温过滤材料领域；连续玄武岩纤维有望在道路增强、建筑材料和汽车用材料领域有所突破。

　　从技术创新上看，随着国内对高性能纤维基础研究和应用认识的逐步加深，通过高水平的研发平台和产学研用进一步合作，科技进步无疑将成为高性能纤维行业未来发展的重要支撑，这不仅体现在某一环节，而是整个高性能纤维及其应用产业链上，以纤维的高性能、低成本制造技术和复合材料制造技术先进化、低成本化为发展重点，逐步实现材料研发—设计—制造—评价的一体化、功能化、智能化。此外，由于高性能纤维材料的独特性能，由此产生的新的环保问题，同样要通过科技创新来解决。

（撰稿人：王玉萍，吕佳滨）

国内外碳纤维及其复合材料产业现状及发展趋势

自 20 世纪 60 年代碳纤维首次商业化以来，碳纤维产业规模不断扩大，产品品质不断提高，2014 年全球碳纤维产能（365 天连续生产 12K/24K 碳纤维丝束计算）已达到 12.6 万吨。尽管碳纤维与传统的玻璃纤维在价格上仍不能相比，但高性能碳纤维以其高比强度、高模量、可设计、防腐蚀和抗疲劳等突出特点，具有玻璃纤维所不能比拟的优势，已成为发展先进武器装备的关键材料，并在航空航天、国防军工、风能产业、土木工程、体育休闲等领域得到了广泛应用。

当前，国际复合材料产业呈现蓬勃发展态势，据估计，未来 5 年先进复合材料将以每年 5% 的增速发展，而随着民用航空、汽车工业等领域的快速发展，全球高性能碳纤维需求量的年增幅可达 10%，亚太地区将会有更高的增长率，即碳纤维及其复合材料产业将面临前所未有的发展空间和机遇。

因此，在目前碳纤维产业快速发展的关键时期，更应该认清国际碳纤维产业的发展形势、对照国外先进企业找差距找问题，通过理性思考寻求解决途径，适时把握发展机遇，落实行动、注重实效，努力推进国内碳纤维及其复合材料产业的健康快速发展。

一、国外碳纤维产业现状及发展趋势

（一）产业方面

根据前躯体原料的不同，碳纤维可分为聚丙烯腈基（PAN）、沥青基和粘胶基碳纤维等。由于粘胶基碳纤维在制备过程中会释放出毒性物质二硫化碳，且工艺流程长、生产成本高、整体性能不高，因此目前在国际碳纤维产业领域，前两种碳纤维获得了更大规模的生产和应用。其中，PAN 基碳纤维又占据绝对优势，国际市场占有率超过 90%。PAN 基碳纤维的 9 大生产商包括：日本东丽工业株式会社（以下简称"东丽"）、日本东邦化学工业株式会社（以下简称"东邦"）、日本三菱丽阳株式会社（以下简称"三菱丽阳"）、美国赫氏有限公司（Hexcel）、美国氰特工业公司（Cytec）、美国卓尔泰克公司（Zoltek，已被东丽收购）、台湾塑料工业股份有限公司（以下简称"台塑"）、土耳其阿克萨集团（AKSA）和德国西格里碳素集团（SGL）。沥青基碳纤维的生产和应用居其次，主要生产企业三家，分别是 Cytec、三菱丽阳和东丽。

PAN 基碳纤维分为小丝束（1~24K）和大丝束（36K 及以上）两类。全球小丝束碳纤维市场主要被东丽、东邦、三菱丽阳三家公司所垄断，而来自中国、土耳其和韩国的企业，正不断扩充小丝束的全球产能，同时也降低了三家日本公司的市场份额。

大丝束碳纤维生产商主要有 Zoltek、SGL 和三菱丽阳三家。另外，中国蓝星（集团）总公司英国分公司拥有大丝束碳纤维原丝的供应能力，Cytec 于 2014 年与德国 Dormagen 的腈纶纤维生产商 DralonGmbH 公司合作开展低成本大丝束碳纤维的研制开发。预计在未来 10 年中，其他制造商也会陆续加入大丝束碳纤维生产领域。

为满足高速发展的航空航天与汽车市场对碳纤维的需要，几乎所有的碳纤维巨头都宣布了扩产计划。例如，东丽拥有以日本本土为核心的日美法韩 4 个生产基地，目前已形成 11000~12000 吨 / 年的 T700S 和 4500 吨 / 年的 T800 碳纤维生产能力，并宣布 PAN 基碳纤维的总产能于 2015 年达到 27100 吨，2020 年扩大至 50000 吨。另外，Hexcel 在欧洲大幅度扩产，三菱在美国与本土扩产，Cytec 已经基本完成美国的双倍产能扩产计划，SGL 也在美国接连扩产。各企业的碳纤维生产已基本实现了全球布局，为进一步实现从原丝到下游复合材料制品的全产业链一体化协调发展奠定了硬件基础。

（二）技术方面

目前，国外高强、高强中模碳纤维的产业化制备技术成熟，规模化、自动化程度高，关键核心技术掌握在日、美等国手中。其中，东丽凭借其强大实力研制并形成了包括 T300、T700、T800、T1000 等在内的高强系列和包括 M35J、M40、M40J、M55J、M60J、M70J 等在内的高模和高模高强系列产品，一直占领着碳纤维技术的制高点，令对手望其项背。美国 Hexcel 经过多年的研究，在 IM9 高强中模碳纤维基础上，研制出 IM10 碳纤维，主要力学性能超过日本东丽 T1000，并成功应用于大型客机。IM10 推出两年半后的 2014 年初，东丽宣布推出 T1100 碳纤维，重新夺回碳纤维技术的领先地位。

目前，低成本技术已成为碳纤维及其复合材料发展的迫切需求和重要趋势。为了进一步推进行业的快速发展，国外各碳纤维生产商正开展碳纤维产品规模化、稳定化和低成本化生产技术方面的研究。

二、国内碳纤维行业发展现状

（一）产业技术现状

在国家科技和产业化示范计划支持下，近 10 年来我国碳纤维制备与应用技术，实现了从"无"到"有"的转变，出现了前所未有的产业化建设高潮，初步建立起国产碳纤维制备技术研发、工程实践和产业建设的较完整体系，产品质量不断提高，碳纤维及其复合材料技术发展速度明显加快，有效缓解了国防建设重大工程对国产高性能碳纤维的迫切需求，部分型号用碳纤维及其复合材料的国产化自主保障问题基本解决。

目前，T300 级碳纤维已实现千吨级产业化，产品成功应用于航空航天和武器装备，民用市场正在推广；T700 级碳纤维千吨级生产线已经建成，产品进入应用考核；国产 T800 级高强中模碳纤维吨级线建成并已批量生产；高模及高模高强碳纤维的产业化仍为空白，其工程化制备关键技术急需突破；更高等级的高强中模和高强高模碳纤维制备关键技术亟待攻关。

截至 2014 年底，我国已拥有碳纤维生产企业近 40 家，理论设计总产能达到 1.96 万吨。已建成 6 条千吨产能（含配套的原丝生产能力）、7 条 500 吨产能的碳纤维生产线（含配套的原丝生产能力），拥有千吨级以上规模生产线的企业 4 家，五百吨级的企业（或企业联合体）5 家，主体产品为 12K 及以下的小丝束 PAN 基碳纤维。

据统计，2007 年以来，国内碳纤维产量逐年增加，从 2007 年的约 200 吨，增加到 2014 年的约 2600 吨，但产能释放能力弱的问题依然非常突出，2014 年的碳纤维实际产量不足设计产能的 20%。一方面，我国碳纤维企业普遍开工不足、设备闲置、产能浪费，生产成本居高不下；另一方面，受国际碳纤维行业巨头的蓄意压制，碳纤维售价一跌再跌，甚至跌至成本以下，碳纤维企业面临着生产越多亏损越多的局面。

目前，我国碳纤维企业长期面对"内忧外患"困扰，几乎全部处于亏损状态，大部分企业只能减产甚至停产，生存状况不容乐观。

（二）存在的主要问题

目前，我国碳纤维技术、设备、品种和性能等方面还处于起步阶段，与发达国家相比仍有较大差距，无论产量、质量均有待进一步提高。存在的主要问题包括：

1. 重复建设多，产能利用率低

全球具有国际竞争力的 9 大碳纤维制造商中，日本 3 家，美国 2 家，而在近几年中，我国碳纤维产业在国家政策的引导下，各地的碳纤维项目如同雨后春笋般纷纷上马，导致目前我国的碳纤维企业超过 30 家。投资建设的企业不少，但同时同质化发展的低水平投资现象居多，又由于自主创新能力不足，导致产能规模小、利用率低、竞争力弱，严重制约了碳纤维产业的健康发展。

2. 技术相对落后，产品质量差

我国碳纤维产业目前相当于国外碳纤维企业 20 世纪 80 年代的水平，缺乏具有自主知识产权的核心生产技术，工艺技术的多元化体系建设尚不完善，原丝生产的技术路线单一，生产工艺稳定性差，生产过程能耗、物耗偏高，成本居高不下。

同时，国产碳纤维产业创新团队力量不足，原始创新能力相对较弱，导致国产碳纤维表现出产品性能稳定性、可靠性差，与树脂产品复配的应用工艺性差，高端产品产业化水平低，与国际同类产品差距显著。

3. 部分关键装备落后，设计制造能力有待突破

目前，国内缺乏大型专用生产设备的设计制造能力，对引进装备的二次改造能力也不强。尽管一些企业已开始装备国产化的研究，但自主设计、制造能力相对较弱，装备的工艺适应性、系统可靠性和控制水平等方面与进口设备仍有较大差距，使得碳纤维综合指标协调与可控性不高。因此，缺乏大型专业装备的设计制造能力也成为我国碳纤维产业面临的主要问题之一。

4. 差别化专用上浆剂有待进一步国产化

国产化目前，国内所用的上浆剂大部分为水性乳液型上浆剂，以环氧树脂为主，品种较少，不能满足国产碳纤维应用日益发展的要求。不匹配的上浆剂会使碳纤维出现毛丝较多、脆性增大、灰份含量高等问题，降低了使用性能。因此，我国急需开发出包括热塑性树脂上浆剂在内、适合国产碳纤维的多系列上浆剂类型，进一步研发耐湿热老化、耐高温等高端领域的差别化、专用上浆剂，完善、改进上浆工艺，

以满足不同领域碳纤维复合材料加工制造的实际要求。

5. 应用市场技术发展独立，产业牵引力不足

我国的碳纤维应用是独立于碳纤维制备技术而发展起来的，碳纤维上下游产业发展严重脱节，纤维几乎完全依赖于进口，对国内碳纤维产业发展的牵引力不足，直接造成碳纤维企业开工率低，产能浪费严重。同时，国内碳纤维复合材料的设计、制造和应用水平与发达国家存在较大差距，直接导致国产碳纤维复合材料在高端制品上的应用和工业领域的拓展受到制约。因此，我国复合材料及其制品的设计、制造技术有待进一步提高，碳纤维下游应用市场亟待培育和开拓。

三、国内外碳纤维应用领域现状

（一）航空航天领域

航空航天是国际碳纤维应用的传统市场，几十年来，航空航天领域的碳纤维复合材料用量稳步增长。美国等发达国家先后开发了碳纤维—酚醛防热复合材料、高强高韧碳纤维—环氧复合材料、耐高温碳纤维复合材料等系列产品，广泛应用于战略导弹、运载火箭、先进战机、卫星、飞机发动机导向叶片、机翼和涵道部件等。碳纤维已成为航空航天、尖端武器装备必不可少的战略基础材料。

国外碳纤维复合材料在战斗机、直升机、无人机上的用量早已达到或超过机身总重的50%，波音787"梦幻航线"和空客A350XWB宽体客机上，碳纤维复合材料主、次结构件质量占比也已达到50%。碳纤维复合材料的使用大大地减轻了机身质量，提高了飞机燃油经济性。

目前，我国航空航天用碳纤维复合材料体系基本建立，先后发展出了酚醛、环氧、双马、聚酰亚胺等多种树脂基体，构建了碳纤维—酚醛烧蚀防热和碳纤维—环氧、碳纤维—双马结构承载两大复合材料系列，逐渐进入成熟应用阶段，应用范围和应用比例逐步扩大；建立了预浸料铺层模压、缠绕、热压罐、液体成型等多种工艺手段，并在多种型号上得到应用，形成了较为完备的复合材料设计、制造、检测、应用一体化体系，为我国航空航天事业的跨越发展提供了重要支撑。

另外，我国自行研制的碳纤维复合材料刹车预制件，性能已全面达到国外水平。采用这一预制件技术所制备的国产碳／碳刹车盘已批量装备于国防重点型号的军用飞机，并在B757－200型民航飞机上使用，在其他机型上的使用正在实验考核中。

（二）建筑工程领域

建筑工程一直都是通用级碳纤维应用的重点领域。目前，美国和欧洲国家的部分老旧桥梁、古旧建筑都面临着较为严峻的工程修复问题，因此，碳纤维补强材料多以粘贴片材的形式应用。一些新型的加固方法，如外贴预应力片材加固、网格加固、嵌入式加固等也在基础设施加固工程中得到了应用。日本由于频繁地震的原因，多年前就开始了碳纤维耐震补强材料和技术的研究与应用。

随着设计、施工水平的提高，碳纤维及其复合材料也独立或作为主要受力材料被应用于隧道、飞机跑道、停机坪、高速公路等工程。另外，桥梁用碳纤维斜拉索、高层建筑电梯用碳纤维拉索、碳纤维增强水泥、碳纤维网格增强混凝土等也已成为目前碳纤维在国外建筑工程领域应用的新形式。

我国拥有全球最大的土木建筑市场，碳纤维在加固道路、桥梁、楼房建筑结构领域的应用正呈现不断增长的的趋势。我国自20世纪90年代开始进行碳纤维复合材料在土木工程、建筑补强中的应用研究，目前已有数十个高校和科研院所在建筑补强用碳纤维复合材料的制备及应用关键技术研究领域开展了深入工作，并在产品生产、装备制造、材料评价及设计体系、应用技术等方面取得了大量成果。工程应用方面，碳纤维布及碳纤维复合材料板成为重要的结构加固材料，并得到了广泛的应用，先后被用于人民大会堂、天安门城楼、北京工人体育场、军事博物馆、京沈高速公路桥、北京地铁隧道、北京国贸立交桥、中石油输油管道等众多重大基础设施、公共设施和工业设施。但与国外相比，我国该领域碳纤维复合材料的应用尚处于起步阶段，仍存在材料类型单一、应用技术单一的问题，急需进一步的深入研究和实践。

（三）能源领域

随着风电叶片大型化的不断推进，碳纤维复合材料的应用也越来越多。国外风电叶片制造商早已在大型叶片的制造中规模化使用了碳纤维，同时碳纤维叶片的制造也真正实现了全产业链的共同进步。碳纤维制造领域，东丽、Zoltek等企业，针对风能市场的特殊需求纷纷推出专用的碳纤维产品，如24KT620s和50KPanex35；中间制品领域，Gurit、Hexcel、ACG等中间产品制造商开发了叶片专用碳纤维预浸料，如SparPregTM、HextoolTM和DformTM；在叶片成型工艺方面，除了改良的预浸料技术—低压中温预浸料真空袋法，还开发了新型真空导入成型技术—液体成型工艺。目前，国外至少有6家大型风电企业正在采用碳纤维复合材料或碳纤维／玻璃纤维混杂复合材料生产大型或特大型风机叶片，其中起步较早、技术较成熟、应用较多的是丹麦 Vestas、美国 GE 和西班牙 Gamesa 等公司。

国内目前仅有连云港中复连众复合材料集团有限公司（以下简称"中复连众"）和中材科技风电叶片股份有限公司（以下简称"中材叶片"）实现碳纤维在风电叶片中的规模化应用。其中，中复连众自 2009 年开始碳纤维在风机叶片上的应用研究，并于 2012 年、2013 年分别实现了进口和国产碳纤维主梁在 75m/6MW 叶片上的应用，同时完成了叶片的全尺寸静力和频率测试，目前正在准备挂机。中复连众同期开展了风机叶片用国产碳纤维复合材料理化性能、力学性能、工艺性能方面的研究，探索出国产碳纤维应用的设计要求和制造工艺，为推动国产碳纤维在大型风机叶片领域的应用奠定了坚实的基础。中材叶片于 2011 年在 Sinoma56m/3.6MW 叶片的主梁上首次采用碳纤维预浸料，试制生产的 56m 碳纤维叶片顺利通过了静力实验，随后成功生产了 22 套 56m/3.6MW 风电叶片出口美国。

总体上讲，国内碳纤维在风电叶片上的规模化应用尚处于尝试阶段，叶片的设计、结构验证、长期安全性验证等问题都没有形成完善的解决方案。现阶段碳纤维的供应主要来源于国外公司，以碳纤维预浸料为主，供应渠道受限，也是影响国产碳纤维规模化应用的另一主要原因，因此有必要继续开展国产碳纤维在大型风电叶片上的应用研究。

（四）体育休闲领域

体育休闲领域是碳纤维复合材料的重要应用领域。碳纤维在该领域的应用主要集中在高尔夫球棒、钓鱼杆和球拍 3 个产品类型。近年来，自行车、曲棍球杆、滑雪杆等新兴产品的碳纤维用量也在不断增长。

我国在 20 世纪 80 年代初开始研制碳纤维复合材料体育运动器材，目前已与美国、日本和中国台湾并列成为高尔夫球棒的主要产地。另外，钓鱼竿、网球拍、鱼线轮、羽毛球拍、自行车架等产品也是碳纤维在我国的主要用途。

（五）碳纤维复合芯导线领域

碳纤维在电力输送领域的研究起步于 20 世纪 90 年代，2002 年，美国 CTC 公司开发出碳纤维复合材料芯棒之后才开始规模化应用。目前，美国 CTC 公司的整体技术处于国际领先水平，但欧洲、亚洲、南美洲的 20 多个国家、200 余条新建和改造线路中也都开展了碳纤维复合芯导线的应用，挂网总长度超过 7000km（架设导线总长约为 20000km），电压等级覆盖了 13.6~550kV。

我国碳纤维复合芯导线整体技术水平与国外相当。2007 年，远东电缆有限公司、河北硅谷化工有限公司、连云港中复连众复合材料集团有限公司等企业开始自主研制碳纤维复合芯及导线。目前，国内碳纤维复合芯及导线生产厂家接近 20 家（已有供货业绩的有 5 家），国内年预期产能超过 50000km。

各主要生产厂家制备的碳纤维复合芯导线技术指标均满足碳纤维复合芯架空导线技术要求并已通过所有型式试验验证，技术性能已达到国外同类型产品的技术水平。

国内外复合芯制造厂家采用日本东丽或东邦 T700 级碳纤维，T700 级碳纤维作为复合芯关键材料，供应及价格一直受制于日本，高昂的碳纤维价格是限制复合芯导线大范围推广的主要原因。

2014 年 7 月，中复碳芯将中复神鹰 T700 级碳纤维 SYT45 试用于碳纤维复合芯导线，并在常州 35kV 邹区线上成功挂网，运行良好。国产碳纤维在复合芯导线的实际应用方面取得了突破性进展。

（六）车用碳纤维复合材料

在各国政府的大力支持下，国外各大碳纤维制造商纷纷与汽车巨头联手，发展汽车用碳纤维复合材料设计制造技术，已经形成"碳纤维、复合材料供应商＋零部件供应商＋主机厂"的联盟式产业化布局，并突破了车用碳纤维复合材料零部件及车体的规模化、自动化制造技术。最成功的实施案例是德国宝马的 i3 电动概念车，宝马公司为这款车型建立了一条包括碳纤维原丝、碳丝、编织布、复合材料零部件、主机装配等各环节的碳纤维复合材料车身产业链，日产量可达 100 辆。另外，日本东丽研发出"TEEWAVEAR1"电动汽车，共用碳纤维复合材料 160kg，碳纤维车身成型周期 10min/ 套。日本东邦与丰田合作成立"复合材料创新中心"生产 LEA 跑车。美国特斯拉公司推出全球首款 Roadster 纯电动跑车，整车质量为 1200kg，采用碳纤维增强环氧树脂复合材料车身，成型周期为 20min/ 套，年生产量为 1500 辆左右。总的看来，国外在碳纤维复合材料汽车轻量化产业方面已经初具规模，处于复合材料发展技术的前沿，主要核心制造技术掌握在少数几个大公司手中，发展已呈现逐步加快的趋势。

而目前，我国碳纤维复合材料在汽车工业中年用量比例还很小，应用较为成熟的技术大部分集中在非连续纤维复合材料成型工艺上。在连续纤维复合材料的快速成型技术方面，重点突破了以热塑性复合材料快速热压成型和快速树脂流动成型为代表的低成本连续碳纤维复合材料部件制造关键技术，并实现了部分装备的连续化自动化生产，实现了连续碳纤维复合材料片材、板材及部分部件的连续自动化制备，初步建立了车用复合材料部件生产示范线。但是，由于缺乏与国产碳纤维匹配、满足汽车生产节拍的快速固化树脂，尚未形成研究、设计、开发、制造、装备、检测、应用评价与推广应用一条龙产业链，同时碳纤维复合材料部件及整车验证、装配技术、质量控制等方面与国外差距巨大，急需进一步技术攻关。

另外，随着我国工业化进程的不断推进，诸如碳纤维连续抽油杆、新型储能电池、采油钻井平台等新兴应用领域对碳纤维的需求量也在不断扩大，碳纤维及其复合材料的发展前景一片大好。

四、结语

综上所述，我国碳纤维产业正处在高速发展的关键时期，在蓬勃发展的国际碳纤维产业大背景下，我国在重大工程、一般工业和新兴产业领域对高性能碳纤维产品也提出了迫切的需求。国内碳纤维企业应进一步明确自身的创新主体地位，面向国防军工、民用航空、人造卫星等航空航天高端装备制造业，建筑补强、海洋工程、石油勘探等传统产业升级领域，以及新能源汽车等战略新兴产业，分阶段逐步开展不同品系碳纤维产品的产业化关键技术攻关、成本质量控制、工业应用示范和重点领域应用评价，开发出符合我国实际应用需要的高性能、高稳定性、规模化、低成本生产技术和多品系碳纤维产品，真正实现我国碳纤维产业的快速健康发展。国内碳纤维及其复合材料产业发展，任重道远。

（撰稿人：张定金 陈虹 张婧，原文刊载于《新材料产业》2015 年第 5 期）

2014/2015 年我国超纤合成革行业发展报告

为维护生态的平衡、减少对动物的猎杀，越来越多的人工皮革产品出现，作为其中的高端产品——环保型海岛超纤皮革的问世，意味着更多的受保护动物得以延续生命，人们会得到更多超越真皮的超值服务。我国每年高档皮鞋、运动鞋、汽车内饰、球类、电子包装、手套服装行业所需面料主要是进口国外原料，在国内加工后再出口，附加值很低，而超纤皮革的批量生产可以完全替代进口原料，为民族工业振兴提供了示范，对于提高我国超纤皮革的国产率也有重要战略意义。

超细纤维仿真合成革是一种跨行业的产品，其研发及应用技术涉及到纺织、塑料、化工等诸多领域，产业主要集中在亚洲，其中日本起步最早，水平也最先进。超细纤维仿真合成革的基布采用超细纤维，弹性好，强度高，手感柔软，透气性好，使得超细纤维仿真合成革的许多物理性能已大大超过天然皮革，外在表现已具有天然皮革的特征。从工业意义上讲，既适用于现代化规模生产，同时又能保护生态，减少环境污染，充分利用了非自然资源，这正是超细纤维仿真合成革发展的内在动力。

一、超纤行业的发展历史

1963 年创始于美国杜邦公司的"科芬"（Corfam）品牌产品，由于质量以及美国产业政策等方面的原因，8 年后就不再继续研究生产。日本可乐丽于 1965 年购买了"科芬"有关技术，开发了 Clarino 环保型海岛超纤皮革，并有六七家日本厂商先后进入这一生产领域；另外，德国 Enkagrastoff、英国 Porvair 等也曾在这方面作过尝试，但都未形成气候。欧美地区现仅存日本企业的子公司，如意大利的 Alcantara 股份公司为日本东丽控股（70%）、三井占 30%，资本金 1080 万欧元（约 12 亿日元），生产麂皮类高仿真革，产能为 1000 万平方米/年，产品牌号和厂名相同；位于纽约的东丽超级麂皮（美国）公司 TUA，成立于 1998 年 6 月，资金 500 万美元（约合 5.4 亿日元），东丽股份占 70%、Alcantara 占 30%，产品名为 Ultrasueda（超级麂皮），实际是以营销为主。

自改革开放以来，我国高级皮革技术及市场在 30 年间得到长足发展，大陆环保型海岛超纤皮革生产企业和日、韩、台有关厂商关系密切。如有从日本可乐丽引进制鞋用料生产设备和技术的烟台合成革总厂（后为烟台万华股份公司），成为我国环保型海岛超纤皮革发展的起源，也是我国首批超纤人才培育基地（后来为国内其他超纤企业输送大批人才），该公司产品主要用于军工领域，尤其是制鞋、手套、箱包等诸多领域；1995 年山东同大海岛新材料有限公司利用多项自主知识产权，生产环保型海岛超纤皮革，2000 年国家科委立项，进行束状不定岛海岛超纤皮革生产，成为我国第二大的超纤皮革生产基地，产能达 1200 万米/年以上；上海华锋采用似类工艺生产，通过上市目前亦有 10 条生产线在生产，主要以卖贝斯半成品为主，产量为国内较大，而 2014 年该公司又通过成立江苏启东公司计划投资 42 亿新上 20 条生产线生产超纤基布，目前项目还在建设中；嘉兴市的浙江禾欣实业公司早在 20 世纪就与可乐丽有基布协作关系，销售鞋用环保型海岛超纤皮革，2007 年又共同组建了"禾欣可乐丽超纤皮（嘉兴）有限公司"，主要生产运动鞋、沙发革超纤产品。

2000 年的吉林德奥工业用呢有限公司也与山东同大公司一样通过国家计委审批，计划投资 1.6 亿元的定岛海岛纤维超纤皮革项目，由于自筹资金不到位而流产，直到 2004 年厦门泓信超细材料有限公司通过新加坡股市融资，2005 年才正式建成了国内最大规模的定岛海岛纤维超纤皮革项目，产品主要用于制鞋、服装服饰、手套、沙发等诸多绒面超纤领域。

纵观我国超纤发展史，我国生产起源是由烟台合成革总厂（后称万华超纤股份有限公司）于 1979 年在引进日本可乐丽公司技术的基础后发展起来，当时采用溶岛技术，生产藕状的多孔纤维，生产光面超细纤维仿真合成革，1997 年该厂自主开发了不同于引进技术的纤度为 0.01 旦溶海技术的不定岛型海岛超细纤维，1999 年山东同大海岛新材料公司立项进行了不定岛海岛超纤纤维的产业化。2001 年同大量产后的市场迅速扩大，2003 年迎来了超纤皮革的第一波投资潮，上海华峰、温州黄河、莱芜东泰、浙江科艺、浙江梅盛、山东金峰、淄博友谊、无锡双象、浙江禾欣、厦门泓信、福建隆上等企业也都陆续建成投产；2006 年陷入低谷，很多工厂面临倒闭，而 2008 年全球金融危机爆发又给超纤皮革行业带来新的发展机遇，产品供不应求，2011 年相继有福建华阳、山东凯斯丽、福建世旺、上海欣卫、福建科一、福建天守、福建安安、福建可利达等投资建厂，自此中国超纤生产规模已经牢牢的雄踞世界第一。

目前，超纤皮的生产主要集中在日本、中国、韩国等国家。我国的超纤皮产品，一直处在同类产品的中低档位置，和日本等国家相比，仍然有相当大的差距。虽然我国在超细纤维的产能上占有绝对优势，但是产品档次和质量较低。由于超细纤维仿真合成革的研制开发和工业生产聚集了化纤、非织造布、皮革、染整和高分子行业的各项高新技术，需要精密的生产设备和严格的工艺控制，工艺的复杂性和技术的高度集成，使得世界上只有少数公司可以很好的生产并垄断相关的生产技术。其中实力较强的公司有日本的钟纺、帝人、东丽、可乐丽、三菱和旭化成等公司。就技术而言，我国目前基本处于仿制的模式，市场竞争力较弱。

二、超纤主要技术原理及路线

人工化学皮革的发展过程经历了 5 次重大技术变革。从第一代机织布涂聚氯乙烯树脂、第二代经编针织布涂聚氨酯到第三代普通短纤维非织造布涂聚氨酯，以上 3 代可以统称为合成革。第四代是采用海岛短纤非织造基布，生产的皮革叫海岛超纤皮革，产品大多用于生产高档鞋用革、沙发革、高档反绒革和服装革。采用环保工艺生产的海岛纤维及桔瓣超纤皮革产品属第五代人工皮革，叫环保型超纤皮革，生产技术极其复杂，加工难度大，跨越了 4 个大的产业领域及相关专业技术，即海岛短纤（桔瓣纺粘）的生产技术、水织针刺技术、改性皮革制造技术及超真皮染整后加工技术，每一生产环节都要依据海岛短纤维的特点及如何有效超越天然皮革的特性来采取相应的措施和技术手段，这样所生产的超纤皮革才能达到真正超越天然皮革效果，体现其优异特性，实现其真正价值。

超纤皮革的基本技术原理，是由与天然皮革中束状胶原纤维结构 (细度 3~4 μm) 和性能相似的海岛超纤制成 (骨架材质)，采用具有三维网络结构的非织造布工艺 (针刺或水刺非织造布)，再填充性能优异且具有开式微孔结构高韧性的 PU 树脂加工处理而成 (仿氨基酸结构特性)。

环保海岛超纤皮革（尤其是汽车座垫用超纤皮革）主要是通过对海岛纤维的水织针刺工艺处理，形成三维结构的皮网结构，然后再通过 PVA 含浸工艺对基材进行浸渍，含浸好的基布通过高耐侯改性阻燃 PU 含浸形成皮质结构，再在水洗过程中洗去 PVA 使材料拥有稳定的透气多孔结构，然后再通过 NaOH（或甲苯）绿色工艺处理使产品超细化，最后通过染色等特殊工艺处理，采用无味阻燃技术、超真皮结构模拟技术、耐磨、耐侯处理从而达到超过天然皮革的超真皮性能。主要工艺流程为：海岛纤维→水织针刺→特殊复合→应力释放→预缩线预处理→浸改性 PU（阻燃）→揉皮磨皮→绿色超细化处理→磨皮→卷绕（贝斯）→功能后处理→环保海岛超纤皮革。

海岛超细纤维皮革与真皮结构极其相似，均为束状海岛超细聚酰胺纤维三维立体结构，牛皮的胶原束在真皮中相互穿插交织紧密成网，而海岛超细纤维皮革的超细纤维皮基布是采用三维结构工艺处理的水织布与三维结构的针刺法非织造布复合生产的工艺，主要为上下垂直针刺，使垂直和水平方向纤维之间相互缠结交织成网络。因此，海岛超纤维皮革的表观、内在物性更具真皮的特质，另外又因具有皮质氨基酸结构的特殊聚氨酯树脂，使其产品真正达到了超越真皮的特性。

对于超纤皮革需要的韧性及尺寸稳定性要求，采用的水织针刺工艺技术是国内首创，吉林润泽超纤科技公司也是唯一一家具有该技术的公司，这项技术能够确保产品超纤皮革独特的创新性能。

环保桔瓣超纤皮革主要是通过对纺粘法生产桔瓣分裂纤维的水刺针刺工艺开纤处理，形成三维结构的皮网结构，然后再通过 PVA 含浸工艺对基材进行浸渍，含浸好的基布通过高耐候改性阻燃 PU 含浸形成皮质结构，再在水洗过程中洗去 PVA 使材料拥有稳定的透气多孔结构，最后通过染色等特殊工艺处理，采用无味阻燃技术、超真皮结构模拟技术、耐磨、耐候 处理从而达到超过然皮革的超真皮性能。主要工艺流程为：桔瓣分裂纤维→水刺开纤→含浸 PVA 烫平→浸改性 PU（阻燃）→揉皮磨→磨皮→卷绕（贝斯）→功能后处理→环保超纤皮革。该工艺特点是采用机械手段使纤维超细化，无溶剂处理，环保，缺点是难以制作高克重产品，纤维细度很难达到海岛纤维细度，多用于擦拭、鞋里革、包装材料等薄型产品。

三、超纤应用市场

（一）国内市场分析

目前世界制鞋总量约近 200 亿双，国内鞋企有 2 万多家，中国 2008 年出口 81.2

亿双，国内消费量达 30 亿双，中国鞋业在世界鞋业之版图中已占了约 60% 以上。但是，中国以生产中低档鞋类为主，鞋革和服装市场还没有得到很好开发。以每年需用 1 亿双高档鞋计算，若全用环保定岛超纤皮革来制作，则需要 1600 万 m²。

目前我国鞋革和服装市场还没有得到很好开发，每年需用高档鞋 10 亿双，若全用仿真革需要 16000 万米；年需用高档服装 2000 万件，若全用海岛仿真皮服装革则需要 4000 万米；年需用高档家具 500 万套，若全用定岛仿真革则需要 5000 万米。

实践证明环保海岛超纤皮革是生产马裤最适合的材料之一，目前马裤市场主要以英国、法国、丹麦、澳大利亚、中国为主，其中英国每年有 500 万人骑马，每个人用马裤 4~5 条，每条用 1~2 次，仅英国每年需求量就至少 1000 万件，大约需要超纤皮革 500 万 m²。

汽车工业作为民族工业近十年取得了突飞猛进的发展，预计 2015 年产汽车 2400 万辆。其中乘用车就可达 1800 万辆，以每台车用 10 平方座椅革计算，30% 采用超纤仿真革面料，仅乘用车就年需要 5400 万米；汽车后市场的一半织物座椅进行后装改造，一部分二手车进行升级，需要真皮及超纤皮革座椅面料达 5000~8000 万米。由此可见，国内汽车超纤皮的需求量十分巨大，发展前景十分广阔。

（二）国际市场分析

韩国大宇从 1993 年投资 35 亿日元引进设备开始生产仿真皮面料，短短几年超纤皮革产量迅速增长，已经成为第二大生产基地。目前韩国科隆公司、韩国德成公司均已经加入超纤皮革生产行列，发展势头也极其迅猛。

1970 年日本东丽公司开始开发出仿麂皮的衣服面料，用 0.05 旦的超细涤纶生产的有麂皮风格的仿麂皮皮革开始亮相，揭开了超细纤维时代的序幕。1983 年用锦纶超细纤维开发出有小牛皮风格的仿麂皮皮革。1997 年日本旭化成用超细涤纶、日本帝人用超细锦纶为原材料，生产各种风格的服装用仿真皮革。三十多年来，日本的仿真皮革产品经久不衰。尽管由独占市场减退为市场占有最大的地位，品种、风格质量上仍占据主导地位，技术的不断改进和品种、风格的多样化，使日本目前在仿真皮革领域中享受着丰厚的利润。

日本汽车用仿麂皮合成革的产量每年都以两位数递增，2004 年达到 284.8 万平方米，2013 年接近 500 万平方米，汽车用合成革，今后会加快速度。

国际上车辆内饰用革占环保型海岛超纤皮革市场的 3%~4%，全部用海岛纤维为原料，市场几乎被日本独占，产品全部销往欧盟各国。日本近来生产的环保型海岛超纤皮革在车辆应用品种方面不断扩大，并且认为超纤皮革在车辆上的应用是环保型海岛超纤皮革在 21 世纪最有发展潜力的市场之一，几年增长率可达 2 位数，增长幅度相当大。

四、超纤生产企业、产能、产量

自 1979 年我国引进第一条日本藕状革超纤生产线后，经过近 16 年的消化吸收，1998 年才取得了技术上的突破，2001 年才得以工业化。超纤皮革做为替代真皮的最佳材料，在国内市场经过了快速的发展期：2003~2004 年产生了中国第一批超纤投资潮，新增企业近 8 家；随着真皮整治加强，超纤技术的不断进步与成熟，2010~2011年又形成了超纤的第二波投资潮，新增企业近 10 家；截止 2014 年中旬，超纤皮革产能已经从 2001 年最初的年产 200 万米扩展到 10000 万米，十五年增长了 50 倍，年复合增长率达到 100% 以上，可见超纤皮革是个朝阳的产品，未来发展依然值得期待，目前仍以两位数的增长速度递增。

表 1 国内非织造布超纤生产商情况

序号	厂商名称	产能（万米）	生产线数量（条）	设备产地	纤维类型
1	山东同大海岛	1200	6	德国迪罗	不定岛
2	烟台万华超纤	600	3	德国迪罗	不定岛
3	上海华峰超纤	2000	10	德国迪罗	不定岛
4	温州黄河超纤	600	3	德国迪罗	不定岛
5	浙江禾欣可乐丽	800	4	德国迪罗	不定岛
6	福建鑫发超纤	400	2	汕头三辉	不定岛
7	山东友谊机械	200	1	汕头三辉	不定岛
8	福建晋江隆上超纤	400	2	青岛菲勒	不定岛
9	无锡双象超纤	1200	6	德国菲勒	不定岛
10	厦门泓信超细	600	3	德国迪罗	定岛
11	浙江梅盛实业	200	1	法国阿斯兰	定岛
12	福建华阳超纤	600	3	法国阿斯兰	不定岛
13	福建天守超纤	400	2	法国阿斯兰	不定岛
14	安安皮革	400	2	德国迪罗	不定岛
15	福建世旺超纤	200	1	青岛	不定岛

16	山东凯斯丽超纤	400	2	青岛	不定岛
17	福建科一超纤	400	2	青岛	不定岛
18	江西三菱超纤	400	1	纺粘国产长丝	桔瓣
19	北京廊坊中纺新元	400	1	纺粘国产长丝	桔瓣
—	合 计	11400	55	—	—

注：目前福建可立达（4 条）、江苏华峰启东（20 条）、福建华阳二期（8 条）项均为在建，未投产，没有统计在内。

以上厂家产品重要方向还是高档旅游鞋革、运动鞋革、军用鞋服革和高档手套，个别厂家在研究服装麂皮和汽车座椅面料，另外高档家具革、球革、箱包皮带革也有少量生产，但总体上产品品种单一，科技含量不高，开发高附加值定岛产品是未来发展必经之路

超纤皮革产业高速增长期将持续 5~8 年，2013 年中国人造革合成革行业的总产量为 347 万吨，营业收入 1375 亿人民币，其中超纤产值约为 50 亿元人民币，占 3.64%；预期超纤皮革渗透率将由 2013 年的 3.6% 提升到 2014 年的 7% 以上，连续 5~8 年保持 10% 以上的复合增速。

五、结论

随着我国环保政策收紧，新的政策的进一步出台，真皮生产成本会逐渐增加，不具备环保条件的工厂会相继关停并转，而生态超纤皮的市场空间将会把一步挖掘打开，超纤皮革产量已经做到世界第一，质量还有差距，但是现在各公司及科研院所已经加紧这方面研究，如何围绕超纤更像更能超过真皮的环保材料是未来主攻方向，尤其蛋白皮、3D 打印皮、3D 生态超纤皮革、纳米皮、水性超纤皮革、无溶剂超纤皮、TPU 超纤皮的发展空间将更加广泛与独特。相信不出五年，人们所用真皮饰品将被更多功能超纤及蛋白皮革代替，形成一场真皮替代的革命，人们的生命健康将得到法律与现实的保证。

（撰稿人：张哲，福建华阳超纤有限公司 ）

第五章　产业政策

- 中国制造 2025（节选）

- 国务院办公厅关于加快应急产业发展的意见

- 鼓励进口技术和产品目录（2014 年版）（节选）

- 大气污染防治行动计划

- 工业和信息化部关于加快推进工业强基的指导意见

- 国务院关于进一步优化企业兼并重组市场环境的意见

- 重大环保技术装备与产品产业化工程实施方案

- 境外投资管理办法

国务院关于印发《中国制造 2025》的通知

国发〔2015〕28 号

各省、自治区、直辖市人民政府，国务院各部委、各直属机构：

现将《中国制造 2025》印发给你们，请认真贯彻执行。

国务院

2015 年 5 月 8 日

中国制造 2025（节选）

制造业是国民经济的主体，是立国之本、兴国之器、强国之基。十八世纪中叶开启工业文明以来，世界强国的兴衰史和中华民族的奋斗史一再证明，没有强大的制造业，就没有国家和民族的强盛。打造具有国际竞争力的制造业，是我国提升综合国力、保障国家安全、建设世界强国的必由之路。

新中国成立尤其是改革开放以来，我国制造业持续快速发展，建成了门类齐全、独立完整的产业体系，有力推动工业化和现代化进程，显著增强综合国力，支撑我世界大国地位。然而，与世界先进水平相比，我国制造业仍然大而不强，在自主创新能力、资源利用效率、产业结构水平、信息化程度、质量效益等方面差距明显，转型升级和跨越发展的任务紧迫而艰巨。

当前，新一轮科技革命和产业变革与我国加快转变经济发展方式形成历史性交汇，国际产业分工格局正在重塑。必须紧紧抓住这一重大历史机遇，按照"四个全面"战略布局要求，实施制造强国战略，加强统筹规划和前瞻部署，力争通过三个十年的努力，到新中国成立一百年时，把我国建设成为引领世界制造业发展的制造强国，为实现中华民族伟大复兴的中国梦打下坚实基础。

《中国制造 2025》，是我国实施制造强国战略第一个十年的行动纲领。

一、发展形势和环境

（一）全球制造业格局面临重大调整。

新一代信息技术与制造业深度融合，正在引发影响深远的产业变革，形成新的生产方式、产业形态、商业模式和经济增长点。各国都在加大科技创新力度，推动三维（3D）打印、移动互联网、云计算、大数据、生物工程、新能源、新材料等领域取得新突破。基于信息物理系统的智能装备、智能工厂等智能制造正在引领制造方式变革；网络众包、协同设计、大规模个性化定制、精准供应链管理、全生命周期管理、电子商务等正在重塑产业价值链体系；可穿戴智能产品、智能家电、智能汽车等智能终端产品不断拓展制造业新领域。我国制造业转型升级、创新发展迎来重大机遇。

全球产业竞争格局正在发生重大调整，我国在新一轮发展中面临巨大挑战。国际金融危机发生后，发达国家纷纷实施"再工业化"战略，重塑制造业竞争新优势，加速推进新一轮全球贸易投资新格局。一些发展中国家也在加快谋划和布局，积极参与全球产业再分工，承接产业及资本转移，拓展国际市场空间。我国制造业面临发达国家和其他发展中国家"双向挤压"的严峻挑战，必须放眼全球，加紧战略部署，着眼建设制造强国，固本培元，化挑战为机遇，抢占制造业新一轮竞争制高点。

（二）我国经济发展环境发生重大变化。

随着新型工业化、信息化、城镇化、农业现代化同步推进，超大规模内需潜力不断释放，为我国制造业发展提供了广阔空间。各行业新的装备需求、人民群众新的消费需求、社会管理和公共服务新的民生需求、国防建设新的安全需求，都要求制造业在重大技术装备创新、消费品质量和安全、公共服务设施设备供给和国防装备保障等方面迅速提升水平和能力。全面深化改革和进一步扩大开放，将不断激发制造业发展活力和创造力，促进制造业转型升级。

我国经济发展进入新常态，制造业发展面临新挑战。资源和环境约束不断强化，劳动力等生产要素成本不断上升，投资和出口增速明显放缓，主要依靠资源要素投入、规模扩张的粗放发展模式难以为继，调整结构、转型升级、提质增效刻不容缓。形成经济增长新动力，塑造国际竞争新优势，重点在制造业，难点在制造业，出路也在制造业。

（三）建设制造强国任务艰巨而紧迫。

经过几十年的快速发展，我国制造业规模跃居世界第一位，建立起门类齐全、独立完整的制造体系，成为支撑我国经济社会发展的重要基石和促进世界经济发展的重要力量。持续的技术创新，大大提高了我国制造业的综合竞争力。载人航天、载人深潜、大型飞机、北斗卫星导航、超级计算机、高铁装备、百万千瓦级发电装备、万米深海石油钻探设备等一批重大技术装备取得突破，形成了若干具有国际竞争力的优势产业和骨干企业，我国已具备了建设工业强国的基础和条件。

但我国仍处于工业化进程中，与先进国家相比还有较大差距。制造业大而不强，自主创新能力弱，关键核心技术与高端装备对外依存度高，以企业为主体的制造业创新体系不完善；产品档次不高，缺乏世界知名品牌；资源能源利用效率低，环境污染问题较为突出；产业结构不合理，高端装备制造业和生产性服务业发展滞后；信息化水平不高，与工业化融合深度不够；产业国际化程度不高，企业全球化经营能力不足。推进制造强国建设，必须着力解决以上问题。

建设制造强国，必须紧紧抓住当前难得的战略机遇，积极应对挑战，加强统筹规划，突出创新驱动，制定特殊政策，发挥制度优势，动员全社会力量奋力拼搏，更多依靠中国装备、依托中国品牌，实现中国制造向中国创造的转变，中国速度向中国质量的转变，中国产品向中国品牌的转变，完成中国制造由大变强的战略任务。

二、战略方针和目标

（一）指导思想。

全面贯彻党的十八大和十八届二中、三中、四中全会精神，坚持走中国特色新型工业化道路，以促进制造业创新发展为主题，以提质增效为中心，以加快新一代信息技术与制造业深度融合为主线，以推进智能制造为主攻方向，以满足经济社会发展和国防建设对重大技术装备的需求为目标，强化工业基础能力，提高综合集成水平，完善多层次多类型人才培养体系，促进产业转型升级，培育有中国特色的制造文化，实现制造业由大变强的历史跨越。基本方针是：

——创新驱动。坚持把创新摆在制造业发展全局的核心位置，完善有利于创新的制度环境，推动跨领域跨行业协同创新，突破一批重点领域关键共性技术，促进制造业数字化网络化智能化，走创新驱动的发展道路。

——质量为先。坚持把质量作为建设制造强国的生命线，强化企业质量主体责任，加强质量技术攻关、自主品牌培育。建设法规标准体系、质量监管体系、先进质量文化，营造诚信经营的市场环境，走以质取胜的发展道路。

——绿色发展。坚持把可持续发展作为建设制造强国的重要着力点，加强节能环保技术、工艺、装备推广应用，全面推行清洁生产。发展循环经济，提高资源回收利用效率，构建绿色制造体系，走生态文明的发展道路。

——结构优化。坚持把结构调整作为建设制造强国的关键环节，大力发展先进制造业，改造提升传统产业，推动生产型制造向服务型制造转变。优化产业空间布局，培育一批具有核心竞争力的产业集群和企业群体，走提质增效的发展道路。

——人才为本。坚持把人才作为建设制造强国的根本，建立健全科学合理的选人、用人、育人机制，加快培养制造业发展急需的专业技术人才、经营管理人才、技能人才。营造大众创业、万众创新的氛围，建设一支素质优良、结构合理的制造业人才队伍，走人才引领的发展道路。

（二）基本原则。

市场主导，政府引导。全面深化改革，充分发挥市场在资源配置中的决定性作用，强化企业主体地位，激发企业活力和创造力。积极转变政府职能，加强战略研究和规划引导，完善相关支持政策，为企业发展创造良好环境。

立足当前，着眼长远。针对制约制造业发展的瓶颈和薄弱环节，加快转型升级和提质增效，切实提高制造业的核心竞争力和可持续发展能力。准确把握新一轮科技革命和产业变革趋势，加强战略谋划和前瞻部署，扎扎实实打基础，在未来竞争中占据制高点。

整体推进，重点突破。坚持制造业发展全国一盘棋和分类指导相结合，统筹规划，合理布局，明确创新发展方向，促进军民融合深度发展，加快推动制造业整体水平提升。围绕经济社会发展和国家安全重大需求，整合资源，突出重点，实施若干重大工程，实现率先突破。

自主发展，开放合作。在关系国计民生和产业安全的基础性、战略性、全局性领域，着力掌握关键核心技术，完善产业链条，形成自主发展能力。继续扩大开放，积极利用全球资源和市场，加强产业全球布局和国际交流合作，形成新的比较优势，提升制造业开放发展水平。

（三）战略目标。

立足国情，立足现实，力争通过"三步走"实现制造强国的战略目标。

第一步：力争用十年时间，迈入制造强国行列。

到 2020 年，基本实现工业化，制造业大国地位进一步巩固，制造业信息化水平大幅提升。掌握一批重点领域关键核心技术，优势领域竞争力进一步增强，产品质量有较大提高。制造业数字化、网络化、智能化取得明显进展。重点行业单位工业增加值能耗、物耗及污染物排放明显下降。

到 2025 年，制造业整体素质大幅提升，创新能力显著增强，全员劳动生产率明显提高，两化（工业化和信息化）融合迈上新台阶。重点行业单位工业增加值能耗、物耗及污染物排放达到世界先进水平。形成一批具有较强国际竞争力的跨国公司和产业集群，在全球产业分工和价值链中的地位明显提升。

第二步：到 2035 年，我国制造业整体达到世界制造强国阵营中等水平。创新能力大幅提升，重点领域发展取得重大突破，整体竞争力明显增强，优势行业形成全球创新引领能力，全面实现工业化。

第三步：新中国成立一百年时，制造业大国地位更加巩固，综合实力进入世界制造强国前列。制造业主要领域具有创新引领能力和明显竞争优势，建成全球领先的技术体系和产业体系。

2020 年和 2025 年制造业主要指标

类别	指　标	2013 年	2015 年	2020 年	2025 年
创新能力	规模以上制造业研发经费内部支出占主营业务收入比重（%）	0.88	0.95	1.26	1.68
	规模以上制造业每亿元主营业务收入有效发明专利数 1（件）	0.36	0.44	0.70	1.10
质量效益	制造业质量竞争力指数 2	83.1	83.5	84.5	85.5
	制造业增加值率提高	—	—	比 2015 年提高 2 个百分点	比 2015 年提高 4 个百分点
	制造业全员劳动生产率增速（%）	—	—	7.5 左右（"十三五"期间年均增速）	6.5 左右（"十四五"期间年均增速）
两化融合	宽带普及率 3（%）	37	50	70	82
	数字化研发设计工具普及率 4（%）	52	58	72	84
	关键工序数控化率 5（%）	27	33	50	64

续表

绿色发展	规模以上单位工业增加值能耗下降幅度	—	—	比 2015 年下降 18%	比 2015 年下降 34%
	单位工业增加值二氧化碳排放量下降幅度	—	—	比 2015 年下降 22%	比 2015 年下降 40%
	单位工业增加值用水量下降幅度	—	—	比 2015 年下降 23%	比 2015 年下降 41%
	工业固体废物综合利用率（%）	62	65	73	79

1 规模以上制造业每亿元主营业务收入有效发明专利数 = 规模以上制造企业有效发明专利数 / 规模以上制造企业主营业务收入。

2 制造业质量竞争力指数是反映我国制造业质量整体水平的经济技术综合指标，由质量水平和发展能力两个方面共计 12 项具体指标计算得出。

3 宽带普及率用固定宽带家庭普及率代表，固定宽带家庭普及率 = 固定宽带家庭用户数 / 家庭户数。

4 数字化研发设计工具普及率 = 应用数字化研发设计工具的规模以上企业数量 / 规模以上企业总数量（相关数据来源于 3 万家样本企业，下同）。

5 关键工序数控化率为规模以上工业企业关键工序数控化率的平均值。

三、战略任务和重点

实现制造强国的战略目标，必须坚持问题导向，统筹谋划，突出重点；必须凝聚全社会共识，加快制造业转型升级，全面提高发展质量和核心竞争力。

（一）提高国家制造业创新能力。

完善以企业为主体、市场为导向、政产学研用相结合的制造业创新体系。围绕产业链部署创新链，围绕创新链配置资源链，加强关键核心技术攻关，加速科技成果产业化，提高关键环节和重点领域的创新能力。

加强关键核心技术研发。强化企业技术创新主体地位，支持企业提升创新能力，推进国家技术创新示范企业和企业技术中心建设，充分吸纳企业参与国家科技计划的决策和实施。瞄准国家重大战略需求和未来产业发展制高点，定期研究制定发布制造业重点领域技术创新路线图。继续抓紧实施国家科技重大专项，通过国家科技计划（专项、基金等）支持关键核心技术研发。发挥行业骨干企业的主导作用和高等院校、科研院所的基础作用，建立一批产业创新联盟，开展政产学研用协同创新，攻克一批对产业竞争力整体提升具有全局性影响、带动性强的关键共性技术，加快成果转化。

提高创新设计能力。在传统制造业、战略性新兴产业、现代服务业等重点领域开展创新设计示范，全面推广应用以绿色、智能、协同为特征的先进设计技术。加强设计领域共性关键技术研发，攻克信息化设计、过程集成设计、复杂过程和系统设计等共性技术，开发一批具有自主知识产权的关键设计工具软件，建设完善创新设计生态系统。建设若干具有世界影响力的创新设计集群，培育一批专业化、开放型的工业设计企业，鼓励代工企业建立研究设计中心，向代设计和出口自主品牌产品转变。

推进科技成果产业化。完善科技成果转化运行机制，研究制定促进科技成果转化和产业化的指导意见，建立完善科技成果信息发布和共享平台，健全以技术交易市场为核心的技术转移和产业化服务体系。完善科技成果转化激励机制，推动事业单位科技成果使用、处置和收益管理改革，健全科技成果科学评估和市场定价机制。完善科技成果转化协同推进机制，引导政产学研用按照市场规律和创新规律加强合作，鼓励企业和社会资本建立一批从事技术集成、熟化和工程化的中试基地。加快国防科技成果转化和产业化进程，推进军民技术双向转移转化。

完善国家制造业创新体系。加强顶层设计，加快建立以创新中心为核心载体、以公共服务平台和工程数据中心为重要支撑的制造业创新网络，建立市场化的创新方向选择机制和鼓励创新的风险分担、利益共享机制。充分利用现有科技资源，围绕制造业重大共性需求，采取政府与社会合作、政产学研用产业创新战略联盟等新机制新模式，形成一批制造业创新中心（工业技术研究基地），开展关键共性重大技术研究和产业化应用示范。建设一批促进制造业协同创新的公共服务平台，规范服务标准，开展技术研发、检验检测、技术评价、技术交易、质量认证、人才培训等专业化服务，促进科技成果转化和推广应用。建设重点领域制造业工程数据中心，为企业提供创新知识和工程数据的开放共享服务。面向制造业关键共性技术，建设一批重大科学研究和实验设施，提高核心企业系统集成能力，促进向价值链高端延伸。

专栏 1　制造业创新中心（工业技术研究基地）建设工程

　　围绕重点行业转型升级和新一代信息技术、智能制造、增材制造、新材料、生物医药等领域创新发展的重大共性需求，形成一批制造业创新中心（工业技术研究基地），重点开展行业基础和共性关键技术研发、成果产业化、人才培训等工作。制定完善制造业创新中心遴选、考核、管理的标准和程序。到 2020 年，重点形成 15 家左右制造业创新中心（工业技术研究基地），力争到 2025 年形成 40 家左右制造业创新中心（工业技术研究基地）。

　　加强标准体系建设。改革标准体系和标准化管理体制，组织实施制造业标准化提升计划，在智能制造等重点领域开展综合标准化工作。发挥企业在标准制定中的重要作用，支持组建重点领域标准推进联盟，建设标准创新研究基地，协同推进产品研发与标准制定。制定满足市场和创新需要的团体标准，建立企业产品和服务标准自我声明公开和监督制度。鼓励和支持企业、科研院所、行业组织等参与国际标准制定，加快我国标准国际化进程。大力推动国防装备采用先进的民用标准，推动军用技术标准向民用领域的转化和应用。做好标准的宣传贯彻，大力推动标准实施。

　　强化知识产权运用。加强制造业重点领域关键核心技术知识产权储备，构建产业化导向的专利组合和战略布局。鼓励和支持企业运用知识产权参与市场竞争，培育一批具备知识产权综合实力的优势企业，支持组建知识产权联盟，推动市场主体开展知识产权协同运用。稳妥推进国防知识产权解密和市场化应用。建立健全知识产权评议机制，鼓励和支持行业骨干企业与专业机构在重点领域合作开展专利评估、收购、运营、风险预警与应对。构建知识产权综合运用公共服务平台。鼓励开展跨国知识产权许可。研究制定降低中小企业知识产权申请、保护及维权成本的政策措施。

（二）推进信息化与工业化深度融合。

　　加快推动新一代信息技术与制造技术融合发展，把智能制造作为两化深度融合的主攻方向；着力发展智能装备和智能产品，推进生产过程智能化，培育新型生产方式，全面提升企业研发、生产、管理和服务的智能化水平。

　　研究制定智能制造发展战略。编制智能制造发展规划，明确发展目标、重点任务和重大布局。加快制定智能制造技术标准，建立完善智能制造和两化融合管理标准体系。强化应用牵引，建立智能制造产业联盟，协同推动智能装备和产品研发、系统集成创新与产业化。促进工业互联网、云计算、大数据在企业研发设计、生产制造、经营管理、销售服务等全流程和全产业链的综合集成应用。加强智能制造工业控制系统网络安全保障能力建设，健全综合保障体系。

加快发展智能制造装备和产品。组织研发具有深度感知、智慧决策、自动执行功能的高档数控机床、工业机器人、增材制造装备等智能制造装备以及智能化生产线，突破新型传感器、智能测量仪表、工业控制系统、伺服电机及驱动器和减速器等智能核心装置，推进工程化和产业化。加快机械、航空、船舶、汽车、轻工、纺织、食品、电子等行业生产设备的智能化改造，提高精准制造、敏捷制造能力。统筹布局和推动智能交通工具、智能工程机械、服务机器人、智能家电、智能照明电器、可穿戴设备等产品研发和产业化。

推进制造过程智能化。在重点领域试点建设智能工厂/数字化车间，加快人机智能交互、工业机器人、智能物流管理、增材制造等技术和装备在生产过程中的应用，促进制造工艺的仿真优化、数字化控制、状态信息实时监测和自适应控制。加快产品全生命周期管理、客户关系管理、供应链管理系统的推广应用，促进集团管控、设计与制造、产供销一体、业务和财务衔接等关键环节集成，实现智能管控。加快民用爆炸物品、危险化学品、食品、印染、稀土、农药等重点行业智能检测监管体系建设，提高智能化水平。

深化互联网在制造领域的应用。制定互联网与制造业融合发展的路线图，明确发展方向、目标和路径。发展基于互联网的个性化定制、众包设计、云制造等新型制造模式，推动形成基于消费需求动态感知的研发、制造和产业组织方式。建立优势互补、合作共赢的开放型产业生态体系。加快开展物联网技术研发和应用示范，培育智能监测、远程诊断管理、全产业链追溯等工业互联网新应用。实施工业云及工业大数据创新应用试点，建设一批高质量的工业云服务和工业大数据平台，推动软件与服务、设计与制造资源、关键技术与标准的开放共享。

加强互联网基础设施建设。加强工业互联网基础设施建设规划与布局，建设低时延、高可靠、广覆盖的工业互联网。加快制造业集聚区光纤网、移动通信网和无线局域网的部署和建设，实现信息网络宽带升级，提高企业宽带接入能力。针对信息物理系统网络研发及应用需求，组织开发智能控制系统、工业应用软件、故障诊断软件和相关工具、传感和通信系统协议，实现人、设备与产品的实时联通、精确识别、有效交互与智能控制。

紧密围绕重点制造领域关键环节，开展新一代信息技术与制造装备融合的集成创新和工程应用。支持政产学研用联合攻关，开发智能产品和自主可控的智能装置并实现产业化。依托优势企业，紧扣关键工序智能化、关键岗位机器人替代、生产过程智能优化控制、供应链优化，建设重点领域智能工厂／数字化车间。在基础条件好、需求迫切的重点地区、行业和企业中，分类实施流程制造、离散制造、智能装备和产品、新业态新模式、智能化管理、智能化服务等试点示范及应用推广。建立智能制造标准体系和信息安全保障系统，搭建智能制造网络系统平台。

到 2020 年，制造业重点领域智能化水平显著提升，试点示范项目运营成本降低 30%，产品生产周期缩短 30%，不良率降低 30%。到 2025 年，制造业重点领域全面实现智能化，试点示范项目运营成本降低 50%，产品生产周期缩短 50%，不良品率降低 50%。

（三）强化工业基础能力。

核心基础零部件（元器件）、先进基础工艺、关键基础材料和产业技术基础（以下统称"四基"）等工业基础能力薄弱，是制约我国制造业创新发展和质量提升的症结所在。要坚持问题导向、产需结合、协同创新、重点突破的原则，着力破解制约重点产业发展的瓶颈。

统筹推进"四基"发展。制定工业强基实施方案，明确重点方向、主要目标和实施路径。制定工业"四基"发展指导目录，发布工业强基发展报告，组织实施工业强基工程。统筹军民两方面资源，开展军民两用技术联合攻关，支持军民技术相互有效利用，促进基础领域融合发展。强化基础领域标准、计量体系建设，加快实施对标达标，提升基础产品的质量、可靠性和寿命。建立多部门协调推进机制，引导各类要素向基础领域集聚。

加强"四基"创新能力建设。强化前瞻性基础研究，着力解决影响核心基础零部件（元器件）产品性能和稳定性的关键共性技术。建立基础工艺创新体系，利用现有资源建立关键共性基础工艺研究机构，开展先进成型、加工等关键制造工艺联合攻关；支持企业开展工艺创新，培养工艺专业人才。加大基础专用材料研发力度，提高专用材料自给保障能力和制备技术水平。建立国家工业基础数据库，加强企业试验检测数据和计量数据的采集、管理、应用和积累。加大对"四基"领域技术研发的支持力度，引导产业投资基金和创业投资基金投向"四基"领域重点项目。

推动整机企业和"四基"企业协同发展。注重需求侧激励，产用结合，协同攻关。依托国家科技计划（专项、基金等）和相关工程等，在数控机床、轨道交通装备、航空航天、发电设备等重点领域，引导整机企业和"四基"企业、高校、科研院所产需对接，建立产业联盟，形成协同创新、产用结合、以市场促基础产业发展的新模式，提升重大装备自主可控水平。开展工业强基示范应用，完善首台（套）、首批次政策，支持核心基础零部件（元器件）、先进基础工艺、关键基础材料推广应用。

专栏3　工业强基工程

开展示范应用，建立奖励和风险补偿机制，支持核心基础零部件（元器件）、先进基础工艺、关键基础材料的首批次或跨领域应用。组织重点突破，针对重大工程和重点装备的关键技术和产品急需，支持优势企业开展政产学研用联合攻关，突破关键基础材料、核心基础零部件的工程化、产业化瓶颈。强化平台支撑，布局和组建一批"四基"研究中心，创建一批公共服务平台，完善重点产业技术基础体系。

到2020年，40%的核心基础零部件、关键基础材料实现自主保障，受制于人的局面逐步缓解，航天装备、通信装备、发电与输变电设备、工程机械、轨道交通装备、家用电器等产业急需的核心基础零部件（元器件）和关键基础材料的先进制造工艺得到推广应用。到2025年，70%的核心基础零部件、关键基础材料实现自主保障，80种标志性先进工艺得到推广应用，部分达到国际领先水平，建成较为完善的产业技术基础服务体系，逐步形成整机牵引和基础支撑协调互动的产业创新发展格局。

（四）加强质量品牌建设。

提升质量控制技术，完善质量管理机制，夯实质量发展基础，优化质量发展环境，努力实现制造业质量大幅提升。鼓励企业追求卓越品质，形成具有自主知识产权的名牌产品，不断提升企业品牌价值和中国制造整体形象。

推广先进质量管理技术和方法。建设重点产品标准符合性认定平台，推动重点产品技术、安全标准全面达到国际先进水平。开展质量标杆和领先企业示范活动，普及卓越绩效、六西格玛、精益生产、质量诊断、质量持续改进等先进生产管理模式和方法。支持企业提高质量在线监测、在线控制和产品全生命周期质量追溯能力。组织开展重点行业工艺优化行动，提升关键工艺过程控制水平。开展质量管理小组、现场改进等群众性质量管理活动示范推广。加强中小企业质量管理，开展质量安全培训、诊断和辅导活动。

加快提升产品质量。实施工业产品质量提升行动计划，针对汽车、高档数控机床、轨道交通装备、大型成套技术装备、工程机械、特种设备、关键原材料、基础零部件、电子元器件等重点行业，组织攻克一批长期困扰产品质量提升的关键共性质量技术，加强可靠性设计、试验与验证技术开发应用，推广采用先进成型和加工方法、在线检测装置、智能化生产和物流系统及检测设备等，使重点实物产品的性能稳定性、质量可靠性、环境适应性、使用寿命等指标达到国际同类产品先进水平。在食品、药品、婴童用品、家电等领域实施覆盖产品全生命周期的质量管理、质量自我声明和质量追溯制度，保障重点消费品质量安全。大力提高国防装备质量可靠性，增强国防装备实战能力。

完善质量监管体系。健全产品质量标准体系、政策规划体系和质量管理法律法规。加强关系民生和安全等重点领域的行业准入与市场退出管理。建立消费品生产经营企业产品事故强制报告制度，健全质量信用信息收集和发布制度，强化企业质量主体责任。将质量违法违规记录作为企业诚信评级的重要内容，建立质量黑名单制度，加大对质量违法和假冒品牌行为的打击和惩处力度。建立区域和行业质量安全预警制度，防范化解产品质量安全风险。严格实施产品"三包"、产品召回等制度。强化监管检查和责任追究，切实保护消费者权益。

夯实质量发展基础。制定和实施与国际先进水平接轨的制造业质量、安全、卫生、环保及节能标准。加强计量科技基础及前沿技术研究，建立一批制造业发展急需的高准确度、高稳定性计量基准，提升与制造业相关的国家量传溯源能力。加强国家产业计量测试中心建设，构建国家计量科技创新体系。完善检验检测技术保障体系，建设一批高水平的工业产品质量控制和技术评价实验室、产品质量监督检验中心，鼓励建立专业检测技术联盟。完善认证认可管理模式，提高强制性产品认证的有效性，推动自愿性产品认证健康发展，提升管理体系认证水平，稳步推进国际互认。支持行业组织发布自律规范或公约，开展质量信誉承诺活动。

推进制造业品牌建设。引导企业制定品牌管理体系，围绕研发创新、生产制造、质量管理和营销服务全过程，提升内在素质，夯实品牌发展基础。扶持一批品牌培育和运营专业服务机构，开展品牌管理咨询、市场推广等服务。健全集体商标、证明商标注册管理制度。打造一批特色鲜明、竞争力强、市场信誉好的产业集群区域品牌。建设品牌文化，引导企业增强以质量和信誉为核心的品牌意识，树立品牌消费理念，提升品牌附加值和软实力。加速我国品牌价值评价国际化进程，充分发挥各类媒体作用，加大中国品牌宣传推广力度，树立中国制造品牌良好形象。

（五）全面推行绿色制造。

加大先进节能环保技术、工艺和装备的研发力度，加快制造业绿色改造升级；积极推行低碳化、循环化和集约化，提高制造业资源利用效率；强化产品全生命周期绿色管理，努力构建高效、清洁、低碳、循环的绿色制造体系。

加快制造业绿色改造升级。全面推进钢铁、有色、化工、建材、轻工、印染等传统制造业绿色改造，大力研发推广余热余压回收、水循环利用、重金属污染减量化、有毒有害原料替代、废渣资源化、脱硫脱硝除尘等绿色工艺技术装备，加快应用清洁高效铸造、锻压、焊接、表面处理、切削等加工工艺，实现绿色生产。加强绿色产品研发应用，推广轻量化、低功耗、易回收等技术工艺，持续提升电机、锅炉、内燃机及电器等终端用能产品能效水平，加快淘汰落后机电产品和技术。积极引领新兴产业高起点绿色发展，大幅降低电子信息产品生产、使用能耗及限用物质含量，建设绿色数据中心和绿色基站，大力促进新材料、新能源、高端装备、生物产业绿色低碳发展。

推进资源高效循环利用。支持企业强化技术创新和管理，增强绿色精益制造能力，大幅降低能耗、物耗和水耗水平。持续提高绿色低碳能源使用比率，开展工业园区和企业分布式绿色智能微电网建设，控制和削减化石能源消费量。全面推行循环生产方式，促进企业、园区、行业间链接共生、原料互供、资源共享。推进资源再生利用产业规范化、规模化发展，强化技术装备支撑，提高大宗工业固体废弃物、废旧金属、废弃电器电子产品等综合利用水平。大力发展再制造产业，实施高端再制造、智能再制造、在役再制造，推进产品认定，促进再制造产业持续健康发展。

积极构建绿色制造体系。支持企业开发绿色产品，推行生态设计，显著提升产品节能环保低碳水平，引导绿色生产和绿色消费。建设绿色工厂，实现厂房集约化、原料无害化、生产洁净化、废物资源化、能源低碳化。发展绿色园区，推进工业园区产业耦合，实现近零排放。打造绿色供应链，加快建立以资源节约、环境友好为导向的采购、生产、营销、回收及物流体系，落实生产者责任延伸制度。壮大绿色企业，支持企业实施绿色战略、绿色标准、绿色管理和绿色生产。强化绿色监管，健全节能环保法规、标准体系，加强节能环保监察，推行企业社会责任报告制度，开展绿色评价。

专栏4　绿色制造工程

组织实施传统制造业能效提升、清洁生产、节水治污、循环利用等专项技术改造。开展重大节能环保、资源综合利用、再制造、低碳技术产业化示范。实施重点区域、流域、行业清洁生产水平提升计划，扎实推进大气、水、土壤污染源头防治专项。制定绿色产品、绿色工厂、绿色园区、绿色企业标准体系，开展绿色评价。

到 2020 年，建成千家绿色示范工厂和百家绿色示范园区，部分重化工行业能源资源消耗出现拐点，重点行业主要污染物排放强度下降20%。到 2025 年，制造业绿色发展和主要产品单耗达到世界先进水平，绿色制造体系基本建立。

（六）大力推动重点领域突破发展。

瞄准新一代信息技术、高端装备、新材料、生物医药等战略重点，引导社会各类资源集聚，推动优势和战略产业快速发展。

1. **新一代信息技术产业**。集成电路及专用装备。着力提升集成电路设计水平，不断丰富知识产权（IP）核和设计工具，突破关系国家信息与网络安全及电子整机产业发展的核心通用芯片，提升国产芯片的应用适配能力。掌握高密度封装及三维（3D）微组装技术，提升封装产业和测试的自主发展能力。形成关键制造装备供货能力。

信息通信设备。掌握新型计算、高速互联、先进存储、体系化安全保障等核心技术，全面突破第五代移动通信（5G）技术、核心路由交换技术、超高速大容量智能光传输技术、"未来网络"核心技术和体系架构，积极推动量子计算、神经网络等发展。研发高端服务器、大容量存储、新型路由交换、新型智能终端、新一代基站、网络安全等设备，推动核心信息通信设备体系化发展与规模化应用。

操作系统及工业软件。开发安全领域操作系统等工业基础软件。突破智能设计与仿真及其工具、制造物联与服务、工业大数据处理等高端工业软件核心技术，开发自主可控的高端工业平台软件和重点领域应用软件，建立完善工业软件集成标准与安全测评体系。推进自主工业软件体系化发展和产业化应用。

2. **高档数控机床和机器人**。及集成制造系统。加快高档数控机床、增材制造等前沿技术和装备的研发。以提升可靠性、精度保持性为重点，开发高档数控系统、伺服电机、轴承、光栅等主要功能部件及关键应用软件，加快实现产业化。加强用户工艺验证能力建设。

机器人。围绕汽车、机械、电子、危险品制造、国防军工、化工、轻工等工业机器人、特种机器人，以及医疗健康、家庭服务、教育娱乐等服务机器人应用需求，积极研发新产品，促进机器人标准化、模块化发展，扩大市场应用。突破机器人本体、减速器、伺服电机、控制器、传感器与驱动器等关键零部件及系统集成设计制造等技术瓶颈。

3. **航空航天装备。**航空装备。加快大型飞机研制，适时启动宽体客机研制，鼓励国际合作研制重型直升机；推进干支线飞机、直升机、无人机和通用飞机产业化。突破高推重比、先进涡桨（轴）发动机及大涵道比涡扇发动机技术，建立发动机自主发展工业体系。开发先进机载设备及系统，形成自主完整的航空产业链。

航天装备。发展新一代运载火箭、重型运载器，提升进入空间能力。加快推进国家民用空间基础设施建设，发展新型卫星等空间平台与有效载荷、空天地宽带互联网系统，形成长期持续稳定的卫星遥感、通信、导航等空间信息服务能力。推动载人航天、月球探测工程，适度发展深空探测。推进航天技术转化与空间技术应用。

4. **海洋工程装备及高技术船舶。**大力发展深海探测、资源开发利用、海上作业保障装备及其关键系统和专用设备。推动深海空间站、大型浮式结构物的开发和工程化。形成海洋工程装备综合试验、检测与鉴定能力，提高海洋开发利用水平。突破豪华邮轮设计建造技术，全面提升液化天然气船等高技术船舶国际竞争力，掌握重点配套设备集成化、智能化、模块化设计制造核心技术。

5. **先进轨道交通装备。**加快新材料、新技术和新工艺的应用，重点突破体系化安全保障、节能环保、数字化智能化网络化技术，研制先进可靠适用的产品和轻量化、模块化、谱系化产品。研发新一代绿色智能、高速重载轨道交通装备系统，围绕系统全寿命周期，向用户提供整体解决方案，建立世界领先的现代轨道交通产业体系。

6. **节能与新能源汽车**。继续支持电动汽车、燃料电池汽车发展，掌握汽车低碳化、信息化、智能化核心技术，提升动力电池、驱动电机、高效内燃机、先进变速器、轻量化材料、智能控制等核心技术的工程化和产业化能力，形成从关键零部件到整车的完整工业体系和创新体系，推动自主品牌节能与新能源汽车同国际先进水平接轨。

7. **电力装备**。推动大型高效超净排放煤电机组产业化和示范应用，进一步提高超大容量水电机组、核电机组、重型燃气轮机制造水平。推进新能源和可再生能源装备、先进储能装置、智能电网用输变电及用户端设备发展。突破大功率电力电子器件、高温超导材料等关键元器件和材料的制造及应用技术，形成产业化能力。

8. **农机装备**。重点发展粮、棉、油、糖等大宗粮食和战略性经济作物育、耕、种、管、收、运、贮等主要生产过程使用的先进农机装备，加快发展大型拖拉机及其复式作业机具、大型高效联合收割机等高端农业装备及关键核心零部件。提高农机装备信息收集、智能决策和精准作业能力，推进形成面向农业生产的信息化整体解决方案。

9. **新材料**。以特种金属功能材料、高性能结构材料、功能性高分子材料、特种无机非金属材料和先进复合材料为发展重点，加快研发先进熔炼、凝固成型、气相沉积、型材加工、高效合成等新材料制备关键技术和装备，加强基础研究和体系建设，突破产业化制备瓶颈。积极发展军民共用特种新材料，加快技术双向转移转化，促进新材料产业军民融合发展。高度关注颠覆性新材料对传统材料的影响，做好超导材料、纳米材料、石墨烯、生物基材料等战略前沿材料提前布局和研制。加快基础材料升级换代。

10. **生物医药及高性能医疗器械**。发展针对重大疾病的化学药、中药、生物技术药物新产品，重点包括新机制和新靶点化学药、抗体药物、抗体偶联药物、全新结构蛋白及多肽药物、新型疫苗、临床优势突出的创新中药及个性化治疗药物。提高医疗器械的创新能力和产业化水平，重点发展影像设备、医用机器人等高性能诊疗设备，全降解血管支架等高值医用耗材，可穿戴、远程诊疗等移动医疗产品。实现生物3D打印、诱导多能干细胞等新技术的突破和应用。

　　组织实施大型飞机、航空发动机及燃气轮机、民用航天、智能绿色列车、节能与新能源汽车、海洋工程装备及高技术船舶、智能电网成套装备、高档数控机床、核电装备、高端诊疗设备等一批创新和产业化专项、重大工程。开发一批标志性、带动性强的重点产品和重大装备，提升自主设计水平和系统集成能力，突破共性关键技术与工程化、产业化瓶颈，组织开展应用试点和示范，提高创新发展能力和国际竞争力，抢占竞争制高点。到2020年，上述领域实现自主研制及应用。到2025年，自主知识产权高端装备市场占有率大幅提升，核心技术对外依存度明显下降，基础配套能力显著增强，重要领域装备达到国际领先水平。

（七）深入推进制造业结构调整。

　　推动传统产业向中高端迈进，逐步化解过剩产能，促进大企业与中小企业协调发展，进一步优化制造业布局。

　　持续推进企业技术改造。明确支持战略性重大项目和高端装备实施技术改造的政策方向，稳定中央技术改造引导资金规模，通过贴息等方式，建立支持企业技术改造的长效机制。推动技术改造相关立法，强化激励约束机制，完善促进企业技术改造的政策体系。支持重点行业、高端产品、关键环节进行技术改造，引导企业采用先进适用技术，优化产品结构，全面提升设计、制造、工艺、管理水平，促进钢铁、石化、工程机械、轻工、纺织等产业向价值链高端发展。研究制定重点产业技术改造投资指南和重点项目导向计划，吸引社会资金参与，优化工业投资结构。围绕两化融合、节能降耗、质量提升、安全生产等传统领域改造，推广应用新技术、新工艺、新装备、新材料，提高企业生产技术水平和效益。

　　稳步化解产能过剩矛盾。加强和改善宏观调控，按照"消化一批、转移一批、整合一批、淘汰一批"的原则，分业分类施策，有效化解产能过剩矛盾。加强行业规范和准入管理，推动企业提升技术装备水平，优化存量产能。加强对产能严重过剩行业的动态监测分析，建立完善预警机制，引导企业主动退出过剩行业。切实发挥市场机制作用，综合运用法律、经济、技术及必要的行政手段，加快淘汰落后产能。

　　促进大中小企业协调发展。强化企业市场主体地位，支持企业间战略合作和跨行业、跨区域兼并重组，提高规模化、集约化经营水平，培育一批核心竞争力强的企业集团。激发中小企业创业创新活力，发展一批主营业务突出、竞争力强、成长性好、专注于细分市场的专业化"小巨人"企业。发挥中外中小企业合作园区示范作用，利用双边、多边中小企业合作机制，支持中小企业走出去和引进来。引导大企业与中小企业通过专业分工、服务外包、订单生产等多种方式，建立协同创新、合作共赢的协作关系。推动建设一批高水平的中小企业集群。

优化制造业发展布局。落实国家区域发展总体战略和主体功能区规划，综合考虑资源能源、环境容量、市场空间等因素，制定和实施重点行业布局规划，调整优化重大生产力布局。完善产业转移指导目录，建设国家产业转移信息服务平台，创建一批承接产业转移示范园区，引导产业合理有序转移，推动东中西部制造业协调发展。积极推动京津冀和长江经济带产业协同发展。按照新型工业化的要求，改造提升现有制造业集聚区，推动产业集聚向产业集群转型升级。建设一批特色和优势突出、产业链协同高效、核心竞争力强、公共服务体系健全的新型工业化示范基地。

（八）积极发展服务型制造和生产性服务业。

加快制造与服务的协同发展，推动商业模式创新和业态创新，促进生产型制造向服务型制造转变。大力发展与制造业紧密相关的生产性服务业，推动服务功能区和服务平台建设。

推动发展服务型制造。研究制定促进服务型制造发展的指导意见，实施服务型制造行动计划。开展试点示范，引导和支持制造业企业延伸服务链条，从主要提供产品制造向提供产品和服务转变。鼓励制造业企业增加服务环节投入，发展个性化定制服务、全生命周期管理、网络精准营销和在线支持服务等。支持有条件的企业由提供设备向提供系统集成总承包服务转变，由提供产品向提供整体解决方案转变。鼓励优势制造业企业"裂变"专业优势，通过业务流程再造，面向行业提供社会化、专业化服务。支持符合条件的制造业企业建立企业财务公司、金融租赁公司等金融机构，推广大型制造设备、生产线等融资租赁服务。

加快生产性服务业发展。大力发展面向制造业的信息技术服务，提高重点行业信息应用系统的方案设计、开发、综合集成能力。鼓励互联网等企业发展移动电子商务、在线定制、线上到线下等创新模式，积极发展对产品、市场的动态监控和预测预警等业务，实现与制造业企业的无缝对接，创新业务协作流程和价值创造模式。加快发展研发设计、技术转移、创业孵化、知识产权、科技咨询等科技服务业，发展壮大第三方物流、节能环保、检验检测认证、电子商务、服务外包、融资租赁、人力资源服务、售后服务、品牌建设等生产性服务业，提高对制造业转型升级的支撑能力。

强化服务功能区和公共服务平台建设。建设和提升生产性服务业功能区，重点发展研发设计、信息、物流、商务、金融等现代服务业，增强辐射能力。依托制造业集聚区，建设一批生产性服务业公共服务平台。鼓励东部地区企业加快制造业服务化转型，建立生产服务基地。支持中西部地区发展具有特色和竞争力的生产性服务业，加快产业转移承接地服务配套设施和能力建设，实现制造业和服务业协同发展。

（九）提高制造业国际化发展水平。

统筹利用两种资源、两个市场，实行更加积极的开放战略，将引进来与走出去更好结合，拓展新的开放领域和空间，提升国际合作的水平和层次，推动重点产业国际化布局，引导企业提高国际竞争力。

提高利用外资与国际合作水平。进一步放开一般制造业，优化开放结构，提高开放水平。引导外资投向新一代信息技术、高端装备、新材料、生物医药等高端制造领域，鼓励境外企业和科研机构在我国设立全球研发机构。支持符合条件的企业在境外发行股票、债券，鼓励与境外企业开展多种形式的技术合作。

提升跨国经营能力和国际竞争力。支持发展一批跨国公司，通过全球资源利用、业务流程再造、产业链整合、资本市场运作等方式，加快提升核心竞争力。支持企业在境外开展并购和股权投资、创业投资，建立研发中心、实验基地和全球营销及服务体系；依托互联网开展网络协同设计、精准营销、增值服务创新、媒体品牌推广等，建立全球产业链体系，提高国际化经营能力和服务水平。鼓励优势企业加快发展国际总承包、总集成。引导企业融入当地文化，增强社会责任意识，加强投资和经营风险管理，提高企业境外本土化能力。

深化产业国际合作，加快企业走出去。加强顶层设计，制定制造业走出去发展总体战略，建立完善统筹协调机制。积极参与和推动国际产业合作，贯彻落实丝绸之路经济带和21世纪海上丝绸之路等重大战略部署，加快推进与周边国家互联互通基础设施建设，深化产业合作。发挥沿边开放优势，在有条件的国家和地区建设一批境外制造业合作园区。坚持政府推动、企业主导，创新商业模式，鼓励高端装备、先进技术、优势产能向境外转移。加强政策引导，推动产业合作由加工制造环节为主向合作研发、联合设计、市场营销、品牌培育等高端环节延伸，提高国际合作水平。创新加工贸易模式，延长加工贸易国内增值链条，推动加工贸易转型升级。

四、战略支撑与保障

建设制造强国，必须发挥制度优势，动员各方面力量，进一步深化改革，完善政策措施，建立灵活高效的实施机制，营造良好环境；必须培育创新文化和中国特色制造文化，推动制造业由大变强。

（一）深化体制机制改革。

全面推进依法行政，加快转变政府职能，创新政府管理方式，加强制造业发展战略、规划、政策、标准等制定和实施，强化行业自律和公共服务能力建设，提高产业治理水平。简政放权，深化行政审批制度改革，规范审批事项，简化程序，明确时限；适时修订政府核准的投资项目目录，落实企业投资主体地位。完善政产学研用协同创新机制，改革技术创新管理体制机制和项目经费分配、成果评价和转化机制，促进科技成果资本化、产业化，激发制造业创新活力。加快生产要素价格市场化改革，完善主要由市场决定价格的机制，合理配置公共资源；推行节能量、碳排放权、排污权、水权交易制度改革，加快资源税从价计征，推动环境保护费改税。深化国有企业改革，完善公司治理结构，有序发展混合所有制经济，进一步破除各种形式的行业垄断，取消对非公有制经济的不合理限制。稳步推进国防科技工业改革，推动军民融合深度发展。健全产业安全审查机制和法规体系，加强关系国民经济命脉和国家安全的制造业重要领域投融资、并购重组、招标采购等方面的安全审查。

（二）营造公平竞争市场环境。

深化市场准入制度改革，实施负面清单管理，加强事中事后监管，全面清理和废止不利于全国统一市场建设的政策措施。实施科学规范的行业准入制度，制定和完善制造业节能节地节水、环保、技术、安全等准入标准，加强对国家强制性标准实施的监督检查，统一执法，以市场化手段引导企业进行结构调整和转型升级。切实加强监管，打击制售假冒伪劣行为，严厉惩处市场垄断和不正当竞争行为，为企业创造良好生产经营环境。加快发展技术市场，健全知识产权创造、运用、管理、保护机制。完善淘汰落后产能工作涉及的职工安置、债务清偿、企业转产等政策措施，健全市场退出机制。进一步减轻企业负担，实施涉企收费清单制度，建立全国涉企收费项目库，取缔各种不合理收费和摊派，加强监督检查和问责。推进制造业企业信用体系建设，建设中国制造信用数据库，建立健全企业信用动态评价、守信激励和失信惩戒机制。强化企业社会责任建设，推行企业产品标准、质量、安全自我声明和监督制度。

（三）完善金融扶持政策。

深化金融领域改革，拓宽制造业融资渠道，降低融资成本。积极发挥政策性金融、开发性金融和商业金融的优势，加大对新一代信息技术、高端装备、新材料等重点领域的支持力度。支持中国进出口银行在业务范围内加大对制造业走出去的服务力度，鼓励国家开发银行增加对制造业企业的贷款投放，引导金融机构创新符合制造业企业特点的产品和业务。健全多层次资本市场，推动区域性股权市场规范发展，支持符合条件的制造业企业在境内外上市融资、发行各类债务融资工具。引导风险投资、私募股权投资等支持制造业企业创新发展。鼓励符合条件的制造业贷款和租赁资产开展证券化试点。支持重点领域大型制造业企业集团开展产融结合试点，通过融资租赁方式促进制造业转型升级。探索开发适合制造业发展的保险产品和服务，鼓励发展贷款保证保险和信用保险业务。在风险可控和商业可持续的前提下，通过内保外贷、外汇及人民币贷款、债权融资、股权融资等方式，加大对制造业企业在境外开展资源勘探开发、设立研发中心和高技术企业以及收购兼并等的支持力度。

（四）加大财税政策支持力度。

充分利用现有渠道，加强财政资金对制造业的支持，重点投向智能制造、"四基"发展、高端装备等制造业转型升级的关键领域，为制造业发展创造良好政策环境。运用政府和社会资本合作（PPP）模式，引导社会资本参与制造业重大项目建设、企业技术改造和关键基础设施建设。创新财政资金支持方式，逐步从"补建设"向"补运营"转变，提高财政资金使用效益。深化科技计划（专项、基金等）管理改革，支持制造业重点领域科技研发和示范应用，促进制造业技术创新、转型升级和结构布局调整。完善和落实支持创新的政府采购政策，推动制造业创新产品的研发和规模化应用。落实和完善使用首台（套）重大技术装备等鼓励政策，健全研制、使用单位在产品创新、增值服务和示范应用等环节的激励约束机制。实施有利于制造业转型升级的税收政策，推进增值税改革，完善企业研发费用计核方法，切实减轻制造业企业税收负担。

（五）健全多层次人才培养体系。

加强制造业人才发展统筹规划和分类指导，组织实施制造业人才培养计划，加大专业技术人才、经营管理人才和技能人才的培养力度，完善从研发、转化、生产到管理的人才培养体系。以提高现代经营管理水平和企业竞争力为核心，实施企业经营管理人才素质提升工程和国家中小企业银河培训工程，培养造就一批优秀企业家和高水平经营管理人才。以高层次、急需紧缺专业技术人才和创新型人才为重点，实施专业技术人才知识更新工程和先进制造卓越工程师培养计划，在高等学校建设一批工程创新训练中心，打造高素质专业技术人才队伍。强化职业教育和技能培训，引导一批普通本科高等学校向应用技术类高等学校转型，建立一批实训基地，开展现代学徒制试点示范，形成一支门类齐全、技艺精湛的技术技能人才队伍。鼓励企业与学校合作，培养制造业急需的科研人员、技术技能人才与复合型人才，深化相关领域工程博士、硕士专业学位研究生招生和培养模式改革，积极推进产学研结合。加强产业人才需求预测，完善各类人才信息库，构建产业人才水平评价制度和信息发布平台。建立人才激励机制，加大对优秀人才的表彰和奖励力度。建立完善制造业人才服务机构，健全人才流动和使用的体制机制。采取多种形式选拔各类优秀人才重点是专业技术人才到国外学习培训，探索建立国际培训基地。加大制造业引智力度，引进领军人才和紧缺人才。

（六）完善中小微企业政策。

落实和完善支持小微企业发展的财税优惠政策，优化中小企业发展专项资金使用重点和方式。发挥财政资金杠杆撬动作用，吸引社会资本，加快设立国家中小企业发展基金。支持符合条件的民营资本依法设立中小型银行等金融机构，鼓励商业银行加大小微企业金融服务专营机构建设力度，建立完善小微企业融资担保体系，创新产品和服务。加快构建中小微企业征信体系，积极发展面向小微企业的融资租赁、知识产权质押贷款、信用保险保单质押贷款等。建设完善中小企业创业基地，引导各类创业投资基金投资小微企业。鼓励大学、科研院所、工程中心等对中小企业开放共享各种实（试）验设施。加强中小微企业综合服务体系建设，完善中小微企业公共服务平台网络，建立信息互联互通机制，为中小微企业提供创业、创新、融资、咨询、培训、人才等专业化服务。

（七）进一步扩大制造业对外开放。

深化外商投资管理体制改革，建立外商投资准入前国民待遇加负面清单管理机制，落实备案为主、核准为辅的管理模式，营造稳定、透明、可预期的营商环境。全面深化外汇管理、海关监管、检验检疫管理改革，提高贸易投资便利化水平。进一步放宽市场准入，修订钢铁、化工、船舶等产业政策，支持制造业企业通过委托开发、专利授权、众包众创等方式引进先进技术和高端人才，推动利用外资由重点引进技术、资金、设备向合资合作开发、对外并购及引进领军人才转变。加强对外投资立法，强化制造业企业走出去法律保障，规范企业境外经营行为，维护企业合法权益。探索利用产业基金、国有资本收益等渠道支持高铁、电力装备、汽车、工程施工等装备和优势产能走出去，实施海外投资并购。加快制造业走出去支撑服务机构建设和水平提升，建立制造业对外投资公共服务平台和出口产品技术性贸易服务平台，完善应对贸易摩擦和境外投资重大事项预警协调机制。

（八）健全组织实施机制。

成立国家制造强国建设领导小组，由国务院领导同志担任组长，成员由国务院相关部门和单位负责同志担任。领导小组主要职责是：统筹协调制造强国建设全局性工作，审议重大规划、重大政策、重大工程专项、重大问题和重要工作安排，加强战略谋划，指导部门、地方开展工作。领导小组办公室设在工业和信息化部，承担领导小组日常工作。设立制造强国建设战略咨询委员会，研究制造业发展的前瞻性、战略性重大问题，对制造业重大决策提供咨询评估。支持包括社会智库、企业智库在内的多层次、多领域、多形态的中国特色新型智库建设，为制造强国建设提供强大智力支持。建立《中国制造2025》任务落实情况督促检查和第三方评价机制，完善统计监测、绩效评估、动态调整和监督考核机制。建立《中国制造2025》中期评估机制，适时对目标任务进行必要调整。

各地区、各部门要充分认识建设制造强国的重大意义，加强组织领导，健全工作机制，强化部门协同和上下联动。各地区要结合当地实际，研究制定具体实施方案，细化政策措施，确保各项任务落实到位。工业和信息化部要会同相关部门加强跟踪分析和督促指导，重大事项及时向国务院报告。

国务院办公厅关于加快应急产业发展的意见

国办发〔2014〕63号

各省、自治区、直辖市人民政府，国务院各部委、各直属机构：

应急产业是为突发事件预防与应急准备、监测与预警、处置与救援提供专用产品和服务的产业。近年来，我国应急产业快速兴起并不断发展，在突发事件应对中发挥了重要作用，但还存在产业体系不健全、市场需求培育不足、关键技术装备发展缓慢等问题。发展应急产业一举数得。为加快我国应急产业发展，经国务院同意，现提出以下意见：

一、充分认识发展应急产业的重要意义

（一）发展应急产业是提高公共安全基础水平的迫切要求。

当前我国公共安全形势严峻复杂，突发事件易发频发，防控难度不断加大。发展应急产业能为防范和应对突发事件提供物质保障、技术支撑和专业服务，提升基础设施和生产经营单位本质安全水平，提升突发事件应急救援能力，提升全社会抵御风险能力，对于保障人民群众生命财产安全、维护国家公共安全具有重要意义。

（二）发展应急产业是培育新的经济增长点的重要内容。

随着我国经济发展、社会进步和公众安全意识提高，社会各方对应急产品和服务的需求不断增长。应急产业覆盖面广、产业链长，加快发展应急产业有利于调整优化产业结构，催生新的业态，形成新的经济增长点；有利于促进中小微企业发展，增强经济活力，扩大社会就业。

（三）发展应急产业是提升应急技术装备核心竞争力的重要途径。

突发事件处置现场情况复杂，对应急技术装备的适应性、可靠性、安全性要求更加苛刻。我国应急产业起步晚，一些产品技术含量不高，部分关键技术产品依赖进口。

加快发展应急产业将带动相关行业领域自主创新和技术进步，促进国际先进技术和理念的引进消化吸收再创新，提升我国应急技术装备在国际市场的核心竞争力，推动经济转型升级。

二、总体要求

（四）指导思想。

以邓小平理论、"三个代表"重要思想、科学发展观为指导，深入贯彻落实党的十八大、十八届二中、三中、四中全会精神和国务院决策部署，以企业为主体，以市场为导向，以改革创新和科技进步为动力，加强政策引导，激发各类创新主体活力，加快突破关键技术，不断提升应急产业整体水平和核心竞争力，增强防范和处置突发事件的产业支撑能力，为稳增长、促改革、调结构、惠民生、防风险作出贡献。

（五）基本原则。

市场主导，政府引导。充分发挥市场配置资源的决定性作用，完善政府宏观引导和政策激励，进一步推进简政放权，营造良好发展环境，用改革的办法调动市场主体发展应急产业的积极性。

创新驱动，需求牵引。着力推进原始创新、集成创新和引进消化吸收再创新，掌握共性技术，突破关键核心技术，尽快缩小与国际先进水平的差距，促进科技成果产品化、产业化；培育市场需求，推进应急产品在重点领域应用，形成对应急产业发展的有力拉动。

统筹推进，协同发展。健全应急产业发展机制，加快形成适应我国公共安全需要的应急产品体系，推行应急救援、综合应急服务等市场化新型应急服务业态，不断提高应急产业对应对突发事件的综合保障能力。

服务社会，服务经济。把社会效益放在更加重要的位置，引导企业承担社会责任，研发应急产品，储备生产能力，完善应急服务，实现经济效益与社会效益相统一。

（六）发展目标。

到 2020 年，应急产业规模显著扩大，应急产业体系基本形成；自主创新能力进一步增强，一批关键技术和装备的研发制造能力达到国际先进水平，一批自主研发的重大应急装备投入使用；形成若干具有国际竞争力的大型企业，发展一批应急特色明显的中小微企业；发展环境进一步优化，形成有利于产业发展的创新机制，为防范和处置突发事件提供有力支撑，并成为推动经济社会发展的重要动力。

三、重点方向

（七）监测预警。

围绕提高各类突发事件监测预警的及时性和准确性，重点发展监测预警类应急产品。在自然灾害方面，发展地震、气象灾害、地质灾害、水旱灾害、病虫草鼠害、海洋灾害、森林草原火灾等监测预警设备；在事故灾难方面，发展矿山安全、危险化学品安全、特种设备安全、交通安全、海洋环境污染、重污染天气、有毒有害气体泄漏等监测预警装备；在公共卫生方面，发展农产品质量安全、食品药品安全、生产生活用水安全等应急检测装备，流行病监测、诊断试剂和装备；在社会安全方面，发展城市安全、网络和信息系统安全等监测预警产品。同时，发展突发事件预警发布系统、应急广播系统及设备等。

（八）预防防护。

围绕提高个体和重要设施保护的安全性和可靠性，重点发展预防防护类应急产品。在个体防护方面，发展应急救援人员防护、矿山和危险化学品安全避险、特殊工种保护、家用应急防护等产品；在设备设施防护方面，发展社会公共安全防范、重要基础设施安全防护、重要生态环境安全保护等设备。

（九）处置救援。

围绕提高突发事件处置的高效性和专业性，重点发展处置救援类应急产品。在现场保障方面，发展突发事件现场信息快速获取、应急通信、应急指挥、应急电源、应急后勤保障等产品；在生命救护方面，发展生命搜索与营救、医疗应急救治、卫生应急保障等产品；在抢险救援方面，发展消防、建（构）筑物废墟救援、矿难救援、危险化学品事故应急、工程抢险、海上溢油应急、道路应急抢通、航空应急救援、水上应急救援、核事故处置、特种设备事故救援、突发环境事件应急处置、疫情疫病检疫处理、反恐防爆处置等产品。

（十）应急服务。

围绕提高突发事件防范处置的社会化服务水平，创新应急服务业态。在事前预防方面，发展风险评估、隐患排查、消防安全、安防工程、应急管理市场咨询等应急服务；在社会化救援方面，发展紧急医疗救援、交通救援、应急物流、工程抢险、安全生产、航空救援、海洋生态损害应急处置、网络与信息安全等应急服务；在其他应急服务方面，发展灾害保险、北斗导航应急服务等。

四、主要任务

（十一）加快关键技术和装备研发。

通过国家科技计划（专项、基金等）对应急产业相关科技工作进行支持，推动应急产业领域科研平台体系建设，集中力量突破一批支撑应急产业发展的关键共性核心技术。鼓励企业联合高校、科研机构建立产学研协同创新机制，在应急产业重点方向成立产业技术创新战略联盟。鼓励充分利用军工技术优势发展应急产业，推进军民融合。创新商业模式，加强知识产权运用和保护，促进应急产业科技成果资本化、产业化。

（十二）优化产业结构。

坚持需求牵引，采用目录、清单等形式明确应急产品和服务发展方向，引导社会资源投向先进、适用、安全、可靠的应急产品和服务。适应突发事件应对需要，推进应急产品标准化、模块化、系列化、特色化发展，引导企业提供一体化综合解决方案。加快发展应急服务业，采用政府购买服务等方式，引导社会力量以多种形式提供应急服务，支持与生产生活密切相关的应急服务机构发展，推动应急服务专业化、市场化和规模化。

（十三）推动产业集聚发展。

适应现代产业发展规律，加强规划布局、指导和服务，鼓励有条件地区发展各具特色的应急产业集聚区，打造区域性创新中心和成果转化中心。依托国家储备和优势企业现有能力和资源，形成一批应急物资和生产能力储备基地。根据区域突发事件特点和产业发展情况，建设一批国家应急产业示范基地，形成区域性应急产业链，引领国家应急技术装备研发、应急产品生产制造和应急服务发展。

（十四）支持企业发展。

充分发挥市场作用，引导企业通过兼并重组、品牌经营等方式进入应急产业领域，支持有实力的企业做大做强。发挥应急产业优势企业带头作用，培育形成一批技术水平高、服务能力强、拥有自主知识产权和品牌优势、具有国际竞争力的大型企业集团。利用中小企业发展专项资金等支持应急产业领域中小微企业，促进特色明显、创新能力强的中小微企业加速发展，形成大中小微企业协调发展的产业格局。

（十五）推广应急产品和应急服务。

加强全民公共安全和风险意识宣传教育，推动消费观念转变，激发单位、家庭、个人在逃生、避险、防护、自救互救等方面对应急产品和服务的消费需求。完善矿山、危险化学品生产经营场所、高层建筑、学校、公共场所、应急避难场所、交通基础设施等应急设施设备配置标准，完善各类应急救援基地和队伍的装备配备标准，推动应急设施设备装备与建设主体工程同时设计、同时施工、同时投入使用。健全应急产品实物储备、社会储备和生产能力储备管理制度，建设应急产品和生产能力储备综合信息平台，带动应急产品应用。加强应急仓储、中转、配送设施建设，提高应急产品物流效率。利用风险补偿机制，支持重大应急创新产品首次应用。推动应急服务业与现代保险服务业相结合，将保险纳入灾害事故防范救助体系，加快推行巨灾保险。

（十六）加强国际交流合作。

多层次、多渠道、多方式推进国际科技合作与交流，鼓励企业引进、消化、吸收国外应急先进技术和先进服务理念，提升企业竞争力。鼓励跨国公司在我国设立研发中心，引进更多应急产业创新成果在我国实现产业化。支持企业参与全球市场竞争，鼓励企业以高端应急产品、技术和服务开拓国际市场。鼓励国外先进应急技术装备进口。引导外资投向应急产业有关领域，国家支持应急产业发展的政策同等适用于符合条件的外商投资企业。组织开展展览、双边或国际论坛及贸易投资促进活动，充分利用相关平台交流推介应急产品和服务。

五、政策措施

（十七）完善标准体系。

充分发挥标准对产业发展的规范和促进作用，加快制（修）订应急产品和应急服务标准，积极采用国际标准或国外先进标准，推动应急产业升级改造。鼓励和支持国内机构参与国际标准化工作，提升自主技术标准的国际话语权。

（十八）加大财政税收政策支持力度。

对列入产业结构调整指导目录鼓励类的应急产品和服务，在有关投资、科研等计划中给予支持。探索建立政府引导应急产业发展投入机制，带动全社会加大对应急产业投入力度。落实和完善适用于应急产业的税收政策。建立健全应急救援补偿制度，对征用单位和个人的应急物资、装备等及时予以补偿。

（十九）完善投融资政策。

鼓励金融资本、民间资本及创业与私募股权投资投向应急产业，支持符合条件的应急产业企业采取发行股票、债券等多种方式，在海内外资本市场直接融资。按照风险可控、商业可持续的原则，引导融资性担保机构加大对符合产业政策、资质好、管理规范的应急产业企业的担保力度。鼓励和引导金融机构创新金融产品和服务方式，加大对技术先进、优势明显、带动和支撑作用强的应急产业重大项目的信贷支持力度。

（二十）加强人才队伍建设。

建立多层次多类型的应急产业人才培养和服务体系，着力培养高层次、创新型、复合型的核心技术研发人才和科研团队，培育具有国际视野的经营管理人才，造就一批领军人物。支持有条件的高等学校开设应急产业相关专业。依托有关培训机构、高等学校及科研机构，开展应急专业技术人才继续教育。利用各类引才引智计划，完善相关配套服务，鼓励海外专业人才回国或来华创业。

（二十一）优化发展环境。

完善相关法律法规，支持应急产业发展。建立应急产业运行监测分析指标体系和统计制度。加强应急产品质量监管，依法查处生产和经销假冒伪劣应急产品的违法行为。依托现有的国家和社会检测资源，提升应急产品检测能力。完善事关人身生命安全的应急产品认证制度。鼓励发展应急产业协会等社团组织，加强行业自律和信用评价。对应急产业发展重大项目建设用地，在符合国家产业政策和土地利用总体规划的前提下予以支持。

六、组织协调

（二十二）健全工作机制。

建立由工业和信息化部、发展改革委、科技部牵头的应急产业发展协调机制，及时研究解决重大问题，推动应急产业健康快速发展。选择有特点、有代表性的企业，建立联系点机制，跟踪应急产业发展情况，总结推广成功经验和做法。

（二十三）加强督查落实。各地区、各部门要高度重视应急产业发展，切实加强组织领导，抓紧制定落实各项政策措施分工的具体措施，确保各项政策措施落实到位。应急产业发展协调机制牵头单位要组织对各地区、各有关部门落实本意见的情况进行督查。

附件：重点工作任务分工表

国务院办公厅

2014 年 12 月 8 日

（此件公开发布）

应急产业重点产品和服务指导目录（2015 年）

2	预防防护产品
2.1	个体防护产品
2.1.1	应急救援人员防护产品
	灾害事故现场定位、图侦、通信、呼吸、生命体征监控等数字化消防单兵装备，高效智能消防员呼吸防护装备，水域救援装备，灭火防护装备，化学防护装备，自动苏生器，电动送风式正压防护系统，病毒防护／隔离服，避火服，隔热服等隔热、阻燃、防毒、绝缘、防静电、防尘、防砸、防穿刺防护产品，防油，防水，防火纺织材料等
2.1.2	矿山和危险化学品安全避险产品
	煤矿及非煤矿山井下紧急避险系统，综合防治矿山重大事故装备，化学品致灾特性评估大型智能安全实验舱，煤气化过程关键安全技术装备，燃爆防控技术装备，超大规模超深井金属矿山开采安全技术装备，煤矿生产过程综合监控装备，矿井进出人员自动监控记录系统等
2.1.3	特殊工种保护产品
	新型正压式放射性气溶胶防护气衣，井下工人安全防护装备集成包，煤矿呼吸尘职业危害防控关键技术装备等 "
2.1.4	家用应急防护产品
	自救呼吸器、应急包、家用火灾探测器，逃生绳，呼吸面罩等
2.4	其他防护产品
	绝缘低烟无卤阻燃电缆，耐热电线电缆，半预浸树脂及纤维防弹材料，耐火电缆及光缆等
3.3.6	海上溢油及有毒有害物质泄漏应急
	"溢油应急救援技术与产品：高分子吸附技术与材料、浮油回收技术与装置，船舶水上溢油应急处置装备，聚丙烯、聚酯等高吸油非织造产品，自动充气式围油栏，自动布放式储油囊，高分子吸油及水面溢油清理配套装备，FOA 睡眠浮油凝集剂等 "
3.3.7	道路应急抢通
	"应急机动舟桥，柔性可快速铺设土工纺织合成材料应急路面及铺设车，道路、桥梁、港口、机场等基础设施恢复、修复装备，隧道救援车，架桥机，除冰雪机械，环保型融雪剂等 "

关于印发鼓励进口技术和产品目录（2014 年版）的通知

发改产业 [2014]426 号

各省、自治区、直辖市及计划单列市发展改革委、财政厅（局）、商务主管部门，新疆生产建设兵团发展改革委、财务局、商务局：

为积极扩大先进技术、关键装备及零部件、紧缺资源性产品的进口，支持重点行业发展，更好的发挥进口贴息政策对促进技术创新和结构调整的积极作用，现印发《鼓励进口技术和产品目录（2014 年版）》，自发布之日起实施。

国家发展改革委、财政部、商务部《关于发布鼓励进口技术和产品目录（2011 年版）的通知》（发改产业〔2011〕937 号）所附《鼓励进口技术和产品目录（2011 年版）》同时废止。国家发展改革委会同财政部、商务部将根据情况需要，适时对目录进行调整。

附件：鼓励进口技术和产品目录（2014 年版）

国家发展改革委 财政部 商务部

2014 年 3 月 13 日

附件

鼓励进口技术和产品目录（2014 年版）（节选）

一、鼓励引进的先进技术

序号	技术名称
A97	产业用纺织机械设计制造技术
A98	多维纺织成型技术及关键设备制造技术
A99	吸油纤维工程化关键技术和装备制造技术
A100	喷气涡流纺纱机设计制造技术
A101	高性能苎麻纺织机械设计制造技术
A128	膜法和热法海水淡化技术
A130	用于电子级产品包装的加工设备及原材料技术
A131	GQ3522 以上碳纤维（简称 CF）成套装备的设计制造技术
A138	高吸水性纤维生产技术
A143	高性能海水淡化用反渗透膜制造技术
A144	纤维素乙醇生产技术
A145	聚乳酸纤维材料（简称 PLA）产业链成套装备的设计制造技术
A146	环保型新溶剂法纤维素纤维（即 LYOCELL、离子液等）成套装备的设计制造技术
A147	新型聚酯 PTT 成套装备的设计制造技术
A148	新型聚酯 PEN 成套装备的设计制造技术
A149	新型聚酯 PBT 成套装备的设计制造技术
A150	高强高模芳纶 1414（学名聚对苯二甲酰对苯二胺，简称 PPTA）成套装备的设计制造技术
A151	聚酰亚胺纤维及材料成套装备的设计制造技术
A154	高性能纤维产品设计制造技术
A155	静电纺丝技术

A156	非织造湿法成网设计制造技术
A157	PVA 混和浆中的 PVA 回收技术
A158	基碳纤维产业化原丝技术
A188	化学纤维的清洁生产和环境污染控制技术
A189	废旧纤维制品回收利用制造技术

二、鼓励进口的重要装备

序号	商品编码	商品名称
B44	8444	高强高模芳纶 1414（学名聚对苯二甲酰对苯二胺，简称 PPTA）成套装备（包括聚合、纺丝、后加工技术等）
B45	8444	GQ3522 以上碳纤维及其制品（简称 CF）关键装备
B46	8444	聚酰亚胺纤维成套装备（包括以 P84 为代表品种的各类纤维）
B47	84451120	毛纤维型梳理机
B48	84452031	转杯纺纱机：纺杯最高速度 >170000r/min，具有自动生头、接头、清洁提升
B49	84452032	喷气纺纱机：纺纱速度＞ 300m/min
B50	84463090	刚性剑杆织机、片梭织机、双层织物织机、宽幅重磅织机等特种无梭织机
B51	84472020	织可穿电脑横机
B52	84514000	针织连续前处理和冷轧堆染色机生产线
B53	84454010	松式筒子自动络筒机：卷绕速度≥ 1000m/min
B54	84490000	成匹、成形的毡呢或无纺物制造或整理机器：$10g/m^2$ 以下的薄型涤纶纺粘非织造布生产设备，$400g/m^2$ 以上的丙纶厚型纺粘非织造布生产设备，宽幅高速纺粘熔喷非织造布生产设备（幅宽≥ 4m；速度≥ 600m/min），高压水刺生产设备（幅宽≥ 3.5m，水刺压力≥ 40MPa）
B55	84459090	全自动穿综机
B56	84513000	熨烫机及挤压机（包括熔压机）
B57	84451220	毛精梳机
B58	84451310	针梳机：速度≥ 200m/min
B59	84451322	毛粗纱机：搓捻速度≥ 1500 次 /min
B60	84452042	毛纺环锭细纱机（配紧密纺装置）
B61	84453000	高速并线机（机械速度≤ 1300m/min）倍捻机

B62	84490000	产业用纺织品多功能后整理线 / 设备
B63	84518000	纺织品多功能后整理线 / 设备 (含整理机、洗煮烘联合机、罐蒸机、剪呢机、平幅洗呢机)
B64	84472030	缝编机
B65	84391000	纸浆生产的大型机器：年产 30 万吨以上化学浆生产设备；年产 10 万吨以上化机浆生产设备

三、鼓励发展的重点行业

序号	行业名称
C13	轻量化材料应用：高强度钢、铝镁合金、复合塑料、粉末冶金、高强度复合纤维等；先进成形技术应用：激光拼焊板的扩大应用、内高压成形、超高强度钢板热成形、柔性滚压成形等；环保材料应用：水性涂料、无铅焊料等
C53	污水防治技术设备制造：中小城镇一体化污水处理成套技术装备，超生耦合法和生物膜法处理高浓度有机废水技术装备
C69	年产 5 万吨及以上无碱玻璃纤维池窑拉丝技术和高性能玻璃纤维及制品技术开发与生产
C70	锂二硫化铁、锂亚硫酰氯等新型锂原电池；锂离子电池、氢镍电池、新型结构（卷绕式、管式等）密封铅蓄电池等动力电池；储能用锂离子电池和新型大容量密封铅蓄电池；全钒液流电池；超级电池和超级电容器制造
C71	有机和无机高性能纤维及制品的开发与生产（碳纤维（CF）（拉伸强度 ≥ 4200MPa，弹性模量≥ 240GPa）、芳纶（AF）、芳砜纶（PSA）、高强高模聚乙烯（超高分子量聚乙烯）纤维（UHMWPE）（纺丝生产装置单线能力≥ 300 吨 / 年）、聚苯硫醚纤维（PPS）、聚酰亚胺纤维（PI）、聚四氟乙烯纤维（PTFE）、聚苯并双噁唑纤维（PBO）、聚芳噁二唑纤维（POD）、玄武岩纤维（BF）、碳化硅纤维（SiCF）、高强型玻璃纤维（HT－AR）等）
C72	制革及毛皮加工清洁生产、皮革后整饰新技术开发及关键设备制造、皮革废弃物综合利用
C74	国家级工程(技术)研究中心、国家工程实验室、国家认定的企业技术中心、重点实验室、高新技术创业服务中心、新产品开发设计中心、科研中试基地、实验基地建设

四、资源性产品、原材料（略）

国务院关于印发大气污染防治行动计划的通知

国发〔2013〕37 号

各省、自治区、直辖市人民政府，国务院各部委、各直属机构：

现将《大气污染防治行动计划》印发给你们，请认真贯彻执行。

国务院

2013 年 9 月 10 日

（此件公开发布）

大气污染防治行动计划

大气环境保护事关人民群众根本利益，事关经济持续健康发展，事关全面建成小康社会，事关实现中华民族伟大复兴中国梦。当前，我国大气污染形势严峻，以可吸入颗粒物（PM10）、细颗粒物（PM2.5）为特征污染物的区域性大气环境问题日益突出，损害人民群众身体健康，影响社会和谐稳定。随着我国工业化、城镇化的深入推进，能源资源消耗持续增加，大气污染防治压力继续加大。为切实改善空气质量，制定本行动计划。

总体要求： 以邓小平理论、"三个代表"重要思想、科学发展观为指导，以保障人民群众身体健康为出发点，大力推进生态文明建设，坚持政府调控与市场调节相结合、全面推进与重点突破相配合、区域协作与属地管理相协调、总量减排与质量改善相同步，形成政府统领、企业施治、市场驱动、公众参与的大气污染防治新机制，实施分区域、分阶段治理，推动产业结构优化、科技创新能力增强、经济增长质量提高，实现环境效益、经济效益与社会效益多赢，为建设美丽中国而奋斗。

奋斗目标： 经过五年努力，全国空气质量总体改善，重污染天气较大幅度减少；京津冀、长三角、珠三角等区域空气质量明显好转。力争再用五年或更长时间，逐步消除重污染天气，全国空气质量明显改善。

具体指标：到 2017 年，全国地级及以上城市可吸入颗粒物浓度比 2012 年下降 10% 以上，优良天数逐年提高；京津冀、长三角、珠三角等区域细颗粒物浓度分别下降 25%、20%、15% 左右，其中北京市细颗粒物年均浓度控制在 60 微克 / 立方米左右。

一、加大综合治理力度，减少多污染物排放

（一）加强工业企业大气污染综合治理。

全面整治燃煤小锅炉。加快推进集中供热、"煤改气"、"煤改电"工程建设，到 2017 年，除必要保留的以外，地级及以上城市建成区基本淘汰每小时 10 蒸吨及以下的燃煤锅炉，禁止新建每小时 20 蒸吨以下的燃煤锅炉；其他地区原则上不再新建每小时 10 蒸吨以下的燃煤锅炉。在供热供气管网不能覆盖的地区，改用电、新能源或洁净煤，推广应用高效节能环保型锅炉。在化工、造纸、印染、制革、制药等产业集聚区，通过集中建设热电联产机组逐步淘汰分散燃煤锅炉。

加快重点行业脱硫、脱硝、除尘改造工程建设。所有燃煤电厂、钢铁企业的烧结机和球团生产设备、石油炼制企业的催化裂化装置、有色金属冶炼企业都要安装脱硫设施，每小时 20 蒸吨及以上的燃煤锅炉要实施脱硫。除循环流化床锅炉以外的燃煤机组均应安装脱硝设施，新型干法水泥窑要实施低氮燃烧技术改造并安装脱硝设施。燃煤锅炉和工业窑炉现有除尘设施要实施升级改造。

推进挥发性有机物污染治理。在石化、有机化工、表面涂装、包装印刷等行业实施挥发性有机物综合整治，在石化行业开展"泄漏检测与修复"技术改造。限时完成加油站、储油库、油罐车的油气回收治理，在原油成品油码头积极开展油气回收治理。完善涂料、胶粘剂等产品挥发性有机物限值标准，推广使用水性涂料，鼓励生产、销售和使用低毒、低挥发性有机溶剂。

京津冀、长三角、珠三角等区域要于 2015 年底前基本完成燃煤电厂、燃煤锅炉和工业窑炉的污染治理设施建设与改造，完成石化企业有机废气综合治理。

（二）深化面源污染治理。

综合整治城市扬尘。加强施工扬尘监管，积极推进绿色施工，建设工程施工

现场应全封闭设置围挡墙，严禁敞开式作业，施工现场道路应进行地面硬化。渣土运输车辆应采取密闭措施，并逐步安装卫星定位系统。推行道路机械化清扫等低尘作业方式。大型煤堆、料堆要实现封闭储存或建设防风抑尘设施。推进城市及周边绿化和防风防沙林建设，扩大城市建成区绿地规模。

开展餐饮油烟污染治理。城区餐饮服务经营场所应安装高效油烟净化设施，推广使用高效净化型家用吸油烟机。

（三）强化移动源污染防治。

加强城市交通管理。优化城市功能和布局规划，推广智能交通管理，缓解城市交通拥堵。实施公交优先战略，提高公共交通出行比例，加强步行、自行车交通系统建设。根据城市发展规划，合理控制机动车保有量，北京、上海、广州等特大城市要严格限制机动车保有量。通过鼓励绿色出行、增加使用成本等措施，降低机动车使用强度。

提升燃油品质。加快石油炼制企业升级改造，力争在 2013 年底前，全国供应符合国家第四阶段标准的车用汽油，在 2014 年底前，全国供应符合国家第四阶段标准的车用柴油，在 2015 年底前，京津冀、长三角、珠三角等区域内重点城市全面供应符合国家第五阶段标准的车用汽、柴油，在 2017 年底前，全国供应符合国家第五阶段标准的车用汽、柴油。加强油品质量监督检查，严厉打击非法生产、销售不合格油品行为。

加快淘汰黄标车和老旧车辆。采取划定禁行区域、经济补偿等方式，逐步淘汰黄标车和老旧车辆。到 2015 年，淘汰 2005 年底前注册营运的黄标车，基本淘汰京津冀、长三角、珠三角等区域内的 500 万辆黄标车。到 2017 年，基本淘汰全国范围的黄标车。

加强机动车环保管理。环保、工业和信息化、质检、工商等部门联合加强新生产车辆环保监管，严厉打击生产、销售环保不达标车辆的违法行为；加强在用机动车年度检验，对不达标车辆不得发放环保合格标志，不得上路行驶。加快柴油车车用尿素供应体系建设。研究缩短公交车、出租车强制报废年限。鼓励出租车每年更换高效尾气净化装置。开展工程机械等非道路移动机械和船舶的污染控制。

加快推进低速汽车升级换代。不断提高低速汽车（三轮汽车、低速货车）节能环保要求，减少污染排放，促进相关产业和产品技术升级换代。自 2017 年起，新生产的低速货车执行与轻型载货车同等的节能与排放标准。

大力推广新能源汽车。公交、环卫等行业和政府机关要率先使用新能源汽车，采取直接上牌、财政补贴等措施鼓励个人购买。北京、上海、广州等城市每年新增或更新的公交车中新能源和清洁燃料车的比例达到 60% 以上。

二、调整优化产业结构，推动产业转型升级

（四）严控"两高"行业新增产能。

修订高耗能、高污染和资源性行业准入条件，明确资源能源节约和污染物排放等指标。有条件的地区要制定符合当地功能定位、严于国家要求的产业准入目录。严格控制"两高"行业新增产能，新、改、扩建项目要实行产能等量或减量置换。

（五）加快淘汰落后产能。

结合产业发展实际和环境质量状况，进一步提高环保、能耗、安全、质量等标准，分区域明确落后产能淘汰任务，倒逼产业转型升级。

按照《部分工业行业淘汰落后生产工艺装备和产品指导目录（2010 年本）》、《产业结构调整指导目录（2011 年本）（修正）》的要求，采取经济、技术、法律和必要的行政手段，提前一年完成钢铁、水泥、电解铝、平板玻璃等 21 个重点行业的"十二五"落后产能淘汰任务。2015 年再淘汰炼铁 1500 万吨、炼钢 1500 万吨、水泥（熟料及粉磨能力）1 亿吨、平板玻璃 2000 万重量箱。对未按期完成淘汰任务的地区，严格控制国家安排的投资项目，暂停对该地区重点行业建设项目办理审批、核准和备案手续。2016 年、2017 年，各地区要制定范围更宽、标准更高的落后产能淘汰政策，再淘汰一批落后产能。

对布局分散、装备水平低、环保设施差的小型工业企业进行全面排查，制定综合整改方案，实施分类治理。

（六）压缩过剩产能。

加大环保、能耗、安全执法处罚力度，建立以节能环保标准促进"两高"行业过剩产能退出的机制。制定财政、土地、金融等扶持政策，支持产能过剩"两高"

行业企业退出、转型发展。发挥优强企业对行业发展的主导作用，通过跨地区、跨所有制企业兼并重组，推动过剩产能压缩。严禁核准产能严重过剩行业新增产能项目。

（七）坚决停建产能严重过剩行业违规在建项目。

认真清理产能严重过剩行业违规在建项目，对未批先建、边批边建、越权核准的违规项目，尚未开工建设的，不准开工；正在建设的，要停止建设。地方人民政府要加强组织领导和监督检查，坚决遏制产能严重过剩行业盲目扩张。

三、加快企业技术改造，提高科技创新能力

（八）强化科技研发和推广。

加强灰霾、臭氧的形成机理、来源解析、迁移规律和监测预警等研究，为污染治理提供科学支撑。加强大气污染与人群健康关系的研究。支持企业技术中心、国家重点实验室、国家工程实验室建设，推进大型大气光化学模拟仓、大型气溶胶模拟仓等科技基础设施建设。

加强脱硫、脱硝、高效除尘、挥发性有机物控制、柴油机（车）排放净化、环境监测，以及新能源汽车、智能电网等方面的技术研发，推进技术成果转化应用。加强大气污染治理先进技术、管理经验等方面的国际交流与合作。

（九）全面推行清洁生产。

对钢铁、水泥、化工、石化、有色金属冶炼等重点行业进行清洁生产审核，针对节能减排关键领域和薄弱环节，采用先进适用的技术、工艺和装备，实施清洁生产技术改造；到 2017 年，重点行业排污强度比 2012 年下降 30% 以上。推进非有机溶剂型涂料和农药等产品创新，减少生产和使用过程中挥发性有机物排放。积极开发缓释肥料新品种，减少化肥施用过程中氨的排放。

（十）大力发展循环经济。

鼓励产业集聚发展，实施园区循环化改造，推进能源梯级利用、水资源循环利用、废物交换利用、土地节约集约利用，促进企业循环式生产、园区循环式发展、产业循环式组合，构建循环型工业体系。推动水泥、钢铁等工业窑炉、高炉实施废物协

同处置。大力发展机电产品再制造，推进资源再生利用产业发展。到 2017 年，单位工业增加值能耗比 2012 年降低 20% 左右，在 50% 以上的各类国家级园区和 30% 以上的各类省级园区实施循环化改造，主要有色金属品种以及钢铁的循环再生比重达到 40% 左右。

（十一）大力培育节能环保产业。

着力把大气污染治理的政策要求有效转化为节能环保产业发展的市场需求，促进重大环保技术装备、产品的创新开发与产业化应用。扩大国内消费市场，积极支持新业态、新模式，培育一批具有国际竞争力的大型节能环保企业，大幅增加大气污染治理装备、产品、服务产业产值，有效推动节能环保、新能源等战略性新兴产业发展。鼓励外商投资节能环保产业。

四、加快调整能源结构，增加清洁能源供应

（十二）控制煤炭消费总量。

制定国家煤炭消费总量中长期控制目标，实行目标责任管理。到 2017 年，煤炭占能源消费总量比重降低到 65% 以下。京津冀、长三角、珠三角等区域力争实现煤炭消费总量负增长，通过逐步提高接受外输电比例、增加天然气供应、加大非化石能源利用强度等措施替代燃煤。

京津冀、长三角、珠三角等区域新建项目禁止配套建设自备燃煤电站。耗煤项目要实行煤炭减量替代。除热电联产外，禁止审批新建燃煤发电项目；现有多台燃煤机组装机容量合计达到 30 万千瓦以上的，可按照煤炭等量替代的原则建设为大容量燃煤机组。

（十三）加快清洁能源替代利用。

加大天然气、煤制天然气、煤层气供应。到 2015 年，新增天然气干线管输能力 1500 亿立方米以上，覆盖京津冀、长三角、珠三角等区域。优化天然气使用方式，新增天然气应优先保障居民生活或用于替代燃煤；鼓励发展天然气分布式能源等高效利用项目，限制发展天然气化工项目；有序发展天然气调峰电站，原则上不再新建天然气发电项目。

制定煤制天然气发展规划,在满足最严格的环保要求和保障水资源供应的前提下,加快煤制天然气产业化和规模化步伐。

积极有序发展水电,开发利用地热能、风能、太阳能、生物质能,安全高效发展核电。到 2017 年,运行核电机组装机容量达到 5000 万千瓦,非化石能源消费比重提高到 13%。

京津冀区域城市建成区、长三角城市群、珠三角区域要加快现有工业企业燃煤设施天然气替代步伐;到 2017 年,基本完成燃煤锅炉、工业窑炉、自备燃煤电站的天然气替代改造任务。

（十四）推进煤炭清洁利用。

提高煤炭洗选比例,新建煤矿应同步建设煤炭洗选设施,现有煤矿要加快建设与改造;到 2017 年,原煤入选率达到 70% 以上。禁止进口高灰份、高硫份的劣质煤炭,研究出台煤炭质量管理办法。限制高硫石油焦的进口。

扩大城市高污染燃料禁燃区范围,逐步由城市建成区扩展到近郊。结合城中村、城乡结合部、棚户区改造,通过政策补偿和实施峰谷电价、季节性电价、阶梯电价、调峰电价等措施,逐步推行以天然气或电替代煤炭。鼓励北方农村地区建设洁净煤配送中心,推广使用洁净煤和型煤。

（十五）提高能源使用效率。

严格落实节能评估审查制度。新建高耗能项目单位产品（产值）能耗要达到国内先进水平,用能设备达到一级能效标准。京津冀、长三角、珠三角等区域,新建高耗能项目单位产品（产值）能耗要达到国际先进水平。

积极发展绿色建筑,政府投资的公共建筑、保障性住房等要率先执行绿色建筑标准。新建建筑要严格执行强制性节能标准,推广使用太阳能热水系统、地源热泵、空气源热泵、光伏建筑一体化、"热—电—冷"三联供等技术和装备。推进供热计量改革,加快北方采暖地区既有居住建筑供热计量和节能改造;新建建筑和完成供热计量改造的既有建筑逐步实行供热计量收费。加快热力管网建设与改造。

五、严格节能环保准入，优化产业空间布局

（十六）调整产业布局。按照主体功能区规划要求,合理确定重点产业发展布局、

结构和规模，重大项目原则上布局在优化开发区和重点开发区。所有新、改、扩建项目，必须全部进行环境影响评价；未通过环境影响评价审批的，一律不准开工建设；违规建设的，要依法进行处罚。加强产业政策在产业转移过程中的引导与约束作用，严格限制在生态脆弱或环境敏感地区建设"两高"行业项目。加强对各类产业发展规划的环境影响评价。

在东部、中部和西部地区实施差别化的产业政策，对京津冀、长三角、珠三角等区域提出更高的节能环保要求。强化环境监管，严禁落后产能转移。

（十七）强化节能环保指标约束。

提高节能环保准入门槛，健全重点行业准入条件，公布符合准入条件的企业名单并实施动态管理。严格实施污染物排放总量控制，将二氧化硫、氮氧化物、烟粉尘和挥发性有机物排放是否符合总量控制要求作为建设项目环境影响评价审批的前置条件。

京津冀、长三角、珠三角区域以及辽宁中部、山东、武汉及其周边、长株潭、成渝、海峡西岸、山西中北部、陕西关中、甘宁、乌鲁木齐城市群等"三区十群"中的47个城市，新建火电、钢铁、石化、水泥、有色、化工等企业以及燃煤锅炉项目要执行大气污染物特别排放限值。各地区可根据环境质量改善的需要，扩大特别排放限值实施的范围。

对未通过能评、环评审查的项目，有关部门不得审批、核准、备案，不得提供土地，不得批准开工建设，不得发放生产许可证、安全生产许可证、排污许可证，金融机构不得提供任何形式的新增授信支持，有关单位不得供电、供水。

（十八）优化空间格局。

科学制定并严格实施城市规划，强化城市空间管制要求和绿地控制要求，规范各类产业园区和城市新城、新区设立和布局，禁止随意调整和修改城市规划，形成有利于大气污染物扩散的城市和区域空间格局。研究开展城市环境总体规划试点工作。

结合化解过剩产能、节能减排和企业兼并重组，有序推进位于城市主城区的钢铁、石化、化工、有色金属冶炼、水泥、平板玻璃等重污染企业环保搬迁、改造，到 2017 年基本完成。

六、发挥市场机制作用，完善环境经济政策

（十九）发挥市场机制调节作用。

本着"谁污染、谁负责，多排放、多负担，节能减排得收益、获补偿"的原则，积极推行激励与约束并举的节能减排新机制。

分行业、分地区对水、电等资源类产品制定企业消耗定额。建立企业"领跑者"制度，对能效、排污强度达到更高标准的先进企业给予鼓励。

全面落实"合同能源管理"的财税优惠政策，完善促进环境服务业发展的扶持政策，推行污染治理设施投资、建设、运行一体化特许经营。完善绿色信贷和绿色证券政策，将企业环境信息纳入征信系统。严格限制环境违法企业贷款和上市融资。推进排污权有偿使用和交易试点。

（二十）完善价格税收政策。

根据脱硝成本，结合调整销售电价，完善脱硝电价政策。现有火电机组采用新技术进行除尘设施改造的，要给予价格政策支持。实行阶梯式电价。

推进天然气价格形成机制改革，理顺天然气与可替代能源的比价关系。

按照合理补偿成本、优质优价和污染者付费的原则合理确定成品油价格，完善对部分困难群体和公益性行业成品油价格改革补贴政策。

加大排污费征收力度，做到应收尽收。适时提高排污收费标准，将挥发性有机物纳入排污费征收范围。

研究将部分"两高"行业产品纳入消费税征收范围。完善"两高"行业产品出口退税政策和资源综合利用税收政策。积极推进煤炭等资源税从价计征改革。符合税收法律法规规定，使用专用设备或建设环境保护项目的企业以及高新技术企业，可以享受企业所得税优惠。

（二十一）拓宽投融资渠道。

深化节能环保投融资体制改革,鼓励民间资本和社会资本进入大气污染防治领域。引导银行业金融机构加大对大气污染防治项目的信贷支持。探索排污权抵押融资模式，拓展节能环保设施融资、租赁业务。

地方人民政府要对涉及民生的"煤改气"项目、黄标车和老旧车辆淘汰、轻型载

货车替代低速货车等加大政策支持力度，对重点行业清洁生产示范工程给予引导性资金支持。要将空气质量监测站点建设及其运行和监管经费纳入各级财政预算予以保障。

在环境执法到位、价格机制理顺的基础上，中央财政统筹整合主要污染物减排等专项，设立大气污染防治专项资金，对重点区域按治理成效实施"以奖代补"；中央基本建设投资也要加大对重点区域大气污染防治的支持力度。

七、健全法律法规体系，严格依法监督管理

（二十二）完善法律法规标准。

加快大气污染防治法修订步伐，重点健全总量控制、排污许可、应急预警、法律责任等方面的制度，研究增加对恶意排污、造成重大污染危害的企业及其相关负责人追究刑事责任的内容，加大对违法行为的处罚力度。建立健全环境公益诉讼制度。研究起草环境税法草案，加快修改环境保护法，尽快出台机动车污染防治条例和排污许可证管理条例。各地区可结合实际，出台地方性大气污染防治法规、规章。

加快制（修）订重点行业排放标准以及汽车燃料消耗量标准、油品标准、供热计量标准等，完善行业污染防治技术政策和清洁生产评价指标体系。

（二十三）提高环境监管能力。

完善国家监察、地方监管、单位负责的环境监管体制，加强对地方人民政府执行环境法律法规和政策的监督。加大环境监测、信息、应急、监察等能力建设力度，达到标准化建设要求。

建设城市站、背景站、区域站统一布局的国家空气质量监测网络，加强监测数据质量管理，客观反映空气质量状况。加强重点污染源在线监控体系建设，推进环境卫星应用。建设国家、省、市三级机动车排污监管平台。到 2015 年，地级及以上城市全部建成细颗粒物监测点和国家直管的监测点。

（二十四）加大环保执法力度。

推进联合执法、区域执法、交叉执法等执法机制创新，明确重点，加大力度，严厉打击环境违法行为。对偷排偷放、屡查屡犯的违法企业，要依法停产关闭。对涉

嫌环境犯罪的，要依法追究刑事责任。落实执法责任，对监督缺位、执法不力、徇私枉法等行为，监察机关要依法追究有关部门和人员的责任。

（二十五）实行环境信息公开。

国家每月公布空气质量最差的 10 个城市和最好的 10 个城市的名单。各省（区、市）要公布本行政区域内地级及以上城市空气质量排名。地级及以上城市要在当地主要媒体及时发布空气质量监测信息。

各级环保部门和企业要主动公开新建项目环境影响评价、企业污染物排放、治污设施运行情况等环境信息，接受社会监督。涉及群众利益的建设项目，应充分听取公众意见。建立重污染行业企业环境信息强制公开制度。

八、建立区域协作机制，统筹区域环境治理

（二十六）建立区域协作机制。

建立京津冀、长三角区域大气污染防治协作机制，由区域内省级人民政府和国务院有关部门参加，协调解决区域突出环境问题，组织实施环评会商、联合执法、信息共享、预警应急等大气污染防治措施，通报区域大气污染防治工作进展，研究确定阶段性工作要求、工作重点和主要任务。

（二十七）分解目标任务。

国务院与各省（区、市）人民政府签订大气污染防治目标责任书，将目标任务分解落实到地方人民政府和企业。将重点区域的细颗粒物指标、非重点地区的可吸入颗粒物指标作为经济社会发展的约束性指标，构建以环境质量改善为核心的目标责任考核体系。

国务院制定考核办法，每年初对各省（区、市）上年度治理任务完成情况进行考核；2015 年进行中期评估，并依据评估情况调整治理任务；2017 年对行动计划实施情况进行终期考核。考核和评估结果经国务院同意后，向社会公布，并交由干部主管部门，按照《关于建立促进科学发展的党政领导班子和领导干部考核评价机制的意见》、《地方党政领导班子和领导干部综合考核评价办法（试行）》、《关于开展政府绩效管理试点工作的意见》等规定，作为对领导班子和领导干部综合考核评价的重要依据。

（二十八）实行严格责任追究。

对未通过年度考核的，由环保部门会同组织部门、监察机关等部门约谈省级人民政府及其相关部门有关负责人，提出整改意见，予以督促。

对因工作不力、履职缺位等导致未能有效应对重污染天气的，以及干预、伪造监测数据和没有完成年度目标任务的，监察机关要依法依纪追究有关单位和人员的责任，环保部门要对有关地区和企业实施建设项目环评限批，取消国家授予的环境保护荣誉称号。

九、建立监测预警应急体系，妥善应对重污染天气

（二十九）建立监测预警体系。

环保部门要加强与气象部门的合作，建立重污染天气监测预警体系。到2014年，京津冀、长三角、珠三角区域要完成区域、省、市级重污染天气监测预警系统建设；其他省（区、市）、副省级市、省会城市于2015年底前完成。要做好重污染天气过程的趋势分析，完善会商研判机制，提高监测预警的准确度，及时发布监测预警信息。

（三十）制定完善应急预案。

空气质量未达到规定标准的城市应制定和完善重污染天气应急预案并向社会公布；要落实责任主体，明确应急组织机构及其职责、预警预报及响应程序、应急处置及保障措施等内容，按不同污染等级确定企业限产停产、机动车和扬尘管控、中小学校停课以及可行的气象干预等应对措施。开展重污染天气应急演练。

京津冀、长三角、珠三角等区域要建立健全区域、省、市联动的重污染天气应急响应体系。区域内各省（区、市）的应急预案，应于2013年底前报环境保护部备案。

（三十一）及时采取应急措施。

将重污染天气应急响应纳入地方人民政府突发事件应急管理体系，实行政府主要负责人负责制。要依据重污染天气的预警等级，迅速启动应急预案，引导公众做好卫生防护。

十、明确政府企业和社会的责任，动员全民参与环境保护

（三十二）明确地方政府统领责任。

地方各级人民政府对本行政区域内的大气环境质量负总责，要根据国家的总体部署及控制目标，制定本地区的实施细则，确定工作重点任务和年度控制指标，完善政策措施，并向社会公开；要不断加大监管力度，确保任务明确、项目清晰、资金保障。

（三十三）加强部门协调联动。

各有关部门要密切配合、协调力量、统一行动，形成大气污染防治的强大合力。环境保护部要加强指导、协调和监督，有关部门要制定有利于大气污染防治的投资、财政、税收、金融、价格、贸易、科技等政策，依法做好各自领域的相关工作。

（三十四）强化企业施治。

企业是大气污染治理的责任主体，要按照环保规范要求，加强内部管理，增加资金投入，采用先进的生产工艺和治理技术，确保达标排放，甚至达到"零排放"；要自觉履行环境保护的社会责任，接受社会监督。

（三十五）广泛动员社会参与。

环境治理，人人有责。要积极开展多种形式的宣传教育，普及大气污染防治的科学知识。加强大气环境管理专业人才培养。倡导文明、节约、绿色的消费方式和生活习惯，引导公众从自身做起、从点滴做起、从身边的小事做起，在全社会树立起"同呼吸、共奋斗"的行为准则，共同改善空气质量。

我国仍然处于社会主义初级阶段，大气污染防治任务繁重艰巨，要坚定信心、综合治理，突出重点、逐步推进，重在落实、务求实效。各地区、各有关部门和企业要按照本行动计划的要求，紧密结合实际，狠抓贯彻落实，确保空气质量改善目标如期实现。

国务院关于进一步优化企业兼并重组市场环境的意见

国发〔2014〕14号

各省、自治区、直辖市人民政府,国务院各部委、各直属机构:

兼并重组是企业加强资源整合、实现快速发展、提高竞争力的有效措施,是化解产能严重过剩矛盾、调整优化产业结构、提高发展质量效益的重要途径。近年来,我国企业兼并重组步伐加快,但仍面临审批多、融资难、负担重、服务体系不健全、体制机制不完善、跨地区跨所有制兼并重组困难等问题。为深入贯彻党的十八大和十八届二中、三中全会精神,认真落实党中央和国务院的决策部署,营造良好的市场环境,充分发挥企业在兼并重组中的主体作用,现提出以下意见:

一、主要目标和基本原则

(一)主要目标。

1. **体制机制进一步完善。**企业兼并重组相关行政审批事项逐步减少,审批效率不断提高,有利于企业兼并重组的市场体系进一步完善,市场壁垒逐步消除。

2. **政策环境更加优化。**有利于企业兼并重组的金融、财税、土地、职工安置等政策进一步完善,企业兼并重组融资难、负担重等问题逐步得到解决,兼并重组服务体系不断健全。

3. **企业兼并重组取得新成效。**兼并重组活动日趋活跃,一批企业通过兼并重组焕发活力,有的成长为具有国际竞争力的大企业大集团,产业竞争力进一步增强,资源配置效率显著提高,过剩产能得到化解,产业结构持续优化。

（二）基本原则。

1. **尊重企业主体地位**。有效调动企业积极性，由企业自主决策、自愿参与兼并重组，坚持市场化运作，避免违背企业意愿的"拉郎配"。

2. **发挥市场机制作用**。发挥市场在资源配置中的决定性作用，加快建立公平开放透明的市场规则，消除企业兼并重组的体制机制障碍，完善统一开放、竞争有序的市场体系。

3. **改善政府的管理和服务**。取消限制企业兼并重组和增加企业兼并重组负担的不合理规定，解决企业兼并重组面临的突出问题，引导和激励各种所有制企业自主、自愿参与兼并重组。

二、加快推进审批制度改革

（三）取消下放部分审批事项。

系统梳理企业兼并重组涉及的审批事项，缩小审批范围，对市场机制能有效调节的事项，取消相关审批。取消上市公司收购报告书事前审核，强化事后问责。取消上市公司重大资产购买、出售、置换行为审批（构成借壳上市的除外）。对上市公司要约收购义务豁免的部分情形，取消审批。地方国有股东所持上市公司股份的转让，下放地方政府审批。

（四）简化审批程序。

优化企业兼并重组相关审批流程，推行并联式审批，避免互为前置条件。实行上市公司并购重组分类审核，对符合条件的企业兼并重组实行快速审核或豁免审核。简化海外并购的外汇管理，改革外汇登记要求，进一步促进投资便利化。优化国内企业境外收购的事前信息报告确认程序，加快办理相关核准手续。提高经营者集中反垄断审查效率。企业兼并重组涉及的生产许可、工商登记、资产权属证明等变更手续，从简限时办理。

三、改善金融服务

（五）优化信贷融资服务。

引导商业银行在风险可控的前提下积极稳妥开展并购贷款业务。推动商业银行对兼并重组企业实行综合授信，改善对企业兼并重组的信贷服务。

（六）发挥资本市场作用。

符合条件的企业可以通过发行股票、企业债券、非金融企业债务融资工具、可转换债券等方式融资。允许符合条件的企业发行优先股、定向发行可转换债券作为兼并重组支付方式，研究推进定向权证等作为支付方式。鼓励证券公司开展兼并重组融资业务，各类财务投资主体可以通过设立股权投资基金、创业投资基金、产业投资基金、并购基金等形式参与兼并重组。对上市公司发行股份实施兼并事项，不设发行数量下限，兼并非关联企业不再强制要求作出业绩承诺。非上市公众公司兼并重组，不实施全面要约收购制度。改革上市公司兼并重组的股份定价机制，增加定价弹性。非上市公众公司兼并重组，允许实行股份协商定价。

四、落实和完善财税政策

（七）完善企业所得税、土地增值税政策。

修订完善兼并重组企业所得税特殊性税务处理的政策，降低收购股权（资产）占被收购企业全部股权（资产）的比例限制，扩大特殊性税务处理政策的适用范围。抓紧研究完善非货币性资产投资交易的企业所得税、企业改制重组涉及的土地增值税等相关政策。

（八）落实增值税、营业税等政策。

企业通过合并、分立、出售、置换等方式，转让全部或者部分实物资产以及与其相关联的债权、债务和劳动力的，不属于增值税和营业税征收范围，不应视同销售而征收增值税和营业税。税务部门要加强跟踪管理，企业兼并重组工作牵头部门要积极协助财税部门做好相关税收政策的落实。

（九）加大财政资金投入。

中央财政适当增加工业转型升级资金规模，引导实施兼并重组的企业转型升级。利用现有中央财政关闭小企业资金渠道，调整使用范围，帮助实施兼并重组的企业安置职工、转型转产。加大对企业兼并重组公共服务的投入力度。各地要安排资金，按照行政职责，解决本地区企业兼并重组工作中的突出问题。

（十）进一步发挥国有资本经营预算资金的作用。

根据企业兼并重组的方向、重点和目标，合理安排国有资本经营预算资金引导国有企业实施兼并重组、做优做强，研究完善相关管理制度，提高资金使用效率。

五、完善土地管理和职工安置政策

（十一）完善土地使用政策。

政府土地储备机构有偿收回企业因兼并重组而退出的土地，按规定支付给企业的土地补偿费可以用于企业安置职工、偿还债务等支出。企业兼并重组中涉及因实施城市规划需要搬迁的工业项目，在符合城乡规划及国家产业政策的条件下，市县国土资源管理部门经审核并报同级人民政府批准，可收回原国有土地使用权，并以协议出让或租赁方式为原土地使用权人重新安排工业用地。企业兼并重组涉及土地转让、改变用途的，国土资源、住房城乡建设部门要依法依规加快办理相关用地和规划手续。

（十二）进一步做好职工安置工作。

落实完善兼并重组职工安置政策。实施兼并重组的企业要按照国家有关法律法规及政策规定，做好职工安置工作，妥善处理职工劳动关系。地方各级人民政府要进一步落实促进职工再就业政策，做好职工社会保险关系转移接续，保障职工合法权益。对采取有效措施稳定职工队伍的企业给予稳定岗位补贴，所需资金从失业保险基金中列支。

六、加强产业政策引导

（十三）发挥产业政策作用。

提高节能、环保、质量、安全等标准，规范行业准入，形成倒逼机制，引导企业兼并重组。支持企业通过兼并重组压缩过剩产能、淘汰落后产能、促进转型转产。产能严重过剩行业项目建设，须制定产能置换方案，实施等量或减量置换。

（十四）鼓励优强企业兼并重组。

推动优势企业强强联合、实施战略性重组，带动中小企业"专精特新"发展，形成优强企业主导、大中小企业协调发展的产业格局。

（十五）引导企业开展跨国并购。

落实完善企业跨国并购的相关政策，鼓励具备实力的企业开展跨国并购，在全球范围内优化资源配置。规范企业海外并购秩序，加强竞争合作，推动互利共赢。积极指导企业制定境外并购风险应对预案，防范债务风险。鼓励外资参与我国企业兼并重组。

（十六）加强企业兼并重组后的整合。

鼓励企业通过兼并重组优化资金、技术、人才等生产要素配置，实施业务流程再造和技术升级改造，加强管理创新，实现优势互补、做优做强。

七、进一步加强服务和管理

（十七）推进服务体系建设。

进一步完善企业兼并重组公共信息服务平台，拓宽信息交流渠道。培育一批业务能力强、服务质量高的中介服务机构，提高关键领域、薄弱环节的服务能力，促进中介服务机构专业化、规范化发展。发挥行业协会在企业兼并重组中的重要作用。

（十八）建立统计监测制度。

加强企业兼并重组的统计信息工作，构建企业兼并重组统计指标体系，建立和完善统计调查、监测分析和发布制度。整合行业协会、中介组织等信息资源，畅通统计信息渠道，为企业提供及时有效的信息服务。

（十九）规范企业兼并重组行为。

严格依照有关法律法规和政策，保护职工、债权人和投资者的合法权益。完善国有产权转让有关规定，规范国有资产处置，防止国有资产流失。采取切实措施防止企业通过兼并重组逃废银行债务，依法维护金融债权，保障金融机构合法权益。在资本市场上，主板、中小板企业兼并重组构成借壳上市的，要符合首次公开发行条件。加强上市公司和非上市公众公司信息披露，强化事中、事后监管，严厉查处内幕交易等违法违规行为。加强外国投资者并购境内企业安全审查，维护国家安全。

八、健全企业兼并重组的体制机制

（二十）完善市场体系建设。

深化要素配置市场化改革，进一步完善多层次资本市场体系。加快建立现代企业产权制度，促进产权顺畅流转。加强反垄断和反不正当竞争执法，规范市场竞争秩序，加强市场监管，促进公平竞争和优胜劣汰。行政机关和法律法规授权的具有管理公共事务职责的组织，应严格遵守反垄断法，不得滥用行政权力排除和限制竞争。

（二十一）消除跨地区兼并重组障碍。

清理市场分割、地区封锁等限制，加强专项监督检查，落实责任追究制度。加大一般性转移支付力度，平衡地区间利益关系。落实跨地区机构企业所得税分配政策，协调解决企业兼并重组跨地区利益分享问题，解决跨地区被兼并企业的统计归属问题。

（二十二）放宽民营资本市场准入。

向民营资本开放非明确禁止进入的行业和领域。推动企业股份制改造，发展混合所有制经济，支持国有企业母公司通过出让股份、增资扩股、合资合作引入民营资本。加快垄断行业改革，向民营资本开放垄断行业的竞争性业务领域。优势企业不得利用垄断力量限制民营企业参与市场竞争。

（二十三）深化国有企业改革。

深入推进国有企业产权多元化改革，完善公司治理结构。改革国有企业负责人任免、评价、激励和约束机制，完善国有企业兼并重组考核评价体系。加大国有企业内部资源整合力度，推动国有资本更多投向关系国家安全、国民经济命脉的重要行业和关键领域。

九、切实抓好组织实施

（二十四）进一步加大统筹协调力度。

充分发挥企业兼并重组工作部际协调小组的作用，解决跨地区跨所有制企业兼并重组和跨国并购中的重大问题，做好重大部署的落实，组织开展政策执行情况评估和监督检查。各有关部门要按照职责分工抓紧制定出台配套政策措施，加强协调配合，完善工作机制，扎实推进各项工作。

（二十五）切实加强组织领导。

各地区要按照本意见要求，结合当地实际抓紧制定优化企业兼并重组市场环境的具体方案，建立健全协调机制和服务体系，积极协调解决本地区企业兼并重组中遇到的问题，确保各项政策措施落到实处，有关重大事项及时报告企业兼并重组工作部际协调小组。

国务院

2014 年 3 月 7 日

工业和信息化部关于
加快推进工业强基的指导意见

工信部规〔2014〕67 号

各省、自治区、直辖市及计划单列市、新疆生产建设兵团工 业和信息化主管部门：

关键基础材料、核心基础零部件(元器件)、先进基础 工艺、产业技术基础(简称工业"四基")是提升工业核心 竞争力的重要基础。经过多年的发展，我国工业总体实 力迈 上新台阶，成为具有重要影响力的工业大国，但一些关键基 础材料、核心基础零部件(元器件)依赖进口，关键技术受 制于人，先进基础工艺研究少、推广应用程度不高，产业技 术基础薄弱、服务体系不健全等问题依然突出。工业基础能 力不强已成为制约我国工业转型升级、提升工业发展质量和 效益的瓶颈。加快提升工业基础能力，推进工业强基，是增 强我国工业核心竞争力的迫切任务，是实现我国工业由大变 强的客观要求。为推进工业强基，现提出如下意见：

一、总体要求

（一）指导思想

深入贯彻党的十八大和十八届二中、三中全会精神，以邓小平理论、"三个代表"重要思想、科学发展观为指导，以提高工业核心竞争力为主攻方向，以企业为主体、市场为导向、创新为动力，促进开放合作，强化政府引导，加强顶层设计，完善政策措施，着力解决工业基础领域的关键问题，加快推动创新成果产业化，积极构建生产和应用良性互动机制，夯实工业发展基础，促进工业转型升级，推进工业大国向工业强国转变。

（二）基本原则

坚持市场主导与政府引导相结合。充分发挥市场配置资源的决定性作用，突出企业主体地位，以市场需求为导向，整合产学研用资源，推动产业发展与应用需求良性互动。加强政府在宏观调控、组织协调和政策促进等方面的积极作用，发挥政府投资的引导作用，加大对工业基础的支持力度。

坚持整体推进与重点突破相结合。围绕产业链整体升级，明确工业基础能力长远推进目标和分阶段实施方案，依托重点工程、重大项目和骨干企业，按照轻重缓急、以点带面有序推进，重点突破一批基础条件好、需求迫切、带动作用强的工业"四基"。

坚持技术创新与技术改造相结合。优化企业技术创新环境，支持企业技术创新体系建设，鼓励企业加大研发投入，增强企业自主创新能力。加快创新成果产业化，把技术改造作为技术创新成果实现产业化的重要途径，扩大创新产品的开发和应用，推动其尽快实现规模效益，形成技术改造与技术创新的良性互动。坚持对外引进与对内联合相结合。支持企业引资、引技、引智，开展多种形式的交流与合作。鼓励企业与科研院所、高等院校、下游用户联合建立产业联盟，研发和推广应用工业基础领域新技术和新产品，建立合作共赢的开放式产学研用合作新模式。

（三）发展目标

到 2020 年，我国工业基础领域创新能力明显增强，关键基础材料、核心基础零部件（元器件）保障能力大幅提升，先进基础工艺得到广泛应用，产业技术基础支撑服务体系较为完善，基本实现关键材料、核心部件、整机、系统的协调发展，工业基础能力跃上新台阶，为改造提升传统产业、加快培育发展新兴产业提供有力支撑，使我国工业核心竞争力得到明显提升，在全球价值链中的地位得到提高。

二、发展重点

（一）关键基础材料。

提高特种金属功能材料、高端金属结构材料、先进高分子材料、新型无机非金属材料、高性能纤维及复合材料、生物基材料等基础材料的性能和质量稳定性，降低材料综合成本，提高核心竞争力。提高国防军工、新能源、重大装备、电子等领域专用材料自给保障能力，提升制备技术水平。加快推进科技含量高、市场前景广、带动作用强、保障程度低的关键基础材料产业化、规模化发展，推进关键基础材料升级换代。

（二）核心基础零部件（元器件）。

围绕重大装备、重点领域整机的配套需求，提高产品的性能、质量和可靠性，重点发展一批高性能、高可靠性、高强度、长寿命以及智能化的基础零部件（元器件），突破一批基础条件好、国内需求迫切、严重制约整机发展的关键技术，全面提升我国核心基础零部件（元器件）的保障能力。

（三）先进基础工艺。

以提高产品质量和生产效率、促进绿色发展为主攻方向，重点发展有利于提高产品可靠性、性能一致性和稳定性的先进制造工艺，有利于资源能源高效开发利用、节能减排、质量安全、安全生产的绿色制造工艺，有利于提升自动化、信息化、成套化水平的智能制造工艺，全面提升基础工艺水平，加快先进基础工艺在生产过程中的推广应用。

（四）产业技术基础。

重点围绕研发设计、检验检测、试验验证、标准制修订、技术成果转化、信息与知识产权运用服务等方面的共性需求，按照开放性、资源共享性原则，依托优势企业、科研院所、高等院校，建设和完善一批专业水平高、支撑作用强、布局合理的骨干技术基础服务平台。推动建立市场化运作机制，完善技术基础公共服务体系，为区域和行业内企业提供优质、高效服务。

三、主要任务

（一）实施工业强基工程，持续提升产业链整体水平

围绕重点行业、关键领域的工业"四基"发展需求，坚持短期目标和长远规划结合，突出重点、创新模式，引导企业、科研院所编制基础能力发展推进计划，

以重大工程和重点装备的关键技术和产品开发为突破口，组织实施一批工业强基示范工程，建设一批产业技术基础示范服务平台，实现关键技术和产品的产业化突破，提升重点行业、关键领域产业链整体水平。

（二）加强基础领域研发创新，促进科技成果产业化

优化整合创新资源，引导企业与科研院所、高等院校、下游用户联合建立研发机构、产业技术联盟等技术创新组织，加大基础领域研发投入，共同开展基础领域产业共性技术、高端技术、前瞻性技术的研究攻关，形成一批研究成果 。鼓励和支持企业与科研院所合作对接，促进科研成果转化应用。加大工业基础领域企业技术改造力度，推进信息技术应用，提升工艺装备水平，改善产品性能，提高产品质量，加快推进创新成果产业化。

（三）推动产用互动，加快推广应用

推动基础材料企业、零部件企业与整机企业的战略合作，建立一批上下游紧密合作、分工明确、利益共享的产学研用一体化产业组织新模式，加快形成有效协调的产业链，提升工业基础产业发展的效率与效益。建立企业为主体、产学研用相结合的工业"四基"产需对接信息平台，完善中介服务体系，加强信息共享交流，推动工业"四基"产品、技术产用互动。鼓励工业"四基"产品、技术的试点示范，积极培育开拓市场，加快工业"四基"产品、技术推广应用。

（四）提高产品质量，强化品牌建设

健全完善工业基础领域标准体系，加快制修订相关技术标准，促进上下游产品的标准对接，提高协调性和一致性，建立行业计量基标准，开展计量技术规范的制修订。深入推进对标和达标工作，提升基础产品的质量、可靠性和寿命。加强工业基础领域的知识产权布局与运用、自主品牌培育，鼓励企业实施品牌发展战略，支持有实力的企业收购海外品牌和在境外注册商标，促进品牌国际化，提高产品国内外市场竞争力。整顿规范市场秩序，加强知识产权保护。

（五）深化军民结合，促进军民基础产业互动发展

调动军民各方面资源，开展联合攻关，破解关键基础材料、核心基础零部件、

先进基础工艺等制约瓶颈。建设军民结合公共服务体系，支持军民技术相互有效利用，加快军民结合产业化发展。充分发挥军工技术、设备和人才优势，引导先进军工技术向民用领域渗透，改造提升传统产业。充分发挥地方优势，鼓励先进成熟民用技术和产品在国防科技工业领域的应用。

（六）优化产业结构，促进产业集约集聚

鼓励工业"四基"企业跨地区、跨所有制兼并重组，整合优势资源，形成一批具有国际竞争力的大型企业集团。发挥整机龙头企业的带动、辐射作用，培育发展专业化水平高、配套能力强、特色明显的"专、精、特"企业，引导中小企业按照产业链和技术链分工加强与整机企业的配套合作，形成大型企业集团与中小企业优势互补、协调发展的产业格局。引导工业"四基"企业向产业园区集聚，支持和鼓励园区建立产业公共服务平台，形成一批专业特色明显、品牌形象突出、服务体系完善的产业集聚区。

四、保障措施

（一）加强规划和产业政策引导

围绕工业转型升级规划和行业发展规划，进一步明确工业基础领域发展的重点和方向，制定发布《工业"四基"发展目录》并适时更新。研究出台支持工业"四基"发展的产业政策，健全完善工业基础领域技术标准和计量技术规范，引导各类要素向工业"四基"领域倾斜。各地区可根据本地区发展需要，加强规划与工业"四基"产业发展的衔接和协调，引导资源向本地区合理流动，打造区域特色，优化工业"四基"产业布局。

（二）完善财政支持政策

充分发挥财政资金的引导作用，利用现有资金渠道持续加大对工业"四基"的支持力度。落实完善现行有关促进科技进步、自主创新以及促进高新技术企业发展的税收优惠政策，支持工业"四基"企业发展。支持工业"四基"产品推广，及时调整《国内投资项目不予免税的进口商品目录》和享受税收优惠的《重大技术装备和产品进口关键零部件、原材料商品清单》。

（三）拓宽融资渠道

促进信贷政策和产业政策的协调配合，加强信息共享，搭建银企信息沟通平台，开展多种形式银企交流活动。引导金融机构发展适合企业资金需求特点的金融产品和服务模 式，完善中小企业融资性担保体系，加大对工业"四基"企业的信贷支持力度。鼓励工业"四基"企业通过发行债券、股票、风险投资、兼并重组、股权投资等方式多元化融资，拓宽企业直接融资渠道。各级工业和信息化主管部门要深刻认识推进工业强基的重要性和紧迫性，进一步加强组织领导，切实加大工作力 度。各地要结合实际，出台具体政策措施，并抓好落实。要 加大宣传力度，发挥行业协会的桥梁纽带作用，调动各类企业的积极性和主动性，实现工业强基新突破，为工业由大变 强奠定坚实基础。

工业和信息化部

2014

重大环保技术装备与产品产业化工程
实施方案

为贯彻落实《"十二五"国家战略性新兴产业发展规划》和《"十二五"节能环保产业发展规划》，加快提升我国环保技术装备与产品的技术水平和供给能力，尽快满足我国污染物减排和保护生态环境的需要，特制定本方案。

一、实施背景

在全球推动绿色发展的大背景下，环保产业已成为各国支柱产业之一。近年来，发达国家的环保装备技术正向深度化、尖端化方向发展，产品也随之向标准化、成套化、系列化方向发展。世界环保装备制造业的飞速发展增加了我国重大环保技术装备产业化实施的紧迫性。"十二五"以来，针对国内日益严峻的环境污染形势，国家陆续出台了《"十二五"节能环保产业发展规划》、《国务院关于加快发展节能环保产业的意见》等政策措施，有效拉动了环保装备市场的发展，但目前我国环保装备制造业一方面自主创新能力还较弱，原始创新技术过少，技术集成和再创新能力薄弱，另一方面推广应用我国自主研发的技术也不足，产业化水平与发展速度还无法满足日益紧迫的环境污染治理需求。编制本方案对于加快落实国家相关政策，推动环保装备和产品产业发展，调整产业结构，提高经济发展质量和效益，拉动投资和消费具有重要意义。

二、工程总体目标

到2016年，环保技术装备水平在基本保障二氧化硫、氮氧化物、化学需氧量、氨氮等四项约束性指标减排的基础上，针对危害大、影响面广的雾霾、水污染和重金属污染等突出环境问题，重点开发推广一批急需的技术装备和产品，完善技术创新体系，提升创新能力，突破一批关键共性环保技术，推动先进成熟技术产业化应用和推广。

（一）产业规模快速增长。

环保装备制造业年均增速保持在 20% 以上，到 2016 年实现环保装备工业生产总值 7000 亿元，重大环保装备基本满足国内市场需求。

（二）创新能力和技术水平大幅提升。

加强环保装备领域国家重点实验室、工程技术研究中心等研究机构和产学研用联盟建设，有效提高先进技术的产业转化率，突破一批关键共性环保技术，获得 200 个以上专利授权，大幅提升关键零部件和原材料的国产化水平。

（三）装备制造水平和能力显著提高。

基本保障主要污染物的装备供给能力，重点开发推广一批针对当前危害大、影响面广的环境污染问题的环保装备，到 2016 年形成以集聚区为依托、大型企业集团为核心、"专精特新"中小企业配套的产业格局。

（四）先进环保技术装备市场占有率稳步提升。

到 2016 年，高效低耗的先进环保技术装备与产品的市场占有率由目前的 10% 左右提高到 30% 以上，提升优势产品的国际竞争力。

三、重点任务

根据重点突出、成效显著、远近结合的原则，针对急需产业化的重点环保技术、装备及产品的需求，在关键技术研发、重大技术示范、产业化建设、创新能力建设、先进装备与产品推广等五个方面进行重点推进。

（一）加大关键技术攻关力度

面向国内外环境治理重大需求，以水处理用膜材料、高效柴油催化剂、高温除尘滤料等为先导，鼓励企业和科研院校加强共性技术和应用技术的专利布局，提升自主性和适用性，为我国开发具有自主知识产权的高性能环保材料奠定基础。关键技术研发的重点方向见表 1。

表1 关键技术研发重

防治领域	装备与产品名称	关键技术	研发目标
大气污染防治领域	湿式静电除尘器	无火花电控技术、高效喷淋系统及喷淋控制技术	提高湿式静电除尘器安全性和使用寿命，减少用水量的同时保证收尘板的水膜均布及阴极线和集尘极的高效清灰。
	高效长袋脉冲袋式除尘器	气流均布技术、滤袋检漏技术、微压静态清灰技术	避免滤袋局部磨损、延长滤袋寿命、满足设备长期稳定运行；对破损滤袋及时进行修补，保证滤袋的安全运行；降低清灰压力，在不破坏残留粉尘的前提下，避免深度破坏灰滤层而影响粉尘排放控制的稳定性。
	余热利用高效低低温电除尘器	余热利用装置与电除尘闭环控制技术、余热利用装置CFD模拟试验（气流均布计算机仿真试验）、喷枪结构型式设计技术	实现烟气余热利用和电除尘提效以及系统节能的自适应控制；研究余热利用装置对电除尘器气流均布性影响和结合技术；增强喷枪的耐磨度和抗变形能力，研发可变流量喷枪调节雾化空气喷入量，自吹扫防止喷嘴堵塞，延长喷枪使用寿命，减少维护工作量。
	工业挥发性有机废气处理装备	沸石蜂窝转轮浓缩催化燃烧技术、等离子催化氧化技术、吸附浓缩＋溶剂回收集成技术	解决沸石疏水性问题，开发出大直径沸石转轮；使氧化剂更为活跃，同时与高能粒子共同轰击氧化污染物质，从而使污染因子分解的更快、更彻底，提高去除效率；将低浓度有机废气浓缩至原体积的5%以下。

	重型柴油车尾气净化装备	高精度 SCR 尿素喷射系统技术、臭氧氧化 - 海水吸收脱硫脱硝技术	在 9bar 压力下，最大尿素喷射量 8L/h。NOx 脱除效率大于 90%，脱硫效率大于 98%。
大气污染防治领域	船舶柴油机脱硫脱硝装备	低温等离子体技术、尾部烟气脱硫脱硝脱汞一体化技术	产生大体积、分布均匀的等离子体；一体化脱硫氧化吸收剂开发，进行一体化工艺开发和装备试制，提高烟气净化效率和达到较高环保要求。
	高浓度难降解工业废水成套处理装备	垂直折流多功能生物反应器、微生物法碳捕获技术、活性炭吸附 - 电解连续再生（微电解）技术	氧利用率≥90％，无污泥或者少量污泥产生；进水 COD 范围：1000~70000mg/L，出水满足一级 A 排放标准；实现高浓度废水回用，运行费 0.5~1.5 元 / 吨。
	高效低耗智能化生活污水处理装备	智能控制分段进水技术、村镇生活污水模块技术	二级污水处理厂脱氮除磷工艺改造，提高处理效率，减少投资和运行费，出水达到一级 A 排放标准；提升处理分散式村镇生活污水的灵活性。
	重金属废水处理装备	重金属超磁分离处理技术、吸附法处理技术	增加重金属耐受度，减少运行能耗和费用，提高去除分离速度和稳定性；解决动态吸附问题，以适应大型工业化应用。
大气污染防治领域	节能型高效污泥安全处置装备	微生物絮凝剂制备技术（细胞破碎技术和絮凝剂提取技术）、微生物菌群技术、高压聚丙烯隔膜快速压滤技术	以市政污水处理厂剩余污泥为原料生产微生物絮凝剂、释放束缚水，提高脱水率，溶出和回收重金属；鼓膜压力达到 4.0MPa，运行全过程自动化，市政污泥含水率低于 50%，造纸污泥含水率低于 32%，自来水污泥、河道淤泥含水率低于 43%，节能 60% 以上。

	垃圾分选装备	弹道分选技术、近红外线识别分选技术、x-射线识别系统技术、远程自动化智能管理系统技术	提高回收物料分选效率，实现物料的精细智能化分选，实现智能化管理和控制。
固体废物处理处置领域	垃圾渗滤液处理装备	两级生物脱氮技术、节能控制技术、高盐浓缩液处理技术、远程监控及故障诊断技术	突破蒸发浓缩关键工艺、提高总氮脱除率，实现系统节能降耗与智能化管理。
	生活垃圾焚烧尾气净化	旋转雾化器半干法脱酸＋石灰粉干法喷射＋活性炭喷射＋布袋除尘技术、飞灰螯合技术	实现各污染物的协同处置，深度研发"飞灰＋水泥＋螯合剂＋水"技术，提高螯合剂效率，增强稳固度。
环境生态处理与修复领域	地下水修复技术装备	抽取＋地面处理技术、反应墙技术	抽取地下受污染水至地面进行处理；采用微生物、化学、物理等方法实现原位修复。
	土壤修复装备	微生物修复技术、植物修复技术、化学法修复技术、加热搅拌热解析技术	利用土壤中的微生物对污染土壤中的重金属进行吸收、沉淀、氧化和还原；利用化学药剂、植物实现污染物的去除和直接降解；解决污染场地的挥发性、半挥发性污染物原位修复问题。
环境应急处理领域	环境应急装备	智能化快速响应系统技术、功能模块单元组合集成技术	增强污染应急处理反应能力，及时反馈污染程度和因素，提高应对各种污染因素的能力。

续表

环境应急处理领域	在线连续监测仪器	小型化原子吸收分光光度计技术、差分脉冲阳极溶出伏安法技术	为开发便携式和在线式原子吸收光谱仪提供基础，实现废水中重金属的高精度检测；提高在线监测仪器抗干扰能力和恶劣环境适应能力。
环境专用仪器仪表	PM2.5 监测仪器	标准小流量采样技术、高性能闪烁体检测技术	小流量采样，减少采集过程中气粒转化，水汽凝结，环境条件变化等因素所带来的误差，防止电磁干扰。
	高效除尘滤料	聚四氟乙烯（PTFE）滤料耐高温耐腐蚀技术	增加滤袋使用寿命，大于 4 年。
环保产品	袋式除尘器用大口径、高压电磁脉冲阀	耐温技术、滑动阀片式结构技术	提高膜片寿命及响应时间、电磁线圈的电磁性能及先导组件的结构设计，提高耐温性能。有效增加电磁阀的喷吹量，克服膜片式电磁阀橡胶膜片在工作中反复变形挠曲。
	垃圾处理场除臭剂	微生物复合除臭技术	对氨臭和硫化氢臭味的去除率大于 90%。
	柴油车尾气净化催化剂	高温高选择性催化剂制备技术、Ti/Ce 型 DOC 催化剂技术	耐高温，提高选择性，增加适应面：满足 220~650 ℃ 温度窗口范围内 NOx 转化率 ≥ 60%；满足 230－350 ℃ 下 60% ≥ NO$_2$ ≥ 40%；C_3H_8（T50）≤ 270℃。

（二）加快推进先进技术的示范应用

按照研发一批示范一批的滚动发展模式，加速优势技术的产业转化率，推进先进技术在不同细分领域的首次应用，加快推进示范作用明显、带动性强的示范工程实施；加快更新国家鼓励的重大环保技术装备与产品目录，引导用户单位选用示范意义重大的技术，扩大先进、高效的装备与产品的市场需求。重大环保技术装备与产品应用示范领域和方向见表2。

表2 重大环保技术装备与产品应用示范领域和方向

防治领域	示范内容	建议示范行业或规模
大气污染防治领域	30万 m³/h 以上低浓度 VOCs 废气沸石蜂窝转轮浓缩催化燃烧	汽车或船舶喷涂、电子
	烟尘排放在 10mg/m³ 以下的工业炉窑除尘	电解铝、水泥
	1000MW 等级及以上机组的电袋复合除尘	火电、水泥
	1000MW 等级及以上机组的湿式静电除尘	火电、水泥
	4000 吨/天及以上水泥窑烟气 SNCR 脱硝	4000~5000 吨/天
	300MW 等级及以上机组的余热利用高效低低温电除尘	火电、钢铁
水污染防治领域	1000 吨/天污泥处置	市政污泥、工业污泥
	重金属超磁分离处理一体化成套技术装备	电镀、印染
	400m³/d 铁屑法重金属脱除及资源化	电镀
	800m³/d 膜法重金属脱除	涂料、五金
	垂直折流生化反应器	酿造、石化
	活性炭吸附－电解	电镀
	膜萃取分离	电镀、食品
	20 万吨/天膜生物反应器法污水处理	城镇生活污水处理
	10 万吨/天分段进水式市政污水处理	4 万吨/天、5 万吨/天
	8 万吨/天连续流砂过滤式市政污水处理	城镇生活污水处理
	市政污泥、工业污泥	2m² 隔膜滤板污泥压滤
固体废物处置领域	600 吨/天及以上生活垃圾智能分选及厌氧综合处理	生活垃圾处理
	400 吨/天浓缩液处理并循环回用	垃圾填埋场渗滤液
	农业秸秆综合利用设备	农业废弃物处置
环境生态处理与修复	污染土壤生物修复	土壤修复

（三）着重加强产业化工程建设

以市场需求为前提，以示范工程为依托，支持重大环保装备与产品的产业化建设项目。支持制造企业积极购置节能先进的加工生产设备，更新制造工艺，改造和新建产品生产线，提高制造能力和总成水平，提升市场急需的重大环保装备与产品供给能力。重大环保技术装备与产品产业化应用方向见表3。

表3 重大环保技术装备与产品产业化应用方向

序号	防治领域	装备与产品名称
1	大气污染防治领域	大型燃煤电站旋转电极电除尘器
2		燃煤电厂电袋高效除尘协同脱汞装备
3		大风量复杂挥发性有机气体控制装备
4		高温烟尘过滤滤袋
5		燃煤电站PM2.5预荷电及低温微颗粒控制装备
6		VOCs废气沸石蜂窝转轮浓缩催化燃烧装备
7		高效长袋脉冲袋式除尘器
8		湿式静电除尘器
9		燃煤工业锅炉烟气一体化净化装备
10		自平衡污泥循环流化床焚烧系统成套装备
11		余热利用高效低低温电除尘器
12	大气污染防治领域	柴油车黑烟催化过滤器
13		水泥窑烟气SNCR法脱硝装备
14	水污染治理领域	高强度高精度超滤膜和第三代节能型膜组器（MBRU－FP）
15		低成本陶瓷滤膜及成套设备
16		氨氮废水处理装备除氨塔
17		大型高效臭氧发生器装置
18		管式膜及组件
19		高浓度有机工业废水处理成套设备
20		高效低耗智能化市政污水处理装备
21		重金属超磁分离一体化成套装备
22		隔膜滤板污泥压滤机
23		高浓度工业废水处理装备
24		膜法重金属脱除成套装备

序号	防治领域	装备与产品名称
25	固体废物处理处置领域	垃圾热解气化炉
26		多级液压机械式生活垃圾焚烧炉排炉
27		污泥干化焚烧集成装置
28		环保专用污泥脱水压滤机
29		生活垃圾智能分选装备
30		垃圾渗滤液处理装备
31	环境生态处理与修复领域	重金属污染治理设备（重金属废水生物制剂法处理、土壤–淋洗反应、淋洗液处理和循环利用装置一体化设备）
32		污染土壤异位固化稳定化修复设备
33		地下水修复装备
34	环境应急领域	移动式有毒有害固体快速处理集成装备
35		移动式有毒有害泥液快速处理集成装备
36	环境专用仪器仪表领域	重金属污染综合防治成套监测技术装备
37		重金属水质在线监测设备
38		PM2.5 监测仪
40		便携式和在线式原子吸收光谱仪
41		先进环境质谱仪
54		袋式除尘器用大口径、高压电磁脉冲阀

（四）加强创新开发与能力建设

结合国内市场需求，联合科研院校、骨干企业等行业力量，形成开放式、网络化的技术联合机制。加强细颗粒物防治、燃煤工业锅炉烟气一体化净化、湿式静电除尘、柴油车尾气净化、高浓度难降解工业废水处理、污泥压滤脱水、垃圾渗滤液处理、生活垃圾智能分选、聚四氟乙烯滤料、地下水治理与修复环境应急处理等领域的国家级产业共性技术创新平台建设，在工业烟气颗粒物防治、高浓度难降解工业废水处理、污泥处置、高效除尘滤料、水处理用膜等领域加强国家重点实验室、产业创新基地建设。支持具备条件的骨干企业与科研院所、高等学校联合组建产业技术创新战略联盟及技术转化应用服务平台。

深入落实人才战略，推进环保领域领军人才、创新团队、工程应用人才等培养，鼓励科研人员和大学生自主创新创业，扩大开放引进国际科技资源的力度，加大国际科技合作力度，支持国际学术机构、跨国公司等来华设立研发机构，吸引海外优秀科技人才来华创新创业，鼓励国内先进技术在海外转化推广。支持知识产权质押融资和专利转移转化，鼓励知识产权运营。

（五）推动促进先进装备与产品的市场消费

研究制定促进先进环保产品消费的政策措施，重点扶持使用量大、应用面广、产品质量好、污染减排效果明显、社会影响力大的产品，促进和引导先进环保产品消费。

四、组织实施和保障措施

（一）本方案实施周期为 2014 年－2016 年。由国家发展改革委、工业和信息化部、科技部、财政部会同环境保护部等相关部门依据职责共同落实本方案。

（二）保障措施：

1、加大资金支持力度，创新融资模式。国务院有关部门应结合既有资金渠道，根据专项年度计划，做好前期统筹谋划，科学组织项目，在同等条件下优先支持本方案内的方向性项目，同时注重政策支持的连贯性，在产业链全过程中，产业化和推广项目要注意与研发和示范类项目的衔接，保证政策支持的连续性，确保资金使用效率。鼓励环保领域企事业单位参照本方案确定的方向和领域加大环保产业化力度，积极推进创新融资方式，引导投资公司、银行、担保等金融机构共同投入实施方案。

2、制定完善鼓励发展的产业政策和财税政策，调动供需双方积极性。结合我国税制改革方向和环保产业工作重点，适时调整环境保护专用设备优惠目录和进口免税目录。定期修订发布国家鼓励发展的环保产业装备（产品）目录，鼓励先进环保产业装备及产品发展，加快淘汰落后技术、装备及产品。逐步提高环保装备及产品市场准入门槛。

3、推进环保设施建设运营专业化和社会化，促进环保产业集约发展。鼓励发展具有系统设计、设备成套、工程施工、调试和维护管理一条龙服务的总承包。充分发挥和调动第三方专业环境服务公司对环境治理设施建设和运营的优势，以环境公共服务设施和重点行业为突破，提高专业化、社会化服务比例。充分发挥市场配置资源的基础性作用，鼓励和扶持环保企业通过兼并重组等方式加强产业资源整合，形成一批具有国际竞争力的环保集团和骨干企业。支持环保企业以优势互补为基础组建产业联盟，提升中小环保企业专业化水平和为大型企业配套服务能力，逐步形成产业链较为完整、产业结构较为合理的产业集群。

4、不断完善环保产品标准，推进环保产业规范化发展。加强环保装备标准与国家环境保护标准的衔接，利用环境保护标准的约束作用，扩大先进环保技术装备应用。加快建立规范的环保产业标准体系，健全环保产业产品、管理、方法等标准类别，扩大标准领域，加强污染治理技术研发，推动一批具有我国自主知识产权、核心技术的国家标准成为国际标准。

5、加强环境管理，扩大市场需求。加强环境监管力度，以提高环保设施运行效率和环保装备产品质量为重点，加强对主要污染源的日常监督检查，深化环保产品质量、市场、标准标识的监督管理。严格执行工程设施建设项目招投标管理规定，逐步淘汰落后、低端的环保装备。加强市场培育，完善环保产品认证认可体系，统一认证依据标准和认证标识，打破行业和地方保护，促进先进环保装备推广应用。

境外投资管理办法

第一章　总则

第一条　为了促进和规范境外投资，提高境外投资便利化水平，根据《国务院关于投资体制改革的决定》、《国务院对确需保留的行政审批项目设定行政许可的决定》及相关法律规定，制定本办法。

第二条　本办法所称境外投资，是指在中华人民共和国境内依法设立的企业（以下简称企业）通过新设、并购及其他方式在境外拥有非金融企业或取得既有非金融企业所有权、控制权、经营管理权及其他权益的行为。

第三条　企业开展境外投资，依法自主决策、自负盈亏。

第四条　企业境外投资不得有以下情形：

（一）危害中华人民共和国国家主权、安全和社会公共利益，或违反中华人民共和国法律法规；

（二）损害中华人民共和国与有关国家（地区）关系；

（三）违反中华人民共和国缔结或者参加的国际条约、协定；

（四）出口中华人民共和国禁止出口的产品和技术。

第五条　商务部和各省、自治区、直辖市、计划单列市及新疆生产建设兵团商务主管部门（以下称省级商务主管部门）负责对境外投资实施管理和监督。

第二章　备案和核准

第六条　商务部和省级商务主管部门按照企业境外投资的不同情形，分别实行备案和核准管理。

企业境外投资涉及敏感国家和地区、敏感行业的，实行核准管理。

企业其他情形的境外投资，实行备案管理。

第七条 实行核准管理的国家是指与中华人民共和国未建交的国家、受联合国制裁的国家。必要时，商务部可另行公布其他实行核准管理的国家和地区的名单。

实行核准管理的行业是指涉及出口中华人民共和国限制出口的产品和技术的行业、影响一国（地区）以上利益的行业。

第八条 商务部和省级商务主管部门应当依法办理备案和核准，提高办事效率，提供优质服务。

商务部和省级商务主管部门通过"境外投资管理系统"（以下简称"管理系统"）对企业境外投资进行管理，并向获得备案或核准的企业颁发《企业境外投资证书》（以下简称《证书》，样式见附件1）。《证书》由商务部和省级商务主管部门分别印制并盖章，实行统一编码管理。

《证书》是企业境外投资获得备案或核准的凭证，按照境外投资最终目的地颁发。

第九条 对属于备案情形的境外投资，中央企业报商务部备案；地方企业报所在地省级商务主管部门备案。

中央企业和地方企业通过"管理系统"按要求填写并打印《境外投资备案表》（以下简称《备案表》，样式见附件2），加盖印章后，连同企业营业执照复印件分别报商务部或省级商务主管部门备案。

《备案表》填写如实、完整、符合法定形式，且企业在《备案表》中声明其境外投资无本办法第四条所列情形的，商务部或省级商务主管部门应当自收到《备案表》之日起3个工作日内予以备案并颁发《证书》。企业不如实、完整填报《备案表》的，商务部或省级商务主管部门不予备案。

第十条 对属于核准情形的境外投资，中央企业向商务部提出申请，地方企业通过所在地省级商务主管部门向商务部提出申请。

企业申请境外投资核准需提交以下材料：

（一）申请书，主要包括投资主体情况、境外企业名称、股权结构、投资金额、经营范围、经营期限、投资资金来源、投资具体内容等；

（二）《境外投资申请表》（样式见附件3），企业应当通过"管理系统"按要求填写打印，并加盖印章；

（三）境外投资相关合同或协议；

（四）有关部门对境外投资所涉的属于中华人民共和国限制出口的产品或技术准

予出口的材料；

（五）企业营业执照复印件。

第十一条　核准境外投资应当征求我驻外使（领）馆（经商处室）意见。涉及中央企业的，由商务部征求意见；涉及地方企业的，由省级商务主管部门征求意见。征求意见时，商务部和省级商务主管部门应当提供投资事项基本情况等相关信息。驻外使（领）馆（经商处室）应当自接到征求意见要求之日起 7 个工作日内回复。

第十二条　商务部应当在受理中央企业核准申请后 20 个工作日内（包含征求驻外使（领）馆（经商处室）意见的时间）作出是否予以核准的决定。申请材料不齐全或者不符合法定形式的，商务部应当在 3 个工作日内一次告知申请企业需要补正的全部内容。逾期不告知，自收到申请材料之日起即为受理。中央企业按照商务部的要求提交全部补正申请材料的，商务部应当受理该申请。

省级商务主管部门应当在受理地方企业核准申请后对申请是否涉及本办法第四条所列情形进行初步审查，并在 15 个工作日内（包含征求驻外使（领）馆（经商处室）意见的时间）将初步审查意见和全部申请材料报送商务部。申请材料不齐全或者不符合法定形式的，省级商务主管部门应当在 3 个工作日内一次告知申请企业需要补正的全部内容。逾期不告知，自收到申请材料之日起即为受理。地方企业按照省级商务主管部门的要求提交全部补正申请材料的，省级商务主管部门应当受理该申请。商务部收到省级商务主管部门的初步审查意见后，应当在 15 个工作日内做出是否予以核准的决定。

第十三条　对予以核准的境外投资，商务部出具书面核准决定并颁发《证书》；因存在本办法第四条所列情形而不予核准的，应当书面通知申请企业并说明理由，告知其享有依法申请行政复议或者提起行政诉讼的权利。企业提供虚假材料申请核准的，商务部不予核准。

第十四条　两个以上企业共同开展境外投资的，应当由相对大股东在征求其他投资方书面同意后办理备案或申请核准。如果各方持股比例相等，应当协商后由一方办理备案或申请核准。如投资方不属同一行政区域，负责办理备案或核准的商务部或省级商务主管部门应当将备案或核准结果告知其他投资方所在地商务主管部门。

第十五条　企业境外投资经备案或核准后，原《证书》载明的境外投资事项发生变更的，企业应当按照本章程序向原备案或核准的商务部或省级商务主管部门办理变更手续。

第十六条 自领取《证书》之日起 2 年内，企业未在境外开展投资的，《证书》自动失效。如需再开展境外投资，应当按照本章程序重新办理备案或申请核准。

第十七条 企业终止已备案或核准的境外投资，应当在依投资目的地法律办理注销等手续后，向原备案或核准的商务部或省级商务主管部门报告。原备案或核准的商务部或省级商务主管部门根据报告出具注销确认函。

终止是指原经备案或核准的境外企业不再存续或企业不再拥有原经备案或核准的境外企业的股权等任何权益。

第十八条 《证书》不得伪造、涂改、出租、出借或以任何其他形式转让。已变更、失效或注销的《证书》应当交回原备案或核准的商务部或省级商务主管部门。

第三章 规范和服务

第十九条 企业应当客观评估自身条件、能力，深入研究投资目的地投资环境，积极稳妥开展境外投资，注意防范风险。境内外法律法规和规章对资格资质有要求的，企业应当取得相关证明文件。

第二十条 企业应当要求其投资的境外企业遵守投资目的地法律法规、尊重当地风俗习惯，履行社会责任，做好环境、劳工保护、企业文化建设等工作，促进与当地的融合。

第二十一条 企业对其投资的境外企业的冠名应当符合境内外法律法规和政策规定。未按国家有关规定获得批准的企业，其境外企业名称不得使用"中国"、"中华"等字样。

第二十二条 企业应当落实人员和财产安全防范措施，建立突发事件预警机制和应急预案。在境外发生突发事件时，企业应当在驻外使（领）馆和国内有关主管部门的指导下，及时、妥善处理。

企业应当做好外派人员的选审、行前安全、纪律教育和应急培训工作，加强对外派人员的管理，依法办理当地合法居留和工作许可。

第二十三条 企业应当要求其投资的境外企业中方负责人当面或以信函、传真、电子邮件等方式及时向驻外使（领）馆（经商处室）报到登记。

第二十四条 企业应当向原备案或核准的商务部或省级商务主管部门报告境外投资业务情况、统计资料，以及与境外投资相关的困难、问题，并确保报送情况和数据真实准确。

第二十五条　企业投资的境外企业开展境外再投资，在完成境外法律手续后，企业应当向商务主管部门报告。涉及中央企业的，中央企业通过"管理系统"填报相关信息，打印《境外中资企业再投资报告表》（以下简称《再投资报告表》，样式见附件4）并加盖印章后报商务部；涉及地方企业的，地方企业通过"管理系统"填报相关信息，打印《再投资报告表》并加盖印章后报省级商务主管部门。

第二十六条　商务部负责对省级商务主管部门的境外投资管理情况进行检查和指导。省级商务主管部门应当每半年向商务部报告本行政区域内境外投资的情况。

第二十七条　商务部会同有关部门为企业境外投资提供权益保障、投资促进、风险预警等服务。

商务部发布《对外投资合作国别（地区）指南》、国别产业指引等文件，帮助企业了解投资目的地投资环境；加强对企业境外投资的指导和规范，会同有关部门发布环境保护等指引，督促企业在境外合法合规经营；建立对外投资与合作信息服务系统，为企业开展境外投资提供数据统计、投资机会、投资障碍、风险预警等信息。

第四章　法律责任

第二十八条　企业以提供虚假材料等不正当手段办理备案并取得《证书》的，商务部或省级商务主管部门撤销该企业境外投资备案，给予警告，并依法公布处罚决定。

第二十九条　企业提供虚假材料申请核准的，商务部给予警告，并依法公布处罚决定。该企业在一年内不得再次申请该项核准。

企业以欺骗、贿赂等不正当手段获得境外投资核准的，商务部撤销该企业境外投资核准，给予警告，并依法公布处罚决定。该企业在三年内不得再次申请该项核准；构成犯罪的，依法追究刑事责任。

第三十条　企业开展境外投资过程中出现本办法第四条所列情形的，应当承担相应的法律责任。

第三十一条　企业伪造、涂改、出租、出借或以任何其他形式转让《证书》的，商务部或省级商务主管部门给予警告；构成犯罪的，依法追究刑事责任。

第三十二条　境外投资出现第二十八至三十一条规定的情形以及违反本办法其他规定的企业，三年内不得享受国家有关政策支持。

第三十三条 商务部和省级商务主管部门有关工作人员不依照本办法规定履行职责、滥用职权、索取或者收受他人财物或谋取其他利益，构成犯罪的，依法追究刑事责任；尚不构成犯罪的，依法给予行政处分。

第五章 附则

第三十四条 省级商务主管部门可依照本办法制定相应的工作细则。

第三十五条 本办法所称中央企业系指国务院国有资产监督管理委员会履行出资人职责的企业及其所属企业、中央管理的其他单位。

第三十六条 事业单位法人开展境外投资、企业在境外设立分支机构参照本办法执行。

第三十七条 企业赴香港、澳门、台湾地区投资参照本办法执行。

第三十八条 本办法由商务部负责解释。

第三十九条 本办法自 2014 年 10 月 6 日起施行。商务部 2009 年发布的《境外投资管理办法》（商务部令 2009 年第 5 号）同时废止。

附录

- 中国产业用纺织品行业公共服务平台

- 2014 年中国产业用纺织品行业优秀集体与个人

附录 2

中国产业用纺织品行业公共服务平台

产业集群

山东省德州市陵城区——中国土工用纺织材料名城

浙江省天台县——中国过滤布名城

湖北省仙桃市——中国非织造布产业名城

浙江省义乌市——中国线带名城

河北省安平县——中国丝网织造名城

福建省尤溪县——中国革基布名城

浙江省长兴县——中国衬布名城

江苏省阜宁县阜城街道办事处——中国环保滤料产业名镇

浙江省绍兴市柯桥区夏履镇——中国非织造布名镇

江苏省常熟市支塘镇——中国非织造布及设备名镇

湖北省仙桃市彭场镇——中国非织造布制品名镇

江苏省仪征市真州镇——中国非织造布与化纤名镇

产业示范基地

中国医卫用非织造产品示范基地——广东省佛山市南海区九江镇

中国砂带基布产业示范基地——江苏省盐城市盐都区大冈镇

产品研发基地

中国安全与防护用纺织品研发基地——陕西元丰纺织技术研究有限公司

中国产业用纺织品（润源）应用研究中心——江苏润源控股集团有限公司

中国产业用纺织品数控裁剪技术研发中心——上海和鹰机电科技股份有限公司

中国产业用防静电纺织品研发中心——浙江蓝天海纺织服饰科技有限公司

中国合成革用超纤新材料研发基地——福建华阳超纤有限公司

中国帆布产品（山东）研发基地——山东立昌纺织科技有限公司

中国磨料磨具砂带基布产品研发基地——江苏华跃纺织新材料科技有限公司

中国聚乙烯醇（PVA）纺织品研发基地——永安市宝华林实业发展有限公司

中国产业用纺织化学品研发基地——浙江传化股份有限公司

中国生态土工纺织品研发基地——德州东方环保科技股份有限公司

中国生物质医疗卫生材料及应用研发基地——海斯摩尔生物科技有限公司

中国环保用过滤材料研发基地——上海博格工业用布有限公司

中国纺熔非织造装备研发基地——温州朝隆纺织机械有限公司

中国聚酯纺粘技术装备及产品研发基地——大连华阳化纤科技有限公司

中国绳网研发基地——泰安鲁普耐特塑料有限公司

中国超纤产业基地——山东同大海岛新材料股份有限公司

测试中心

中国产业用纺织品行业测试中心（广东）——广州纤维产品检测研究院

中国产业用纺织品行业测试中心（上海）——上海市纺织科学研究院纺织工业南方科技测试中心

中国产业用纺织品行业篷帆类纺织品测试中心——浙江中天纺检测有限公司

中国土工用纺织材料（山东）检测中心——宏祥新材料股份有限公司

中国产业用纺织品行业（上海）检测中心阜宁分中心

附录 2

2014 年中国产业用纺织品行业优秀集体与个人

2014 年中国产业用纺织品行业竞争力 20 强企业

上海申达股份有限公司

浙江金三发集团有限公司

江苏旷达汽车织物集团股份有限公司

广东俊富实业有限公司

福建鑫华股份有限公司

山东泰鹏无纺有限公司

福建南纺有限责任公司

枝江奥美医疗用品有限公司

大连瑞光非织造布集团有限公司

山东立昌纺织科技有限公司

晋江市兴泰无纺制品有限公司

福建思嘉环保材料科技有限公司

佛山市南海必得福无纺布有限公司

常州市宏发纵横新材料科技股份有限公司

浙江三鼎织造有限公司

温州昌隆纺织科技有限公司

杭州诺邦无纺股份有限公司

浙江和中非织造股份有限公司

宏祥新材料股份有限公司

福建华阳超纤有限公司

2014 年纺织产业集群创新发展示范地

江苏省阜宁县阜城街道　　　　　　中国环保滤料产业名镇

浙江省绍兴市夏履镇　　　　　　　中国非织造布名镇

2014 年度纺织产业集群工作突出贡献者

张军武　　湖北省仙桃市彭场镇党委副书记、镇长

徐清安　　山东省德州市陵城区经济和信息化局局长、党组书记

第一届中国产业用纺织品行业领军人物

（按姓氏笔画排序）

王旭光　　北京邦维高科特种纺织品有限责任公司 董事长

方一鹏　　中国产业用纺织品行业协会纺粘法非织造布分会 名誉会长

邓伟雄　　佛山市南海必得福无纺布有限公司 董事长

朱民儒　　中国产业用纺织品行业协会 名誉会长

刘书平　　上海博格工业用布有限公司 董事长

刘玉军　　宏大研究院有限公司 总经理

刘　强　　陕西元丰纺织技术研究有限公司 董事长

严华荣　　浙江金三发集团有限公司 董事长

李建全　　稳健实业（深圳）有限公司 董事长兼总裁

李祖安　　福建南纺有限责任公司 执行董事兼总经理

李嘉禄　　天津工业大学复合材料研究所 名誉所长

杨金魁　　上海金熊造纸网毯有限公司 总经理

谷源明　　大连瑞光非织造布集团有限公司 董事长

宋西全　　烟台泰和新材料股份有限公司 总经理

张　芸　　杭州路先非织造股份有限公司 总经理
陈立东　　温州昌隆纺织科技有限公司 总经理
陈旭炜　　全国产业用纺织品科技情报站 站长
陈南梁　　东华大学纺织学院 院长
胡　淳　　上海申达科宝新材料有限公司 总经理
姚明华　　上海汽车地毯总厂有限公司 总经理
夏前军　　南京际华三五二一特种装备有限公司 执行董事兼总经理
徐仁良　　浙江新中天控股集团有限公司 董事长
高海根　　浙江越王控股集团有限公司 董事长
谈良春　　常州市第八纺织机械有限公司 董事长
崔占明　　宏祥新材料股份有限公司 董事长兼总经理

全国纺织行业实施卓越绩效模式先进企业

杭州路先非织造股份有限公司
大连瑞光非织造布集团有限公司

2014 年度中国纺织工业联合会产品开发贡献奖

保定三源纺织科技有限公司
北京五洲燕阳特种纺织品有限公司
大连华阳化纤科技有限公司
福建华阳超纤有限公司
杭州路先非织造股份有限公司
江苏维凯科技股份有限公司
山东同大海岛新材料股份有限公司
陕西元丰纺织技术研究有限公司

上海金熊造纸网毯有限公司

天诺光电材料股份有限公司

2014 年中国产业用纺织品行业质量奖

杭州路先非织造股份有限公司

大连瑞光非织造布集团有限公司

天津泰达洁净材料有限公司

山东天鼎丰非织造布有限公司

2014 年中国产业用纺织品行业优秀公共服务平台

广东省佛山市南海区九江镇政府

广州纤维产品检测研究院

浙江蓝天海纺织服饰科技有限公司

中国产业用纺织品行业协会 纺粘法非织造布分会

中国产业用纺织品行业宣传推动贡献奖

福建南纺有限责任公司

海斯摩尔生物科技有限公司

宏祥新材料股份有限公司

江苏奥神新材料有限责任公司

青岛纺织机械股份有限公司

唐山三友集团兴达化纤有限公司

温州昌隆纺织科技有限公司

2014 年度产业用纺织品行业统计工作先进集体

中国产业用纺织品行业协会衬布材料分会

中国产业用纺织品行业协会水刺非织造布分会

中国产业用纺织品行业协会纺粘法非织造布分会

仙桃市非织造布产业协会

天台县产业用布行业协会

德州市陵城区经济和信息化局

常熟市支塘镇商会

阜宁县人民政府阜城街道办事处

2014 年度产业用纺织品行业统计工作先进个人

陈丹丹	浙江三鼎织造有限公司
陈凯	海斯摩尔生物科技有限公司
陈肖君	浙江严牌过滤技术股份有限公司
董家琪	北京五洲佳泰新型涂层材料有限公司
杜伟华	仙桃市非织造布产业协会
冯亚鹏	安平县鑫鹏网带有限公司
何建江	杭州萧山航民非织造布有限公司
何文荣	南京际华三五二一环保科技有限公司
胡春梅	上海金熊造纸网毯有限公司
黄肖谣	昆山市宝立无纺布有限公司
李淑仪	佛山市南海稳德福无纺布有限公司
林小华	温州雨泽无纺布有限公司
刘双营	山东省永信非织造材料有限公司
刘彦荣	浙江海宁经编产业园区管理委员会
刘云霞	宏祥新材料股份有限公司

钮德顺	中国产业用纺织品行业协会衬布材料分会
欧阳清	湖南中核无纺有限公司
秦春梅	山东天鼎丰非织造布有限公司
任强	中国产业用纺织品行业协会水刺非织造布分会
邵阳	中国产业用纺织品行业协会纺粘法非织造布分会
孙家	江阴金凤特种纺织品有限公司
王坚	常熟市支塘镇商会
薛莲	枝江奥美医疗用品有限公司
于木村	阜宁县人民政府阜城街道办事处
余绍焕	天台县产业用布行业协会
张聪聪	大连华阳化纤工程技术有限公司
祝峰	德州市陵城区经济和信息化局

版权声明

　　中国产业用纺织品行业协会拥有《2014/2015 中国产业用纺织品行业发展报告》的汇编著作权。

　　由于在本书汇编文章的收录过程中，部分文章作者未能有效联系到，特此表示歉意。希望看到本书的文章作者及时与中国产业用纺织品行业协会编委会联系，以便安排发放稿酬。

　　联系电话：010-85229287-607

　　联系邮箱：henwan2011@sina.com

　　特此声明。